夢

覺察　轉化

南勢角讀夢團體現場

汪淑媛 著

我們每天都會做夢，但多數不記得，能記得的夢，也很困惑，不懂夢在說什麼。
本書以實例舉證，幾個人聚在一起，運用歐曼的讀夢方法，可以輕易地瞭解夢的意義。
作者以動人的真實故事，說明夢如何能協助人的適應生存，如何讓生命更統整美好。

作.者.簡.介

汪淑媛

· **現職** ·

國立暨南國際大學社會政策與社會工作學系教授

· **學歷** ·

紐約大學（N.Y.U）發展心理學博士

· **大學授課領域** ·

心理衛生、夢與潛意識探討、團體工作、家庭暴力、社會工作價值與倫理

· **讀夢團體工作經歷** ·

作者負笈美國期間，跟隨 Dr. Montague Ullman 學習讀夢團體之帶領，並參與 Dr. William R. Stimson（*Dream Network Journal* 創辦人）帶領之讀夢團體數年，將歐曼讀夢團體工作方法引入台灣學術與實務界。十餘年來，運用讀夢團體工作方法，帶領教師、諮商師、心靈藝術工作者、社工員等專業工作者，一起探索潛意識、覺察統整自我、釋放潛能、深耕實務能力、厚實人文素養。

· **譯作** ·

《讀夢團體原理與實務技巧》、《佛洛伊德與偽記憶症候群》

目次

Chapter **1**　**黎明時分**　/041

身體反應告訴了我一切，它在指引我該做些什麼，不該做什麼，未來該往何處去。處在潰堤邊緣的身體，已經不容許我繼續勉強自己了。

發現讀夢團體對我而言是深度心靈按摩，是靈魂的氧氣……

Chapter **2**　**第一次團體現場**　/047

這是特別的一天，我第一次面對著電視機帶讀夢團體，第一次在學員家裡工作，我完全不知道，在這樣的空間，與一群資深讀夢人一起讀夢的結果會是什麼。尤其，我們的目標是進一步要讓大家輪流當帶領人，學習帶領讀夢團體，這比我自己帶團體的壓力還大，團體動力複雜很多很多，說真的，我有點頭痛，也有點焦慮。想想，這不是一般的度假，是去爬大山，我準備好了嗎？我裝備夠了嗎？

Chapter 9　為何夢見大師？　/ 093

在團體讀夢過程，讓我覺得最珍貴的，是看到夢與夢者在團體中，像花開一樣，一片花瓣接著一片花瓣，慢慢地綻放，是動感的，是層層相連的，每一分鐘的姿態都不一樣。就像看電影……僅僅一小段文字，劇情就能交代結束，有時候也早知道結局是什麼，但是仍然想看那過程，願意花兩個小時專心一意跟著劇中人物一起體驗情感的波動，一起哭，一起笑，一起參悟人生究竟。

這個團體，夢是我們的花朵，團體每個人，包括夢者都是綠葉，我們努力工作，小心呵護，等待花開；我們好奇，因為每一朵花都是獨一無二。

Chapter 10　找回自己？　/ 107

一個人為什麼需要找自己？是因為不能做自己，因為不能做自己，就失落了自己，所以會需要將自己找回來。做多一點自己，就不用再找自己了。

或許，生命原本就不能總是暴露在陽光下，也無法永遠維持活力，生命也需要黑夜，才得以靜下沉澱、扎根。智慧與愚癡，

活力與頹敗，都是真實的自己，帶著陽光燦爛的巨人過日，壓力好大，讓人無所遁逃，鬱悶想哭的時候，若能有溫柔月光陪伴，會比在豔陽下好過一些。我扎實地體會到，享受陽光下的存在，同時也要溫柔擁抱黑夜裡的自己。

死去的重要親人在我們的生命過程中，一直沒有停止其影響力，甚至已成為我們內在自我的一部分。當夢見逝世的親人，我們要問的是這個親人隱喻些什麼，這親人有沒有特殊的象徵，夢者與親人之互動經驗又是什麼。死去的親人出現在夢裡，的確是有訊息要與我們溝通，但要揭露這個訊息，還是要回到夢者如何理解這親人，探索這親人在夢者心中的價值與象徵意義，釐清夢者近期生活處境，一點一滴去尋找答案。

這個夢再次證明，無論我們所看見的自己與外在的世界再怎麼天昏地暗，來自生命底處的自己，還是會透過夢來幫我們找到出口；這個生命深處未知的自己，對我們有著最誠實與忠貞的愛，永遠不離不棄。當我們安心地睡覺，用心捕捉夢、讀懂夢，就不會與自己失聯。

Chapter **15** **文字裡的團體──我的書寫有了回應** / 185

兩年多來，團體之間的文字往來，
使夢的語言能多停留在彼此心中一段時間，
讓夢要傳達的訊息更清晰，
也讓我們彼此之間的溝通更暢通深入，
團體凝聚力與信任感持續增強……
美麗的思想經驗一旦化成文字，
可以一遍一遍地閱讀，
成為自己永遠的提醒與精神食糧，
可以與眾人分享，代代流傳。

謝誌

今天收到編輯寄來一校初稿紙本，才真正有真實感，確定這本書將出版了，終於可以向許多協助我的人正式致謝。這本書就像讀夢團體一樣，來自很多人的集體創作，完成了，我彷彿也可以鬆一口氣地對所有參與創作的人說：但願沒有辜負大家幫忙，沒有辜負大家對夢的信心。

我向南勢角讀夢團體的所有夥伴致敬，你們是這本書的主角，如果沒有你們對夢的好奇、探索夢的過程所展現的智慧與慷慨分享；沒有你們真誠面對自己的勇氣，以及努力活出生命價值意義的渴望，就不會有這本書。

感謝幫忙寫推薦序的五位作者，對讀夢團體與本書的認同。與韓麗娟老師一起讀夢至今已邁入第六年，不曾間斷，她擁有天生詩人的直覺敏銳觸感與不妥協的真，分享夢時，就像頂級煙火綻放，眾人大呼過癮；而當她讀他人的夢時，深度的同理能力，總直指夢者生命核心。賴明亮教授是我在台灣推展讀夢團體的核心夥伴，我們一起讀夢已經超過十年歷史，他不僅長期在成大醫學院與台北蓮花基金會開設「讀夢團體」課程，從職場退休之後，更成功地從腦神經權威醫師轉化為全方位心靈導師與實踐者。

黃源協院長雖沒正式參與讀夢團體，但是他鼓勵教師發展專長特色，尊重教學自主，支持「讀夢團體」課程這樣特殊稀有的課程成為一門選修課，支持我的研究生以「讀夢團體」為方案協助青少年自我覺察的論文研究，黃院長是位有遠見與包容胸襟的領導者。林一真教授也是學術界的勇將，勇於創新，勇於追尋真善美的教育環境。2004 年台灣輔導與諮商學會主辦國際研討會，林一真教授參與了由 Dr. Stimson 和我共同帶領的「歐曼讀夢團體工作坊」之後，立刻排除重重難關，邀請當時主要帶領者 Dr. Stimson 到國立陽明大學通識教育中心開設「夢的賞讀」課程。她以教

授之尊，坐在課堂上與學生一起聽課，一起參與讀夢，後來她分別在陽明大學與馬偕醫學院，以歐曼的讀夢方法開授「夢的賞讀」課程。

會找汪冠廷老師寫序則是個意外，他長期與藝術為伍，大學、研究所都主修藝術，與我關係比較特別，是我的姪子。這本書剛完成初稿準備要公開時，我有不確定感，好像出場前的焦慮，不知對讀夢團體不熟悉的人對本書會有什麼反應。我需要有人試讀，想找直覺強、有點批判、自主性高、有勇氣對我說真話，而我也能承受得住其「直言」的人試讀，熱愛藝術的姪子剛好符合這些條件。結果出乎我意外的是，他不但幫我改了很多錯別字，標出語意不清的段落、錯誤的標點，還在旁邊註解，表達他的看法。每個夢都是獨一無二的藝術創作，就像一幅畫、一首詩、或一篇小說，從藝術家的眼光來看夢與讀夢過程，與從科學邏輯推論以及心理學的分析角度非常不同，因此邀請他將他的看見寫出來與人分享。

經過姪子試讀之後，重新又修改一回，研究生徐啟維在這過程也提供我一些意見。之後，我邀請同事詹宜璋教授試讀，他兩三天就讀完，交給我一包厚厚牛皮紙袋，我回家取出稿件時，目瞪口呆，感動莫名。我寄給他電子檔，他將整本書稿印出來，字跡工整地幫我訂正了數不清的錯別字、贅詞及標點符號；有修改的頁數，折右上角做記號，方便我修改。他以四個字：「真誠感人」，表達他的讀後心得，然後義務帶領學生一起閱讀這本書。身邊有這樣善待他者的同事，人文素養的修鍊，不擔心沒有良師。

跟隨著宜璋老師的校正，又仔細修改一遍之後，才放心地交給出版社。兩個多月後，收到心理出版社陳文玲編輯組長寄來的一校稿，又是滿滿的紅筆眉批，深深感受到這本書能完成出版，真的很不容易，得經過無數人投入心力與耐心培育。

與這本書有因緣的人眾多，難以一一致謝。感謝十幾年前邀請我申請讀夢團體方案的陳麗欣院長，教育部補助朝陽科技大學社工系主辦連續兩年「夢的賞讀種子教師坊」，讓讀夢正式在大學院校開展；感謝曾經一起讀夢的學生與朋友，你們讀夢後的「啊哈」驚喜與發亮眼神，是我繼續前

進的動力；感謝心理出版社林敬堯總編輯的信任與勇氣，他十一年前不預期地出現在我研究室，我們僅交談十幾分鐘，讓他帶走一些讀夢團體的資料，幾個月後他竟然就買了《讀夢團體原理與實務技巧》中譯版權，決定冒險出版。當今紙本書的市場受電子資訊的衝擊，越來越難經營，但他卻仍堅持以出版學術新知新見為工作信念，不以商業利益為主要考量；感念恩師 Montague Ullman 教導與發明這麼好用的讀夢方法。

寫這本書，比懷胎十月還漫長幾倍，生活狀況百出，我無法想像沒有至親家人支持陪伴，如何能持續。感謝對讀夢團體熱情永不退轉的先生，他是我讀夢與寫作的伴侶；感謝兄姊家族在生活上的扶持照顧，讓我無後顧之憂；天上父母親，我寫了多次對你們的感謝，但都覺得怪怪的、不真實，最後又刪除。我無法對你們說謝謝，會不會是因為你們倆的生命已經注入在我體內，對自己說謝謝，實在有點多餘……嗯，我看見你們在微笑了。

淑媛

2016年4月26日于國立暨南大學學人宿舍

推薦序一

她豈是點燈的女子，她根本，是向你奔騰而來的海洋

韓麗娟（詩人）

　　第一次上淑媛老師讀夢課應該是五年前了吧？在呂旭立基金會借用心靈工坊信義路的教室。第一眼的印象是她個兒嬌小，穿著很樸實，模樣有些像歸亞蕾，說話的語氣十分親切謙虛。中午大家各自出去覓食，我恰好跟老師選擇同一家小館，她很主動靠近跟我聊天，由於我向來跟象徵權威的老師保持仰慕但遙遠的距離，第一次遇到這樣沒有架子的老師，當時腦海便想著我跟權威的關係會不會因此翻轉？

　　之後跟她讀夢的過程如書中所詳述，而這個「詳」，真是鉅細靡遺到彷彿現場有同步攝影機，是歐曼讀夢在台灣的現場直播。我接觸各種解夢法已多年，這種讀夢方式看得我目瞪口呆。老師並非只用頭腦與經驗去讀夢，她說：「我必須回到感覺，才得以呼吸」，夢工作便是她靈魂的呼吸。她用全部的自己去貼近夢、擁抱夢，而不驚擾夢，如此才能讓夢者「一點一滴釋放了被綑綁的自己，同時釋放被抑制的生命力，如花朵綻放」。我自己，便是在歐曼所強調「夢者是詮釋自己夢的權威，因為他最瞭解自身的生活情境與脈絡」這種細心尊重的氛圍下，一次次突破舊習的黑幕，接受陽光和空氣慷慨的贈予，感受到花開的喜悅。

　　在向淑媛老師學習的過程中，從把自己的「夢」作為一個專注的焦點以及想解開的謎開始，漸漸擴大成對眼前這個夢者的全然好奇與開放。並且，實際上是以自己生命經驗所形成的感受及觀點，去貼近及回應這個人

的夢。

　　這樣一來，讀夢的過程，變成夢者以自身的夢為媒介，進行一場向在座成員謙卑叩問的吸星大法。必然有某幾顆星的軌道和磁場最與你相應，是以吸力最強，而其他星子的光能，也在烘托你、豐富你，使你在這一場讀夢盛宴中，無論仍帶著困惑半信半疑，或者豁然開朗滿載而歸，於你的靈魂，都因為這一場揭露與關注，得到最豐美的奶與蜜。

　　然而有的時候，如同淑媛老師描述自己的夢被解讀後：「在夢團體分享時，好像從床底下拖出一件髒衣服，但床底下其實塞滿了髒衣服」的鬱悶。夢的揭露有時從一場美麗的情境開始，往下走去卻碰見讓自己想轉頭避開的瘡疤，這些瘡疤，即使早已結痂，仍令人避之唯恐不及。我自己常在進了浴室關上門，才發現逃無可逃，被遺棄的自己，幽魂一般前來討索她該得到的注意。

　　淑媛老師則示範了勇敢的夢者，在團體讀夢之後，她說：「我努力地循著這個鬱悶，進入生命深處，想要接近問題真相。我知道真相不一定美麗，但是我總相信，不美麗的真相一旦被發現，就不能躲在暗處控制我們的存在，才能從不美麗的真相獲得自由。」

　　而我，可曾從不美麗的真相得到自由？在淑媛老師的讀夢團體中，我一次又一次穿過美麗的表象，面對那卑微的、失魂的自己，在不懈的努力中學習到的，不僅僅是對夢與人生的深度理解，跟隨夢的訊息撿拾碎落的自己，收復失土，漸漸有能力感知自身與世界的完整性。如老師在書中所說：「因為夢，讓我們看見生命深處存有一個不會腐敗、不會墮落的核心，一個誠實不欺的原我，因為夢，我們可以穿透俗化過程對個體的蒙蔽與欺瞞，一點一滴還原本來的我」。

　　讀了又讀，我在淑媛老師的書中，發現三樣可以幫助我不隨眼前世界空轉，願盡畢生之力守護它、擦亮它的寶物：**完整的自己、內在的神性、向善的心靈**。原來不需透過大師，上帝早已為你的生命巧做安排。

　　眼前的老師是一位素顏女子，你清清楚楚看見她的美、她的悲喜，甚至她臉上的紋路、她心中的聖與俗。你看著她獨行的背影，一點都不巨

大，卻這樣深刻的投影在你的生命，你知道，你完全被捲入她的人、她的書、她的讀夢工作，你內在的某個部分於是不斷被再生、被創造。

於是你在這本書中所看到的不只是夢如何溫柔地被展讀，你根本可以在字裡行間聽見淑媛老師的心跳聲，撲通撲通，伴隨大家成長的腳步，簡直是一位母親，唯有母親，愛到這樣深處。

唯母親，是那你怎麼也無法抵擋的，向你奔騰而來的海洋。

你確信，她便是她夢裡的，那位因懷孕而篤定的母親。

推薦序二

夢之賞讀與修行

賴明亮（國立成功大學名譽教授）

自己對權威是反感的，早年受訓時，同事就拿著羅氏墨汁測驗的結果，和我做確認。職場中的上司、長官是現實生活中不得不存在的重擔。因此好不容易要退休了，還努力打著淑媛老師的旗號，去成立讀夢督導團體，並不是由一個火坑轉跳另一個，而是有信心，這不是個用權威運作的團體。

唯識學提到夢，歸之於第六識中的夢中獨頭意識，和佛洛伊德以來的心理學認定夢是潛意識產物不同。分類縱有不同，佛理亦提及人生如夢幻泡影，而追究夢的科學研究，早自上世紀中葉。由探索產生夢的腦部結構、相關的腦電圖變化，以及夢在生理及心理作用的報告，早已汗牛充棟。只批評它虛無飄渺，由神經學理角度看來是錯誤的。我在讀夢中悠遊享受近十年，感受到對自己成長的幫助，體驗極大的喜悅。想獨樂樂不如與眾樂，特別為此文介紹本書。

南勢角團體使用的歐曼讀夢方法，有其標準作業程序和倫理守則，如尊重夢者自主權、守密和不傷害等，這些都和我在看顧臨床病人一樣。因此讀來心安理得，即使歐曼先生並不贊成把它變成專業認證的行業，它卻依循著專業的倫理守則。

當前的科學教育，演繹歸納和邏輯推理是重要因素，有關個人覺知和情緒的，就往往被忽視。歐曼則視情緒察覺為瞭解夢的重要元素。在讀夢

的過程中，讓夢者聚焦於前夜的情感波動，團體也反思這樣夢境對自己情緒的衝擊，投射予夢者參考。一來一往，每個人都有反觀自我情感的訓練。在大學帶讀夢課程多年，學生在期末座談多述及對他們瞭解情緒大有幫助。

這團體已進入第三年，大家共同經歷許多歡樂時光。絞盡腦汁之餘，啃塊老師帶來的特級餅乾加起司，不只是生理上的補充，更是心理最佳的撫慰。夥伴咬著花生和巧克力，對腦嗎啡的分泌定有幫助。過程中夢者自是最大，但每個人的發言，只要合乎讀夢規範，都受到尊重。或有討論時候之爭執，在覺察更深的了悟後，憂鬱憤怒的淚水昇華為寬容和溫馨的微笑。這樣的過程也加強每個人覺知內在自我的能力。去年八月，夥伴幫我辦了個難忘的退休會，生平首度黃袍加身，居然有些飄飄然，真是！今年初大家登靈鷲山而小天下，在民宿中看迷濛細雨讀夢，更是難得的聚會。

夢是誠實的，也是神祕及充滿智慧的。自己看，或許摸不著訣竅，幫夢者投射自己的情緒感受和對其象徵的看法，加上以開放的角度聽夥伴的意見，常有意想不到的驚喜。這讓我想到朱熹的一首詩：

半畝方塘一鑑開，天光雲影共徘徊；問渠那得清如許？為有源頭活水來。

在讀夢過程中拋出自己的情感和思維，就如以鑑開挖自己半畝心緒。由集體潛意識的角度來看，我們和宇宙其他部分是相連通的，當不執著己見，大我的智慧就如源頭活水而來，而智慧也就反照在天光雲影之中。傳聞這詩乃是朱先生向大慧宗杲禪師請益禪修，歸而悟，發而成此詩。由此看來，讀夢自是和修行相關。

喜歡歐曼讀夢，還有個原因是覺得它像是集體的藝術創作。夢者提供了原始素材，包括夢和之前的生活脈絡。夥伴則在帶領者的引導下，尊重夢者的指揮，以每個人的生命經驗加以細心雕琢。不論結束時夢者領悟多少，全體成員都是與有榮焉。弗蘭克（Victor Frankl）曾提到，由創造而

來的成就感，和對自然界的美感悟的欣喜，是使集中營囚犯度過非人的折磨而存活下來的重要因子，相信即使對於凡夫俗子，這樣的創造體驗，定有其正向的意義。

夢者最大，亦是我喜歡歐曼讀夢的又一原因。夢的解析，用在其他心理諮商，則諮商師高然在上，以他的專業解析夢者夢的象徵和指引。歐曼讀夢反是，把主導權交到夢者手中。在上述藝術品的創作過程，哪裡增一分，何處減一寸，悉由夢者作主。夢者明白，他要對自己隱私的維護負責，也決定夢開啟的範圍多大。在現今社會結構中，並沒有太多的決定我們可以完全作主，讀夢正是這樣的一個機會。自然，我們也練習承擔我們決定的後果，這大約也是身為人異於其他動物的特權吧。

甫過世的神經科醫師薩克斯（Oliver Sacks），生前鼓吹孤獨（solitude）對靈性成長的重要性。因緣際會，這個聖誕節是獨自度過的，唯一有意義的事是寫了這篇短文。即使是第三回看著淑媛老師將出書文稿中有關自己夢的記錄，眼淚依然沾襟。內心澎湃自不待言，看著這兩年多前的夢，和這些日子生活的改變，想到當時夥伴熱心的推敲，體會到內心深處的感觸有人瞭解，自己的分享有同伴接納，生命的軌跡因夢的賞析而更清明，萬分感恩這一切。即便形體上是孤單的，心中卻是滿滿的溫暖。這是我喜歡的修行方式。

歡迎願意置外緣的快樂於次，有心尋覓內在真正的平靜、寬闊、恬適和流動本性的朋友們，透過本書，一同來探究生命一個神祕的向度。

推薦序三

夢的耕耘者

黃源協（國立暨南國際大學社會政策與社會工作學系教授
兼人文學院院長）

　　淑媛，這位大學同班同學，與我不同掛，她浪漫，我鄉土，少有交集，也不想特別有交集，想不到畢業二十年後，竟成為須相處比大學還要久的同事。她仍是那麼浪漫且感性。打從她進入暨大後，一直想改造我，讓我能有些許的感性，「讀夢」即是她對我的行銷策略，每次寫完一篇文章或出版一本書，也不管我要或不要，她總是送一份到我桌上，我會略微翻過，但很快就遺忘，心中還是難以理解為何要花那麼多的時間「解夢」。

　　然而，她的執著卻也喚醒我的執著，對於這樣一位著迷於「解夢」者，應該有她堅持的理由，就在我當系主任時，即主動邀請 Bill 和她一起在系裡合開「讀夢團體」，想不到廣獲學生青睞，甚至在學校、在校外也引起熱烈反應。這些年來，真的看到淑媛對推廣「解夢」的堅持與付出，也看到逐漸的開花，今日更見識到果實──《夢、覺察、轉化：南勢角讀夢團體現場》一書即將出版。

　　同樣的，不管我願不願意，淑媛還是將這本書的初稿放在我桌上，更過分的是還要我幫忙寫推薦序，我竟也隨口答應，原本以為呼嚨一下即可蒙混過關，想不到她連哄帶騙地 email 寫道：

「我很瞭解你，你不會黃牛的，一定會等到你。這麼多年的觀察，我一直偷偷在研究你為何如此成功。除了你真的很用功，很有能力之外，你很真誠，會就是會，不會就是不會，不虛榮，不說大話，沒把握的事，你不會講，因此，很有信用，說出的話幾乎都會做到。更重要的是，你很善良，心腸很軟，照顧很多人。」

在無可奈何之下，只好把紙本拿出來閱讀看看，閱讀過程中卻也逐漸浮現淑媛這些年的辛勤，如書中所言：「讀夢團體在台灣從無到有，這過程，酸甜苦辣，什麼滋味都有」。剛開始，淑媛的寫作風格，我認為是不易為傲慢的學術界所能接受的，我也曾經提醒過她。然而，她仍勇於嘗試，並將它與社工實務結合，2008 年發表於台灣社工領域頂尖期刊《社會政策與社會工作學刊》的〈讀夢團體與創傷敘事：以一位目睹家暴與失親者的夢工作為例〉一文，即是讓不可能成為可能，其指導的學生也將讀夢團體融入社工實務，且獲得社工師公會頒發創新獎。

如同往昔的文章或論文，淑媛以不受學術界拘束的風格，將其多年的讀夢團體現場，以自然又感性的文筆，流暢地一一道出參與者的改變，〈我是怎樣一個人？——讀崇寬老師的夢〉、〈為何夢見大師？〉、〈找回自己？〉、〈為何夢見死去的親人？〉、〈我的夢——我懷孕了！〉……每篇皆在挑戰「理解夢、親近夢」、「夢者是自己夢的理論家，是詮釋夢的最高權威」的目標，且實現「一點一滴釋放了被綑綁的自己，同時釋放被抑制的生命力」及「夢引領生命蛻變」。

每次淑媛有意無意地跟我分享她的「讀夢團體」經驗，我總是老話一句：「想太多了！」我必須承認，我仍無法細讀這份初稿，且尚未能完全感受到作者傳遞的意涵，然而，我也無法否認，我過去長久以來將淑媛極力倡導的讀夢團體視為以專業權威、由上而下的「解夢」方式應該是一種誤解。《夢、覺察、轉化：南勢角讀夢團體現場》的案例分享，鬆動、甚至顛覆了我的執著，「讀夢」不同於「解夢」，比較趨近陪同賞析，它是可以釋放生命力，可以找回自己，更可以引領生命的蛻變。

推薦序四

夢的俠侶——全球第一個大學開設讀夢團體課程的故事

林一真（馬偕醫學大學教授兼心理諮商中心主任）

在 2004 年春，我第一次參加 Bill 和淑媛老師的讀夢團體，是由台灣輔導與諮商學會所主辦。一天的賞夢沉穩寧靜，我的心澎湃激昂，當下就決心要跟定這兩位老師更進深的學習。想學的是賞夢的方法，卻額外歡喜親炙兩位老師做人的風範。

我表達很渴慕邀兩位講師來陽明大學開設賞夢的課程，但必須要跨越重重關卡。想不到兩位老師微笑一口答應，讓我可以著手去努力。老師也立刻和這門賞夢理論的宗師 Dr. Montague Ullman 聯繫，被暱稱為 Monty 的老人家（祖師爺）表示很高興，這會是全球第一個在大學部開設 Ullman 團體賞夢的課程。

在當日的時空，要請兩位老師來陽明大學開課，真是需要過五關！首先，Bill 和淑媛老師在陽明的賞夢課程每次需要連續上三到四小時。在學生的課表中，很難找到一連四小時的空檔。其次，會計室很難在一節課同時發放兩位老師的授課鐘點費。第三，每次從台中霧峰開車來台北石牌的路途迢遙，駕駛的工作似乎都由淑媛老師負責，學校未給予任何津貼。第四，用全英文表述和學習賞夢，對一般大學生未必容易，可能會影響選課人數。最後，雖然 Bill 在美國有正式教師資格，曾經教授大學的自然科學課程，但以他本來的專業訓練要來陽明大學來教賞夢，必須通過課程委員會和教師評審委員會的層層審議。這一點本來可以由淑媛老師領銜授課就

解決，但是為了凸顯 Bill 的主體性，淑媛寧願不畏艱難陪著處理各種行政事務而不出頭。

經過好幾個月的奮鬥和努力，這門課終於開成了！陽明以副教授級專業技術人員的身分，聘請 Bill 來授課。每兩個禮拜一次，淑媛開車從霧峰到石牌時通常已經天黑了。兩位老師對吃食和住宿的要求都很簡單，只領一份微薄的鐘點費，我自己卻賺到可以就近領受言教身教的福氣，真令我汗顏。

有一次，巧遇施錫欽老師在校門口廣場教社區民眾太極拳。暮色中，我介紹三位老師認識。告別後前行，記得 Bill 悄悄說道：「He is so centered!」淑媛點頭稱是。施教練的確是武藝高深、重心沉穩的好老師。其實，重心沉穩同時懷抱赤子熱忱也是淑媛和 Bill 在我心中的形象。在開聊間，我也聽到淑媛老師和 Bill 在美國相識結縭，和 Monty 經常在紐約賞夢的有趣故事。這兩位老師都摯愛台灣，用賞夢陪伴 921 地震相關的人士重新出發。

修課的學生大約十來個。護理學系的蔣欣欣、許樹珍老師和我也來參與。Bill 和淑媛像傳教士一樣來為師生啟蒙，言語精準，眼神亮熱，神情和煦。每次賞夢，我都如浴春風，收穫滿滿。

一學期下來，意猶未盡，欣欣、好友李開敏和我乾脆結伴到霧峰，去向 Bill 和淑媛進一步學習。在朝陽大學淑媛老師服務的社工系裡，一群來自全台各地的大學教師和社會人士認真賞夢。大夥兒一次又一次熱切地爭取當夢主人（夢者）及發言貢獻，比大學生團體還更興奮。有一次有成員還激動到表情嚴肅、聲調提高，甚至中途退出。我想這倒很像是 Ullman 對夢的看法：夢是誠實的，不做作地呈現我們的本質。

Ullman 主張：一旦我們在清醒人生的脈絡中理解夢的意涵，得以誠實認識自己，這個歷程本身就帶有療癒的力量。但同時，在賞夢團體中的每位成員都不必扮演治療師的角色，只要陪伴夢主人，貢獻自己所感知的訊息，就如各樣的樂器發出聲響協奏成樂章，讓夢的意義在其中如新生兒誕生！

這個原理很重要，實行時更要小心拿捏分際。淑媛總是作了很好的示範。誠懇參與討論，從不跨界；提供精闢的回饋，卻無「治療師」的氣味。在學習中，我也感受到賞夢團體的動力，有些成員會很在乎得到 Bill 和淑媛的注意及歡喜，如同子女在爭取父母關懷。而休息的時候，淑媛和 Bill 會準備簡單的美味點心，讓大家暖胃又暖心。

經過數個月的學習，我和欣欣徵得老師的同意，試著在陽明大學接力合作續開賞夢的課程，但想再更深入向兩位老師學習的心一直沒有停過。淑媛後來到了暨南大學專任，Bill 每個月的第三個星期六固定來天母開賞夢團體，我也獲邀參加而有新收穫，尤其是探究夢和清醒人生關係的方法。午間，大家到附近的茉莉漢堡用餐，我心中珍惜這群人跨越文化、年齡和訓練循夢學習宛如慕道，一面也高興 Bill 能在台灣有新的移動力！

2009 年，我隨耀揮到馬偕醫學院服事。心理諮商中心所舉辦第一場的教職員輔導知能研習，就是請 Bill 和淑媛聯袂來到三芝開一整天的 Ullman 賞夢工作坊。

我是愛做夢的人。在幼時午夜夢迴，就曾經喚醒外婆，請她聽夢和為我禱告。稍長，也愛寫夢日記。之後除了透過閱讀和聽演講初探完形學派及分析學派的理念，並自學榮格門派的 Bosnak 和夢工作者 Gale Delaney 的方法；讀 Anthony Stevens 的《夢：私我的神話》和王溢嘉的《夜間風景：夢》，反思夢到底是不是鏡花水月，以及我們解夢的真實意義。也曾經親向 Dr. Clara Hill 學習「以夢工作」（working with dreams），把解夢融入諮商。

這些年我持續在馬偕和陽明開設賞夢課程，一直以 Ullman 的團體賞夢為主軸。因為我很喜歡 Ullman 對夢主人（夢者）和夢本身的尊重，以及賞夢團體成員以「助產士」角色催生的夢的意義。每當看到夢主人被尊嚴對待，領悟夢在清醒人生中的意義，那一剎那的神情，我也都受得到感動和滋養。我用的課本是淑媛所翻譯 Ullman 的著作《讀夢團體原理與實務技巧》。這本書就像夢海的導航地圖，序文中有淑媛所寫和 Monty 之間的師生親切對話，還有當時她對夢工作的實踐心得。

幾年前,淑媛開始受邀到呂旭立文教基金會開設工作坊。我發現自己的賞夢學習雖然常有淑媛溫柔而堅定的手支持,卻少有親向淑媛專注學習的經驗,較多只是反覆閱讀她譯書的文字,並且把握難得的見面機會,透過問答來澄清解惑。記得淑媛曾經微笑說,她和 Bill 帶領夢團體的方式雖然都忠於 Ullman 的教導,但各有不同風格。

　　很高興淑媛親筆著作了這本書,容許我們可以經由淑媛的引導,細細領略賞夢的力道和美,以及淑媛這些年生命萃取的精髓。Ullman 的賞夢就如太極拳一般,招式簡單,但唯有天天用心正確操練,才能在舉手投足間發揮功力。

　　淑媛和 Bill 兩位老師宛如一對俠侶,或合力,或分進,單純精準地,把眾生一個又一個由夢引渡到清醒人生,又由清醒人生引渡到夢中,和自己相會。無論在夢團體或生活裡,Bill 和淑媛都彰顯不拘俗世的誠實、真摯以及關懷生命的氣質。人如其夢,亦如其所賞之夢!So centered!

推薦序五

為了新的一天

汪冠廷（藝術家）

接觸讀夢團體之前，我和許多人一樣，對接觸「夢」的想像，僅止於道聽塗說的「夢境與現實是相反的」這個說法、只知其然不知其所以然的「夢境是欲望的延伸」，還有很難理解的坊間各式「解夢」。不諱言，我對夢團體的經驗其實還很粗淺，但對於一樣對讀夢感到陌生的許多讀者，這片面的經歷與觀察，也或許可以是一個參考。

淑媛老師運用歐曼的方法在台灣帶領讀夢團體，分享這個以夢為媒介與自己的本心溝通的方式，多年下來也有許多志同道合的夥伴加入這個行列。三年前淑媛老師與一群對夢有熱情的朋友們共組「南勢角讀夢團體」，讓彼此有個長期讀夢的地方，也藉此團體訓練讀夢團體的實習帶領人。這本書，即是這樣一個特別的讀夢團體真真實實的實況錄影。淑媛老師非常非常坦誠而且鉅細靡遺地描繪出團體裡一則一則動人的故事、真誠的回饋、一觸即發的衝突，但最可貴的還是她以極多的篇幅描述在團體運作中，她內心不曾間斷的懷疑、矛盾、反省與調整，以及她對「夢」和「人」的基本態度與信仰。

若讀者您對歐曼的讀夢團體有興趣，除了直接參加讀夢團體，此書即是了解團體運作以及其哲學的最佳途徑。

另因我所學為藝術，跟著淑媛老師筆下經歷了幾場精彩的夢，竟發現讀夢團體處理夢的方式，其實很像藝術學院裡，一群藝術家真誠地在討論

彼此的作品。

　　以一個創作藝術的人而言，我經常會在作品到達某一個完成度之後，忽然發現眼前的、由我創造出來的這個物件，似乎倏地離我而去，成為與我相對、對等對話的另一個存在。而等到作品完成之後，我其實已經無法自信滿滿地說明，這件作品傳達了什麼樣的訊息。因為我知道他能說的，遠比我要他說的更多；我所能看見的他，也只是他朝向我的那一個側面而已。藝術有色彩、有聲響、有弦外之音、有隱藏有覆蓋有塗抹、有含糊其詞……這些那些，都是藝術超越言語的所在。但可喜的是，我們可以藉由相互討論，依著作品所提出的一些較為精確的參照[1]為座標，各自提出自己對作品的理解，藉以相互激盪，補足彼此觀察與理解上的死角，以逐漸繞行而趨近作品的核心；也許終究無法到達核心，但至少可以畫出一個圈圈，知道什麼在而什麼不在這個圈圈裡面。

　　在這個過程中，創作者理所當然獲得了許多方向不一的回饋，也因此能更釐清自己的創作脈絡與未來方向。這是藝術學院裡藝術家養成訓練的一種方式。

　　對照來說，分享夢的夢者是藝術家，夢即是藝術作品，讀夢團體的夥伴則是參與討論的其他藝術家們。夢與藝術作品一樣，對著不同的觀者展現出他的不同面向，但通過一個有系統的討論，我們可以分享彼此所得、抓住重點、理出頭緒、貼近核心。最後夢到底說了什麼，也許依然無法精確得到解答，但可以確信的是，在一個運作順暢的讀夢團體裡，夢的藝術家——夢者，可以獲得回饋，並梳理自己、洞視前路，因心靈安穩而得到力量。

　　當一天到了尾聲，我們將手機充電、定好明早的鬧鐘、關燈、拉好棉被、閉眼、蜷縮成一個安穩的姿勢，然後逐漸沉入深深的夜裡……夢就悄悄地來探望我們。我很喜歡書中宇姮分享的那個，關於夜晚的湖面上長長的水泥橋與阿公的夢。也許是因為整個夢的氛圍讓我覺得熟悉，是我常做

1　藝術作品的參照，可以是藝術家其他的創作、藝術史裡的某件知名作品、某種已知的創作類型或素材、某個有強烈意味的藝術語彙、某個當代議題或某件時事等。

的那種夢的氣味。也許是當我看見書中形容水泥橋的文字時，腦海裡立刻浮現出台東三仙台的那座充滿了階梯、直達荒涼海上孤島的跨海拱橋。或許，我也很想我的兩個親愛的阿公……

常聽人講說親人去世後，複雜繁瑣的各種喪葬儀式，其實都不是為了離開人世的那個人，而是還有許多許多明天要走下去的活著的我們。讓我們忙碌而疏於感傷，讓我們相信，已經好好地送親人到一個更好的地方，所以我們可以轉身為自己的明天繼續努力。書寫至此，覺得讀夢好像也是如此，更像是一個儀式，讓我們好好地面對不斷逝去的自己，把那個自己心中的遺憾看清，或可能的話將遺憾圓滿，讓他好好地走，走進我們生命的底層，積累，成為養分。

夜很深了，但夢才要開始。

然後就是新的一天了。

前言（代自序）

　　我從小到大，一直有很多夢，早期能記得的都是噩夢。在認識歐曼（Montague Ullman, 1916-2008）之前，尚不懂夢的隱喻象徵意義，即使夢境出現恐怖的場景，例如夢見自己被追殺，掉入深淵而驚醒，只能大大鬆了一口氣，喃喃自語「還好是個夢，不是真的！」就沒再多想什麼，然後夢境就慢慢失去記憶。從大學到博士課程，雖然修了不少心理學課程，但並沒有機會真正與自己的夢對話溝通，或者應該說是不得其門而入。直到中年過後，開始以歐曼的方法，系統性地讀自己的夢，而且很幸運地能在小團體中聽到無數他人的夢與生命經歷，釋放了不少焦慮害怕的情緒，與自己的關係越來越和平。如今噩夢的頻率不但已經減少，也能記得一些歡喜感動的美夢，漸漸感受到生命的深度、神祕與豐富。

　　2000 年，將近四十歲的我，首度到歐曼的紐約住所，參加他的讀夢團體帶領人工作坊，從此之後，讀夢團體成為我連結自己、連結他人、連結這個世界的重要所在。當時我在紐約大學應用心理系讀博士班，正在寫論文，有空就到紐約東初禪寺打坐，在那裡遇到跟著歐曼學習帶領讀夢團體多年的 Dr. Stimson。他知道我博班主修發展心理學，但對夢的認識卻相當貧乏無知，一臉驚訝，難以理解地表示：「妳對人的發展有如此熱情，怎麼可以不瞭解夢，真是太可惜了！」之後就極力推薦我去向歐曼學夢。

　　我半信半疑，抗拒很久，約一年後有個機會與歐曼本人一起午餐，才卸下心防。雖然我知道他是精神科醫師，也是臨床精神分析師，我仍直接無所顧忌地談起我對臨床心理的矛盾情結。我的確好奇人的內在心理動力、人的行為與發展，但卻排斥專業權力，特別是以診斷分析歸類的方式，去接近認識人的內在世界，我覺得那會將人化約到一個很狹窄的樣貌。當時歐曼與在場的 Dr. Stimson 聽了同時哈哈大笑，似乎相當熟悉理

解我的顧慮。頓時，我好像遇到了知音，終於發現一個能帶領我探索夢、探索潛意識、探索自己，但不會讓我抗拒害怕的老師。之後，我不但被夢深深吸引，也被歐曼設計的小團體運作方式與風格吸引。

我不喜歡被歸類、被分析、被扭曲、被操控、被壓迫，尤其是來自權威者，因而，對權威的防衛心與敏感度特別強。我盡量遠離權威性很強的人或組織機構，也一直提醒自己不要成為會壓迫別人的權威者。歐曼設計的讀夢團體恰好回應了我的性情，讓我覺得安全自在，可以放心放鬆地去發現自己，探索他人，學習比較誠實地存在。

研讀發展心理學多年，我看見人的成長過程，依賴他者的時間很長，甚至我們一輩子都與他人相互依賴。因為人與人之間不可避免的依賴本質，成長過程，沒有人不曾受傷，不曾被壓迫，無人能逃過各種不同形式的失落。我們因為數不清的創傷，自我意象經常被打得支離破碎，散落一地，一陣風來，我們還來不及撿起，這些碎片已經飄到天涯海角，難以找尋。與自己關係斷裂，自我無法統整一致，要與他人產生連結與親密關係也將困難重重。我很幸運，十幾年來因為讀自己的夢、讀他人夢的體驗，讓我感受到那個原來的自己，其實一直都在，只是藏在深深的潛意識裡。我們的意識一旦扭曲變形，眼睛所看見的世界也是扭曲變形的，但生命原型不變不滅，就在我們幾乎看不見也無法察覺到它的存在時，總是會透過夢來告訴我們它還在。

我們一熟睡，意識被擱置一旁，但身體與大腦其實仍然全面啟動，努力工作著。睡覺的時候，身體能更有效率地修復白日的耗損，大腦則繼續處理整合大量接收的資訊。身體感官與大腦一起合作，檢視周圍環境的安全性，找尋可用資源，幫助我們看清現實以及自己的真實面目，然後透過夢傳遞訊息給我們。科學研究已證實，每個人睡覺時都會做夢。夢是意識與潛意識之間的橋梁，是信差，使我們得以與生命核心相連，與那個本來自我同在，協助我們適應生存。也因此，我們可以一點一點透過夢境線索，找回失落的碎片，重新建構自我版圖。對多數人而言，自我重建與發展是個巨大艱難工程，很難單靠一己之力達成，我們需要團體的力量，藉

著眾人的感官智慧齊力相助。

　　然而，要連結統整眾人之力其實不容易。我們一直存在於各種不同團體中，應該都體驗過團體很容易發生衝突，也很容易成為一言堂，減弱個體獨立思考能力。而團體的集體壓力作用，更容易使個人服從，失去創新的力量。更糟的是，團體也會傷人，在團體裡仍能做自己並不容易。但是，我在歐曼設計的讀夢團體裡看見了團體的正向特質，發現了團體合作的巨大力量，我在這個團體裡不斷與自己相遇，也與他人生命之光邂逅。

歐曼與讀夢團體創始

　　歐曼有兩本著作在台灣出版，分別為《夢境實驗室：夜間的超感知覺經驗》（2005，張老師文化出版）以及《讀夢團體原理與實務技巧》（2007，心理出版）。1974 年，他被邀請至瑞典哥登堡市教導精神醫師與心理分析師學夢，當時的歐曼已經是世界著名的夢學專家，在紐約主持夢境研究多年，試圖透過夢來探索人的心電感應與預測未來的能力，但他同時也在臨床領域發展理解夢的方法。在瑞典教學時，他首次嘗試體驗式教學，邀請學生在課堂上分享他們自己的夢，認識自己的夢，並邀請同學參與一起幫忙探尋夢的意義。這是一項激進的轉變，也就是，原本心理分析師是在解析病人的夢，現在主客易位，為了要學夢，他們必須先瞭解自己的夢，而且是在團體中進行。

　　夢來自潛意識，必然會揭露未知的自己，要在同儕與老師面前分享自己的夢，讓人忐忑不安。歐曼身為精神科醫師，當然能理解學生的顧慮，他為了化解學生的防衛與抗拒，也為了課程的安全，訂定一些簡單的團體規則，以確保夢者的隱私不被侵犯。譬如，分享夢一定是自願的；分享夢的人握有掌控團體進行深度與詮釋夢的最高權力；團體成員不能問引導性以及要求有確實答案的問題，僅能以開放式問題提問；夢者有絕對權力選擇是否回答，有權決定團體協助的程度深淺；隨時可以中斷夢的分享等。歐曼驚訝地發現，以夢者為主體的新教學方式，激發了學生對夢的好奇與

學習熱情，讓教學非常成功。他連續多年被邀請回瑞典，以體驗式的工作坊教導助人專業工作者學夢。之後，他以當時在瑞典開發的方法為基礎，發展出小團體讀夢的方法，不僅用於助人專業工作者之教育訓練，也適用於任何想透過自己的夢在小團體中自我探索、統整自我、開展生命格局的人。經過幾十年的修正改進，歐曼於 1996 年出版 *Appreciating Dreams: A Group Approach* 一書，在心理出版社林敬堯總編的促成下，我很榮幸能翻譯此書[2]，讓讀夢團體能與更多人分享。這本書詳細闡述讀夢團體原理、進行流程、技巧、療癒功能以及團體效能，我也在譯序裡分享了我與這個團體結緣的故事。

寫南勢角團體緣起

2002 年我回台灣教書至今，邁入第十四年，從未間斷地在台灣的大專院校、非營利機構，以及私人聚會帶領歐曼讀夢團體。2013 年，我在大學的工作已漸適應穩定，心中迫切想做的，就是書寫十餘年來讀夢團體工作的觸動與實務經驗，我覺得快要被滿滿的感覺與思緒淹沒了。碰巧，一起讀夢很多年的好友賴明亮教授，隔年即將退休，我們決定集結對讀夢團體有深厚興趣的夥伴，組成長期性的讀夢團體。團體預計每月聚會一天，讓大家有固定讀夢的地方，同時藉著這個團體訓練歐曼讀夢團體的帶領人，由我擔任指導老師。對我而言，夢團體帶領人訓練比單純帶領讀夢的挑戰性高很多，團體的變動因素更複雜。夢者與實習帶領的人，兩位都處在脆弱易受傷的位置，要讓大家不焦慮、不無聊、不衝突，能深入讀夢，深入讀彼此的生命，使團體能滋養每一個人，這並不容易。然而，我自己也很想有一個長期可以讀夢的地方，讓歐曼讀夢團體的愛好者有家的感覺，人是熟悉的，地點是熟悉的，我也可以在團體中讀我自己的夢。想

---

2 汪淑媛（譯）（2007）。《讀夢團體原理與實務技巧》（原作者：M. Ullman）。台北市：心理。（原著出版年：1996）

要有一個長期性的讀夢團體渴望超越了我對帶領人專訓的抗拒與焦慮，就這樣，團體誕生了。我取名「南勢角讀夢團體」，因為聚會地點在新北市的南勢角，暗許自己，要盡全力耕耘這個團體。

那要怎樣耕耘？我曾在大學教授「團體工作」課程幾年，清楚明白要經營一個長期性的團體並不容易。每一個團體都是獨一無二的旅程，即使我們同樣遵循歐曼設計的讀夢方法，但因為成員與時空背景不同，過程必有差異。團體是活的、是有機體，是一個片刻一個片刻相互堆疊影響。在團體的現場，一切的發生都相當迅速瞬間，難以預期，帶領者僅能當下直覺回應，沒有標準操作流程，亦無從預備起，我能預備的就是自己，我能經營的，事實上，也僅有自己。若要問我如何帶領團體，我能分享的，也是我所思所感、所見所聞，以及我怎樣準備我自己，而非一套客觀的知識系統，然後可以被複製。因而，我心想，何不將這團體的歷程寫下，邊進行邊寫，較能捕捉當下的情境。南勢角這個團體的特殊性是除了讀夢，大家也有興趣學習幕後的創作過程，也就是，如何帶領一個團體讀夢。我直覺認為，我若能以書寫的方式反思團體現場以及後續思緒，創造另一個團體互動的平台，將這個團體在一起的時間拉長，空間拉大，用文字方式開展一個彼此溝通的場域，應該會促進讀夢的深度與團體動力，這是耕耘團體的方法之一。

另一方面，十多年來，我在夢團體中看見讀夢帶來的驚嘆、療癒、解放，以及人與人之間深層的生命流動，那是一種非常美好的存在。我一直很想將這些看見寫下，與人分享，然而，在大學教書，非常忙碌，總被事情追著跑，而且相當勞心耗腦力。寫夢團體的念頭就一直擱著，這些美好體驗就不斷地遺忘流失，或埋藏在潛意識深處，我有暴殄天物的心痛。這個痛，終於因為這個長期性團體的牽引，而有了療癒的機會。為了讓自己與團體更清楚團體發生了什麼事、更深入理解夢在說什麼，為了實踐對這個團體長期經營的承諾，我下定決心要一邊帶領這個團體，一邊寫團體，寫下有感的體驗、寫夢的隱喻意義、寫讀夢團體的奧妙、寫我與夢的種種因緣故事、寫帶領團體背後的心情想法……我期待藉著這個團體的觸發，

將過去的經驗心得也一併整理。

書寫基調的掙扎

然後，我想著，那要怎麼寫，才可讓人能理解夢，知道如何去親近夢，卻又不會淪為說教，讓人乏味倒胃口？我害怕無聊，更害怕自己寫出令自己乏味、令別人乏味的「團體記錄」。要怎樣寫，才能讓自己享受其中，團體也能因書寫與文字往來而更靠近彼此？最後，這個團體的歷程也得以透過文字留下來，讓沒機會參與這團體的人，可以透過閱讀，認識夢，認識自己，敏感所處環境，讓生活更美好。

我想了很多，但真的不知道該怎麼寫，能確定的是我不想用傳統學術論文的格式書寫，不想刻意抑制隱藏自己的主觀，我放棄聲稱自己是客觀的野心，但仍想保有學術求真、求新的精神。無論寫什麼，我仍然在意探究真相，在意新的發現，在意知識的創造，這是身為大學教育工作者的自我期許。只是，我已經越來越明白，很多真相，是無法依賴傲慢式的學術假設、資料蒐集、歸納、分析而接近，對於某些議題，這樣的研究方式，反而可能與真相悖離，特別是面對我們的夢、面對實務工作，若帶著實證研究假設檢定的態度去解析夢、研究團體，反而聽不到夢要告訴我們什麼，看不見團體發生了什麼事，感覺不到自己與他人的心。對於這樣的身分位置，彷彿是個窺視者一樣觀察分析他者，我越來越不自在。

但我不知道，不用學院式的研究論文寫作格式之後，我還有寫的能力嗎？長期論文書寫思維與表達習慣，想放下就能放下嗎？我沒有答案，也不想太多了，因為真的很想寫，就先寫了再說，無論是否有能力，無論寫出來是否仍是很學究，這些都已經是其次了。在團體中一切的發生都很快速自發，有來不及說的，後悔說出來的，猶豫不決不知如何說的，以及團體現場沒想到的。事實上，每一次團體結束後，都可能留下後續議題需要思考，也有困惑要釐清。我慢慢放任自己，隨著直覺，讓感覺自然地帶領我寫，寫團體背後的我思我見，寫對夢的後續省思。然而，這樣「自然」

地寫，剛開始，還算容易，但開始寫他人的夢時，就覺得越寫越吃力，戒慎恐懼，無法向前。我好像不知不覺又回到一個客觀研究者的身分，研究夢，研究夢者，害怕自己不夠客觀，無法看見，這時候「我」慢慢不見了，感覺也逐漸「冷靜」，但同時，書寫也越來越沒力量。卡住一段時間後，才驚覺已經不自然了，也才察覺，當書寫必須要很用力、用很多時間才能擠出幾個字時，大概已經走錯了方向，我又不知不覺以學者的思維在研究分析了。

這過程，只能不斷地提醒自己，即使是寫他人的夢，我也不要看不見自己，寫他者的同時，我也在寫自己、探索我自己。我只能為我自己代言，無法替任何人發聲，這一切都是我自己的投射，我不是夢的代言人，也不是夢者的代言人，更不是歐曼讀夢團體的代言人，當然也不是南勢角團體的代言人。我的書寫，就僅是我見我思，我的投射，僅能代表我自己。心念一轉，小心不要膨脹自己，心一稍微自由，寫的動力就回來了，也才能享受書寫本身的愉悅。不過，這過程也是來來回回，在人世間存活，能不把自己放大，並不容易，寫本身好像可以幫我看見正在膨脹中的自己。在帶領團體的當下，要能察覺自己的內在思緒，或看見自己言語行為過度了，不真誠了，無聊了，重複了，得意了，或是權威逼人、傷人等等，都不太容易。行動的當下我是怎樣讓人不舒服，自己大部分忘光光，甚至沒察覺，但他人通常會牢記，卻不一定告訴你。我盡力跟著團體寫下現場，之後再回顧，白紙黑字證據確鑿，無法抵賴。我發現，觀照反思自己是需要時間的，每寫到一段落，我會從頭一篇一篇讀，就會從文字裡看見自己曾經的幼稚、輕浮、傲慢、不安、矯情、威權等。我不喜歡別人這些模樣，但發現自己通通有，雖然有點不好意思，但也很感恩終究能看見，好像又走出某個暗處的歡喜。

我遵守書寫倫理，每寫完一篇，都先寄給文章裡提到的人，一方面確認我沒有扭曲誤解，一方面徵求同意進一步讓團體其他人閱讀。幸運地，我總收到令我相當感動的回應，而且他們的書寫也讓我很有啟發，我將這些文字經本人同意整理在本書第十五章〈文字裡的團體〉，感謝團體夥伴

一起完成這本書，書裡提到的人物皆使用化名。生命的智慧，總靈光乍現，又快速消失，我們團體相互撞擊出的思想對話，因為書寫而更深鑿。這是我帶領過的讀夢團體中持續最久的一個，現在仍在進行中，每一次聚會都讓我驚奇，挑戰從不間斷，歡笑、淚水、鬱悶、爭議衝突、了悟……一個長期性團體可能會發生的事，都發生了。

夢協助我們適應生存

　　每個人都有夢，是每個人與生俱有的資源，源源不斷，永遠不會枯竭。夢很神祕，所以每個人都很神祕；夢很有智慧，所以每個人都很有智慧；夢很誠實，所以每個人都具有誠實的本質；夢很有創意，所以每個人都有創作的天分。夢的功能一籮筐，已經累積了很多研究與文獻，很多人說夢很真，是指出國王沒穿新衣的率真小孩；夢很聰明，是內在智慧老人在跟我們說話，喚醒我們的知覺與感覺；夢是預言專家，反映現實危機與優勢，結合過去生命經驗與當下智慧，協助我們適應生存；夢是療癒師，能洗滌療癒受創的心靈，引導我們發現生命的價值與意義；夢是探險家，引導我們與千百樣真實的自我面貌相遇，開啟內在對話的關鍵線索。探索自己的夢就是在探索未知的自己，一步一步拓展內在心靈版圖，挖掘生命活泉……，我可以列舉更多夢的價值與功用，但如果不與自己的夢對話，瞭解夢境要傳達的訊息，這些都只是理論知識而已，無實質意義。

　　相信多數人面對夢可能與我早期一樣，不得其門而入，我與夢有今日機緣，實屬珍貴。歐曼發現以小群人的力量一起讀夢，比自己一個人探索夢輕鬆容易，進而發展出安全有效率的小團體讀夢方法與流程，而且已著書深入探討運作細節與背後原理。因此，我的書寫重點並非夢工作方法或進行步驟，而是我個人使用這個方法的經驗心得。雖然我們手上有歐曼的方法可依靠，但是每一次讀夢，都是獨一無二的創作，從沒有任何一個夢是一模一樣的；每一次分享夢的人，生命條件與生活處境也都不同，因此，每一次的夢團體都是全新的經驗。你若問我如何帶領，我怎樣也無法

說明白，我無法全部看見行動中的我，也不可能完全察覺心念。我只能說，在帶領團體的當下，我會連結到之前各種不同形式的學習，啟動過去人生閱歷經驗，全神貫注，那行動反應是意識，也是潛意識，是邏輯思考，也是直覺反應。我對每個夢的理解，隨著夢者分享的內容，一直在變化著，多數要等到最後一刻，才能感受到真相大白、水落石出的滋味。

讀夢過程永遠是個挑戰，有時也會帶著困惑結束團體。這樣的經驗總會提醒我，每個人都是深不可測，不能以外在條件去評價人，也讓我一直保有對生命的好奇，警醒我莫失去對人的尊重。我認同歐曼的堅持，他一再強調在還沒聽到夢者的生活脈絡之前，不要用任何理論知識去詮釋夢。榮格在晚年也指出，理論知識懂得很多，當然有助於夢的理解，但是在理解夢的時候，要將這些理論知識擱置一旁，先仔細聽夢者的現實情境。讀夢團體乃透過深度的傾聽與互動式提問對話，一步一步靠近夢，一步一步靠近夢者，這樣的訓練，對我的學術研究工作幫助很大，也慢慢矯正我對人對事先入為主的習慣。對我而言，歐曼的小團體讀夢方法是科學也是藝術，是哲思也是人文關懷。

這本書寫給誰讀？

感念心理出版社林敬堯總編輯之前出版《讀夢團體原理與實務技巧》這本書的勇氣，本書一完成初稿，就洽詢林總編是否有興趣出版。十一年前林總編完全不認識我，只為了詢問我是否願意寫「人類行為與社會環境」的教科書而敲我研究室的門。因為生命的因緣，我不知不覺一路往少有人跡的內在心靈方向前進，沒有餘力從事以知識整理與堆積為主軸的教科書編寫，因此當下就拒絕了林總編的邀請，也同時向他推薦出版歐曼讀夢團體的書，我願意負責翻譯。那個時候，台灣僅有陽明大學與我當時任教的朝陽科技大學有歐曼讀夢團體的課程，整個實務界也少有人知道什麼是讀夢團體，坦白說，我完全不知道這本書的市場在哪裡。但我覺得這是我該做、想做的事，因為歐曼這個人本身的為人風範、他的讀夢工作坊、

他的思想、他的著作都深度啟發我、轉化我，我相信對我們的社會也會有幫助，他的實務工作方法很值得推廣。在希望他人也有機會與我一樣受惠的驅力下，我熱情地說服從未相識的林總編與我一起冒險，沒想到這本書真的在 2008 年奇蹟般出版了，而且已經進入第四刷。

這回林總編仍然相信我，願意出版此書，但他憂心地問我，目前的出版市場很不好，這本書能怎麼行銷呢？在不確定讀者在哪的狀態下，他仍承諾出書，讓我佩服。時代在快速的改變中，每個人都習慣閱讀手機的快速訊息，在捷運裡只看見大家盯著手機，已經很少看到捧書閱讀的景象了。最近連續幾年，我暑假皆在紐約住一個月，發現曼哈頓的門市書店也沒剩幾家，許多出版社都面臨書市越來越難經營的問題。因此當林總編憂心地問我，這本書的市場在哪裡時，我一點也不意外，而這個問題也難倒我，我想了好幾天，最後的答案還是只有一個：「我也不知道……」

在埋頭專注帶團體、寫團體、思考夢是什麼、夢的意義，以及寫自己時，那苦思的當下，那創造的過程，心中是沒有讀者的，就只是想好好讀一個夢，專注傾聽認識一個人，把團體動力帶起來，把團體之後那漲滿的感覺弄清楚、寫明白，至於誰會有興趣讀我所寫的，真的管不著，也無力管。每篇寫完之後，寄給團體，就沒再閱讀，直到團體進入第三年，我寫了十幾篇之後，才開始回頭一篇一篇閱讀之前所寫的，閱讀過程，我被團體讀過的夢感動，被團體每個人的生命故事感動，被一路走來的自己感動。心想，還好有拚命寫下來，要不然這些都會慢慢在記憶裡消失了。我用拚命形容，一點也不過分，因為有時很累了，但還很想寫，就會繼續不顧身體疲累而寫；有時候他人的生命故事讓我很難過悲傷，還是一步一步走過去；有時候面對醜小鴨的自己很鬱悶、痛苦、無地自容，例如寫〈面對團體衝突〉以及〈我的夢〉這兩篇，但我不想逃避、不想擱置，繼續硬著頭皮瞪著螢幕細看自己，一個字一個字打出貼近真相的自己。

無論這本書是否能引發他人的興趣，至少它的存在會提醒我，夢很珍貴，是天生具有的資產，不要隨意丟棄；每個人都很深邃，不要輕易貶抑扭曲自己與他人；團體力量很巨大，只要注意一些基本原則，要讓一個團

體產生正向力量並不難。另外，我覺得特別的是，書裡面的人物故事，讓我更明白，要好好活著，安身立命於世間，自己是有決定權的，是可以藉著努力而達到這境界的。我知道自己未來仍會一遍一遍重讀，它能幫助我將生活拉回到一個比較安定的軌道。雖然我完全不知道讀者在哪裡，但我確定的是，如果你與我一樣，會被個體複雜的內在心理動力與轉化過程吸引；如果你對夢有信心，想學習讀懂自己的夢與他人的夢；如果你對小團體動力好奇，想學習團體動力與衝突因應，想學習歐曼讀夢團體的帶領，你應該會在這本書裡找到一些答案。而如果你是一個追尋者，想探索自己、發現自己、療癒自己、活出生命的意義價值，我相信你會在這本書裡看見自己，找回部分失落的自己。

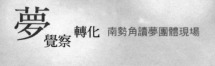
夢覺察 轉化 南勢角讀夢團體現場

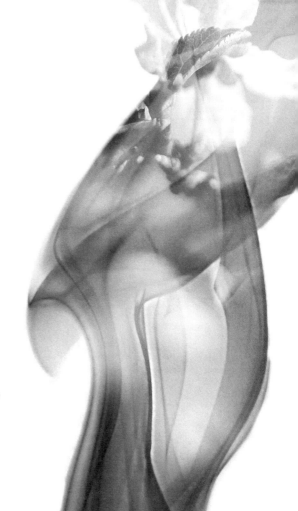

黎明時分

身體反應告訴了我一切，

它在指引我該做些什麼，不該做什麼，

未來該往何處去。

處在潰堤邊緣的身體，

已經不容許我繼續勉強自己了。

發現讀夢團體對我而言是深度心靈按摩，

是靈魂的氧氣……

2013 年 9 月 22 日週日清晨，不到四點醒來，還有點昏沉，一意識到今天是讀夢團體帶領人工作坊第一天，便開始興奮，也有些緊張，整個人因此清醒，想將這一刻的感覺寫下來，當下不管身體的疲累，決定起床直接到書桌打開筆電。

這麼多年了，要帶領讀夢團體前，總還是有些焦慮，不知會碰到什麼樣的夢，什麼樣的團體，什麼樣的夢者，有很多的不確定，也無從準備起，能準備的就只有自己的心境。因此習慣於團體開始前夕，盡量將手上的事情處理一段落，減少分心，以游泳、寫作或靜坐來放鬆身心，清出大腦空間，讓自己可以更專心聽夢，感覺團體成員的內心。因此，儘管一早要從台中搭高鐵到台北，還是會盡量勻出一點時間，到家對面游泳池小游幾百公尺，或寫點日記沉澱心情。

帶團體前夕，睡好睡足，也是關鍵因素。在帶領讀夢團體前一天夜晚，最擔心的是失眠，想睡卻睡不著。不過，睡飽與否，不是完全能自主的，雖然已經在努力，認真地對待睡覺，甚至將睡覺當作是與神同在，練習放下萬緣，臣服於睡神，一心一意睡覺。但這等工夫還是沒練成，做不到每天一醒來都能滿足微笑，睡飽睡好，總是有淪陷的時刻。但至少已經知道，這是有方法的，是可以透過努力練習養成習慣的。只要尊重睡覺，把睡覺當作一回事，就不會總是被意識或情緒侵入。

今天凌晨醒來，不是不想繼續睡，而是意識很強烈，腦袋裡有關夢團體的念頭不斷出現，很想寫下來。尤其幾天前開始了這個檔案的書寫，多年來很想做的一件事，終於起了頭，興奮感覆蓋了身體的疲憊。想將讀夢體驗感受寫下的意念已經很久了，家裡、研究室、宿舍書房，到處是讀夢筆記、學生學習心得，有的整理成檔案夾，有些仍散落書桌書架，等待歸檔。每次帶完團體，又匆匆被下一波工作淹沒，沒時間回頭，就像寫了多年的日記，一直無暇重讀一樣。

從紐約回台灣教書十餘年，對讀夢團體持續認同，熱情未減，但夢不是學術界主流，還無法得到學院的重視，我曾兩次以夢議題申請國科會研究，都沒通過。在此同時，我因為參與實務社工外聘督導工作，不忍社工

員在職場上的弱勢與不公平地被對待，不知不覺投入社工員壓力與職場風險的研究，從基礎的問卷調查開始，連續地訪談、論文書寫、倡導、實務工作坊等，一轉眼就是好幾年時光，不得不將夢書寫擱置一旁。就在社工風險研究告一段落，接著又輪值擔任系所主任工作之時，終於因為身體不支，年初正式卸下行政工作。身心俱疲的我，急迫需要療癒，需要與自己在一起，就在這個時候，夢、讀夢團體、書寫、靜坐等，都自然地回來了。

　　想成立長期性的讀夢團體帶領人團體，讓這群人有相互學習支持平台的構想已孕育多年，就是沒多餘時間與體力，沒想到就在崇寬老師邀約的一次四人餐會裡搞定了。我開始思索，怎樣耕耘這個團體。前幾天中秋節清晨日記，我這樣寫著：

　　　　默默禱告，這個團體可以如我們所願，能彼此取暖，共同成長，當每個人回到自己的社群，也能溫暖周圍的人，讓生命更美好……而我在讀夢團體帶領人工作坊裡做些什麼、貢獻什麼、創造出什麼，才能心安，沒有浪費大家的學費，沒有浪費大家的時間？這是我該思考的，是我的功課，卻也不是三言兩語可道盡。希望藉著這次團體的開展，將帶領團體的過程寫下來，也深刻觀察記錄帶領人在讀夢團體中要怎樣做，才能讓所有成員都得到滋養，也能激起每個人的智慧與能力，滋養別人。

　　原來，我這麼戰戰兢兢地在迎接與期待這個團體。不知未來旅程會如何，但我知道我正在做喜歡的事。

　　暑假剛結束了，對我而言，這是一個相當特別的暑假。原本打算一放暑假就要回紐約，但四月中旬足踝骨折，手術、打石膏、坐輪椅、撐柺杖，折騰了兩個多月，學期中許多工作一直延後，因此無法成行。因為腳無法正常行走，運動量大減，到了七月，雖然身體仍虛弱，但之前已排定了七個整天的讀夢團體，地點都在台北，其中連續三天是在陽明山教師研

習中心的心靈活水課程，另四天則是從五月順延的呂旭立基金會讀夢團體帶領人專訓，連續兩個週末的課程。

台北的工作，自從高鐵通車之後，就不再留宿，每每一早七點從台中出發，下課後立刻回台中也都已經晚上七點過後。因為腳傷尚未痊癒，原本憂心每天花四、五小時交通時間，六至七小時的夢工作坊，這樣長時間的工作，體力會無法承受，過勞耗竭。但一天一天過去，每次帶完團體之後，總是有許多感動，好像身心被深度按摩一樣。終於帶完了七個整天的讀夢團體，讓我驚訝的是，身體並無不適，反而舒暢放鬆，比之前更有活力。不過，這段期間，我也特別注意吃好、睡好、累了就休息，尊重身體發出的訊息。

相反地，八月上旬回到學校參與一場研討會籌備會議，在會議中，我的右眼皮與臉頰不自主地抽搐，耳鳴嚴重，像蟬聲一樣唧唧響。過去擔任系主任短短一年半期間，辦了兩場大型研討會，可能因為沒有行政經驗，覺得壓力很大。後來身體果真出了狀況，剛開始出現暈眩症狀，又過幾個月，右耳突然失去聽覺，俗稱耳中風。幸好聽力經過治療，一個月之後都恢復正常，但仍留下耳鳴的殘疾無法治癒。我請辭行政工作，調養了半年之後，系上又有另一場研討會要幫忙。與系上好幾位同事感情好，有事都會互相幫忙，尤其我在擔任系主任期間，他們都鼎力相助，這回我僅是認養一個小小的文書宣傳組，然而，那天一進入院長辦公室，看到會議資料、會議的流程，就開始覺得呼吸困難、暈眩，幾乎失去平衡。我心想，大概過去承受的壓力又重新被啟動，身體尚未復元，突然失去功能的恐懼仍在，只要一點點刺激，就足以全面啟動。比起我的同事們，我真是脆弱無能，面對行政工作的抗壓性很低。身體反應告訴了我一切，它在指引我該做些什麼，不該做什麼，未來該往何處去。處在潰堤邊緣的身體，已經不容許我繼續勉強自己了。

當天，我匆匆離開學校宿舍回到台中，我知道離開埔里仍然不夠遠，必須暫時離開台灣。原本就計畫暑假回紐約，因為腳骨折，到了八月仍然走不開，但那一刻，覺得再不遠離學校工作，身體就要垮了，即使腳傷仍

未好，不能跑，不能單腳下樓梯，不能提重物，管他的，只要能走就好。當天買了機票，四天後，我已經坐在飛往紐約的機艙裡，在雲端上航行……

在紐約待了四週，我放下一切，無所事事，能睡就睡，想吃東西就去覓食，每天光是慢慢走在曼哈頓寬大的人行步道三、四小時，就很快樂。Bill[3] 回到自己公寓，像小鳥回到森林，隨時清唱舞蹈，雖然他的公寓很小，應該不到十五坪。他將之前的朋友都找回來一起讀夢，除了第一週調整時差，之後每週三晚上都有很精采的夢團體，還有最後一個週末，連續兩天是帶領人工作坊，每一場我都參加了，發現讀夢團體對我而言是深度心靈按摩，是靈魂的氧氣……

中秋節前夕，團體召集人崇寬老師寫信提醒大家：「9/22 是個大家相聚，在老師的引領下自我成長的好日子，不聚不散哦！」我興奮又焦慮，成立這個長期性團體，是一種宣稱，象徵我更進一步對讀夢團體與自己的承諾，我要愛我所愛，做我想做的事，讓讀夢團體成為未來工作與生活的重心。但一方面，這是一個新的嘗試，我不知道這個團體能持續多久，能否如我期待，成就彼此？而，我能承諾多久？這一切都是未知數，我回覆崇寬老師與每一位夥伴：

大家好：

我昨天從紐約回到台灣了，謝謝崇寬老師聯繫大家，大力支持讀夢帶領人團體，多年來的願望終於落實了。

不過，引領大家成長我不敢當。我們是一起成長，向夢學習，向每個人的寶貴生命經驗以及每個獨特的心靈學習。我只是因為人生因緣，意外發現了這個好用的學習途徑與方法，拿來與大家分享切磋。我們是彼此的學生，彼此的老師，請大家慷慨分享夢，分享你的所見所感所思。

預祝大家中秋美好

淑媛

我看見自己面對團體即將開始的興奮，也看見不安與不確定性，無論如何，這一刻，我已經穿好泳衣，戴好蛙鏡，站在岸邊的岩石上，準備跳入潛意識大海。

---

3 Bill 的正式名字是 William R. Stimson，也就是在前言中提起的 Dr. Stimson，我們於 2001 年秋天成為伴侶。他 2002 年冬天離開紐約，來台定居。

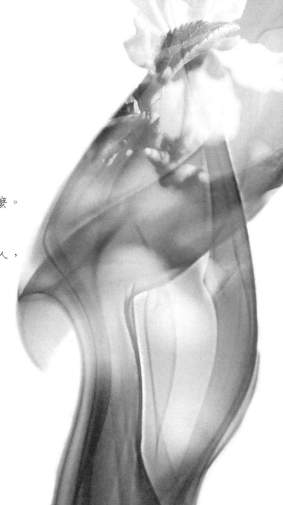

Chapter 2

第一次團體現場

這是特別的一天，

我第一次面對著電視機帶讀夢團體，

第一次在學員家裡工作，

我完全不知道，在這樣的空間，

與一群資深讀夢人一起讀夢的結果會是什麼。

尤其，

我們的目標是進一步要讓大家輪流當帶領人，

學習帶領讀夢團體，

這比我自己帶團體的壓力還大，

團體動力複雜很多很多，

說真的，我有點頭痛，也有點焦慮。

想想，這不是一般的度假，是去爬大山，

我準備好了嗎？我裝備夠了嗎？

2013 年 9 月 30 日週一清晨，沒課的一天，也是從上週日第一次南勢角讀夢團體結束後，一整週以來，唯一的空檔可以回到這個檔案，希望在下次團體聚會之前，能將第一次團體的一些感想寫下來。

那天清晨，很早起床，寫作、游泳，七點左右，用對講機請託樓下管理員叫計程車，七點五十到台中高鐵站，搭八點零一分的車往台北，九點整到，很快轉搭捷運到了南勢角。覺得好方便、很神奇，從台中到南勢角捷運站，竟然完全處在室內空間，只要準備好足夠的交通費，一路通行無阻，也不怕風吹日曬雨淋。

南勢角這地名很特別，離台北這麼近，看起來又不像台北，像個小鎮，鄉土有親和力。我們聚會地點是一位學員的心靈工作室，位於四樓的公寓，沒有電梯。我一階一階小心爬樓梯，自從四月下樓滑倒、腳踝骨折之後，雖然很多時候心急想趕路，但身體卻會自動踩煞車。呵呵，身體也要宣告獨立了，脫離心與大腦的暴力操控。四樓有三間公寓，都沒門牌，我聽到一處有多人喧鬧聲，心想應該就是這戶了，循著聲音，按了門鈴，一群人歡呼招我入內。看了時間，因為有點小迷路，我已經遲到將近十分鐘，幾乎每個人都到了，這麼準時的一群人，我感受得到他們是認真的，讓我不敢懈怠。屋主乃多年前因夢相識，也是團體成員之一，她帶著我欣賞精心布置的家，客廳一角隔出供佛拜佛空間，外面緊接著陽台，養了許多植物，生機盎然。浴室裡放著一個幾乎可以容納兩人泡澡的大橡木桶，散發著木香，到處是美麗的蕾絲窗簾，讓這老公寓活起來，很佩服屋主的巧手。

公寓不大，很快繞完一圈回到客廳，是大夥要一起讀夢的所在。長方形空間，和室椅已經置放在四周，有人站著，有人已坐下。大家尊我為師，對我很好，特別給我一個超大的和室椅，放在中間靠牆位置。我的正對面是一個四呎高的櫃子，上面放了 32 吋的液晶電視，成員就散落在我與電視櫃兩旁。我當下很頭痛，這樣的空間，我要看到坐在左右的人很困難，其他成員也僅能看到部分的人。這個團體每個人都很重要，需要深度傾聽的專注力，如果到處是死角，看不見彼此，注意力會分散，很難專

注，團體就動不起來。

讀夢團體最吸引我之處是帶領人與團體成員之間的平權夥伴關係，團體給自願分享夢的人最大權力以及詮釋夢的最高權威，因此要我坐比較高或比較大的椅子，我很不習慣，也一定會影響大家的參與。此外，這個長方形的空間，在狹長的中間放大型和室椅，立刻將空間切成兩半，當成員眼神無法彼此交會，也會影響互動。但是，大家被尊師重道這樣的意識型態所迷惑，堅持把最大最好的位置留給「老師」。

「老師」，真的是一個危險的角色。在我們的社會，老師被寵、被尊敬，被賦予詮釋現象、解釋因果的權力與權威，很容易失去清明與誠實。因為已經被高高捧著，就很難承認自己的無知，害怕重重摔下。縱使對許多知識或事情一知半解，也會不知不覺昧著良知，將錯誤訊息傳遞給學生，禍害社會。當了十幾年大學教授，一直戰戰兢兢，真害怕自己造孽。或許已經造孽也不知，我能做的僅是，當覺察到被捧高的時候，要盡量想辦法先讓自己下來，總比摔下或虛偽地胡說八道、誤人子弟好些。

為了不要慣壞自己，為了團體動力，這時，只好善用「老師」的權力，無論如何都要堅持調整誰能坐大位置的慣習。我先將為我準備的大型和室椅移到電視櫃旁的角落，比較不佔空間，屋主慷慨貢獻她拜佛的方墊給我，我可以盤腿而坐，中間的空間立刻變大了一些；再將所有比較大的和室墊置放電視櫃旁的角落，讓坐在那區域的人看起來比較大，不容易被忽略或隱藏。這一調整，場地就比較不那麼長方形，有點橢圓。讀夢團體強調平等性，避免權威，在每日的生活中，我們有一定的禮儀規範，很容易將人的重要性排序，例如依照年紀、學歷、社經地位、資歷、甚至性別，然後給予不一樣的位置、不一樣的尊重。但是在讀夢團體裡，這些指標最好都能暫時擱置一旁，讓每個人先歸零，放下身分，放下年齡資歷，放下理論知識，放下假設與偏見，專心迎接一個新的夢，傾聽一個新的生命故事。在平等安全的氛圍下，人的潛能比較能自在發展與表達，我們團體人數不多，每個人都很重要。

一切都就緒了，大夥坐定，不過，還是不自在的是，電視櫃似乎是無

法移動了，因為周圍好像也沒有空間。這是特別的一天，我第一次面對著電視機帶讀夢團體，第一次在學員家裡工作，我完全不知道，在這樣的空間，與一群資深讀夢人一起讀夢的結果會是什麼。尤其，我們的目標是進一步要讓大家輪流當帶領人，學習帶領讀夢團體，這比我自己帶團體的壓力還大，團體動力複雜很多很多，說真的，我有點頭痛，也有點焦慮。想想，這不是一般的度假，是去爬大山，我準備好了嗎？我裝備夠了嗎？

方才在鍵盤敲打了「工作」兩字，覺得怪怪的，不是才說像是度假嗎？度假應該是放鬆的，怎會焦慮？我這麼快就自己打臉了。仔細回想，之前形容自己帶領或參與讀夢團體，就像深度心靈按摩，非常舒暢，但發現，那是在團體結束之後，不是之前。我們一般去度假，一開始好像很期待、放鬆、興奮。團體之前，我也很期待、很興奮，特別是這次團體，都是熟識的人。但是，老實說，我還沒有很放鬆。那種感覺，好比是帶領一群人去登山，大家都要自己走，自己欣賞沿路風光，我不能替大家走，但是我要帶路。不但要找到安全的路徑，也要啟動自己，啟動所有人的智慧與注意力一起清除障礙，找尋幽境，發現美景，然後，要平安下山。

雖然眼前這一群人都已經一起登山多次，個個身手矯健。但，每一次讀一個新夢，就像爬一座新的山，沒有地圖，沒有腳本，有的僅是歐曼設計的流程以及一本書。但是，團體進行流程並無法保證能揭開夢的面紗，不能保證夢者願意開放，書本所寫的原理原則，也無法確保團體成員會集中注意力，不無聊、不睡著、不覺得煩，甚至在團體中不被傷害。流程、理論、原則都很重要，是指引的方向，但是要實踐這些原則，例如要怎樣實踐「尊重夢者」這個價值，怎麼做到讓分享夢的人覺得安全、好玩放鬆、又有收穫，這似乎不是一、兩年工夫可以練就的。而工夫要練到多深，才能帶領團體，每個人的學習過程或所需時間是否一樣，這都是未知，我還不知道答案在哪。

許多人對參加小團體或一般成長團體很不自在，我自己也曾經如此。前不久，我到高雄帶夢團體，一位社工員在團體將結束時說：「我的工作經常要帶領小團體，但自己卻很害怕參加小團體，很少當團體成員，但今

天這個團體，不知道是老師的關係還是怎樣，讓我很自在。」因為時間因素，無法繼續請問這位學員原因，不過他的話卻留在我腦海很久。在還沒認識歐曼之前，我有過幾次參加心理成長團體的經驗，但都不自在，後來幾乎是排斥的。因此，當我第一次與歐曼午餐時，才會很無禮地說：「我對臨床心理沒興趣。」他聽了哈哈大笑，而之後的討論，讓我覺得被同理。後來參與歐曼帶領的讀夢團體之後，感覺自在又好玩，才開始有大量的小團體參與經驗。但至今仍很少參與其他類型的成長團體，偶爾在研討會參與一些工作坊，也是不習慣，我有點能同理這位社工的感覺。但是，我們在怕什麼？團體中讓人不自在的因素是什麼？一時間，我也沒有具體完整的答案。我自己怕團體壓力、怕集體行為、怕被評價分析、怕被操弄、怕失去自由……

不過，當一個團體讓人不自在、讓人害怕，大概就很難持續下去了，除非參加的人是非自願的、被強迫的。我欣賞歐曼設計的讀夢團體運作方式，或許是與我長期嚮往「自由自在」的價值契合。而且，更重要的是，這個團體能帶領我實踐這個價值，不但讓自己更自由，也讓別人自由。

但是，雖然已經工作很多年，每次要開始帶領夢團體，特別是一個新的團體，都是全力以赴，畢竟要讓一群彼此陌生的人一起自在探索夢，探索內在潛意識，安全不被傷害，好玩又有深刻的學習，這永遠是挑戰。無論平日再怎麼下工夫，要上場之前，還是得先深呼吸，清空內在阻礙，身心放鬆，睜開眼睛，全神貫注。

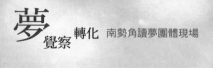
夢覺察 轉化 南勢角讀夢團體現場

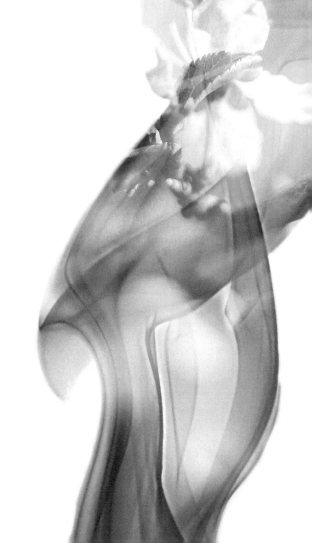

我們這個團體

這個團體將會如何發展，我不知道，
又興奮，又有點緊張，
畢竟一群武林高手聚在一起，
當彼此熟悉時，真情本性自然流露，
距離不容易拿捏恰當，難免直來直往，
刀光劍影，挺難搞的！

這個團體能成立，真正的關鍵人物應該是崇寬老師。我在台北呂旭立基金會帶領歐曼讀夢工作坊將近八年，這期間帶領兩梯次的帶領人專訓，崇寬老師不但參加了好幾期的初階、進階團體，也同時參與了這兩期的專訓課程。在場十位夥伴，除了阿國是崇寬老師推薦，我還未見過面之外，每個人都與我一起讀夢許久。只要一起讀夢幾回，彼此之間的距離與信任感就會拉近許多，尤其他們幾乎都上過基金會的讀夢團體帶領人督導課程，沒有更高階的課程可以參加了。我無法用外在的年紀、性別、職業，或任何頭銜介紹我們的成員，我覺得人很難這樣被認識，況且每個人都有多元的角色與背景。在我帶領的讀夢團體，我也不會問參加的成員任何個人資料，除非他們自己主動與團體分享，因此，我只能說，這是一群對夢很有信心、很有興趣的人。

我回台灣帶領歐曼讀夢團體與分享工作方法已十餘年，有不少人被夢與夢團體吸引，想持續與自己的夢以及他人的夢連結，但卻沒有適當的團體可參加。有時候，在基金會的進階或督導專訓課程之後，學員會自己組團體，但多數不能持久。究竟要怎樣經營、怎樣帶領一個長期性的讀夢團體，我也還不是很清楚，希望透過這次團體的實際運作，在記憶猶新時，記下一二。

十幾年前，我剛學歐曼讀夢團體不久，也剛完成博士學位，當時還不想立刻回台灣，就在曼哈頓小公寓自己組了華語讀夢團體，每週聚會一個晚上。剛開始我找認識的朋友，後來朋友又帶他們的朋友來，幾乎都是台灣留學生，有少數陸生，以及在紐約工作的華人。那是免費團體，成員都會帶來一些吃的一起分享，我們持續了半年，隨著不同的夢境，經歷不少激動澎湃的夜晚，享受許多如詩般的美好時光。但後來大家都疲憊了，而且因為場地是 Bill 的公寓，公寓非常小，對 Bill 不太方便。他不懂中文，無法參與我們的團體，總是要在外遊蕩，等我們結束才回來。另一方面，我也開始準備回台灣應徵教職工作，因為必須要賺錢養活自己，已經依賴父母夠久了，而且也不想放棄學術研究，於是這團體就結束了。其實，一個團體的結束原因應該還不少，當時沒有好好記錄，能回憶的，都有限了。

　　寫到這裡，有點傷感，更多關於夢團體的往事浮現出來，讀夢團體在台灣從無到有，這過程，酸甜苦辣，什麼滋味都有。我們在面對新的事物時，反應很多元，有時好像遇到知己，或久旱逢甘霖，生命因為創新事物而得到啟發與發展；有時卻會視為異端而排斥或畏懼，不去進一步瞭解，就加以批判、扭曲、誤解，甚至暴力地攻擊毀謗。讀夢團體在台灣或在西方的發展過程也是一樣，有人喜歡，有人一聽到夢，就全身不自在，在完全無知的狀態下，就全盤否定，或給予標籤汙名。更有手上握有權力的人，因不見容於他們的視線範圍，便隨意揮刀一砍，使之無法生存。

　　大腦真的很奇怪，正寫著一個團體的開始，卻想著當年團體的結束。回來台灣之後，學校教學研究工作佔據大半時間，雖然課餘之暇不曾間斷帶領讀夢團體，但一直沒有餘力再成立持續性的讀夢團體。這回終於能將一群對夢有熱情的人聚在一起，打算長期經營，而且這是個付費團體，大家要分擔場地租用費以及指導教師鐘點費。因此，這是我的專業工作，不是休閒娛樂，但我歡喜興奮。為何有這麼高昂的情緒？其實不是很清楚，邊做邊寫邊想，只知道刺激好玩，期待與這群人聚在一起，期待聽到大家的夢，期待團體結束後，打開這個檔案書寫，有這麼多興奮期待，就是很值得做的事。

　　話說回來，崇寬老師對夢相當有興趣，已經邁向專業之路，在任教的大學醫學院開課，也做了研究，到讀夢團體發源地瑞典哥登堡市參加研討會並發表論文，證明讀夢團體可協助醫學院學生自我探索與人文教育，特別是這種體驗式的教學方式深受學生歡迎。除了在校上課，他也在帶領安寧病房志工一起讀夢，已累積了不少帶領經驗。然而，帶領讀夢團體是很具挑戰的，有時也會遇到一些挫折，需要不斷與同儕討論切磋，相互觀摩。此外，團體帶領者總是沒什麼機會在團體中分享自己的夢，除非是長期性團體，成員已經很熟悉團體運作，有人可以擔任帶領者的角色。我與崇寬老師一樣，都喜歡在團體中分享自己的夢，那比自己獨自摸索有趣好玩，夢的隱喻更多元豐富，但苦無機會。因此，我們很早就想要成立這個團體，但是因緣皆不足。四年前他生了一場大病，兩年後康復，恢復帶領

讀夢團體，而我當時則剛輪值接系所主任的工作，沒有多餘能量與時間。終於，我因身體不適，體力不支，辭了行政工作，才有時間回到讀夢團體與寫作，這也是我的身心療癒途徑。而崇寬老師此時也即將從大學教職退休，積極在規劃下一階段人生，帶領讀夢團體即是他的選項之一，因為生命的種種機緣，又能一起讀夢了。

其實這幾年，我們也不常聯繫，崇寬老師溫文儒雅，謙遜恭謹，絕對不是那種可以聊八卦的姊妹淘；他不喝酒，不吃肉，自然也無法當酒肉朋友，所以沒事的話，我們很少聯絡。因此，看見他的名字再一次出現在呂旭立基金會的讀夢團體帶領人訓練課程時，我又驚又喜。他在這次專訓課程中分享了夢，也示範他帶領團體的方式，讓人驚豔。他做事明快有效率，那邊團體一結束，我們這個團體就誕生了。人生的聚合牽引，有一定的因緣，有自己的軌道，好像該來的，自然就來，不費什麼力。這個團體將會如何發展，我不知道，又興奮，又有點緊張，畢竟一群武林高手聚在一起，當彼此熟悉時，真情本性自然流露，距離不容易拿捏恰當，難免直來直往，刀光劍影，挺難搞的！

團體開始了
——我們為何而聚？

該怎樣分配時間、運用時間，

能讓每個人由衷而發，直指核心，與夢交流，

撞擊出有意義的對話，提升彼此生命境界，

這一直就是我帶領讀夢團體的挑戰。

團體中總是有高手，能清楚看見問題，

團體帶領者要有學習誠實與接納自己所有狀況的能力，

才能化險為夷……

我不得不承認，對於團體的氛圍

我是有強烈偏好的……

最起碼大家在一起的時光不覺得無聊，

不要客套社交，言不及義，

不要讓人厭煩，讓人害怕。

更好一點的狀況是可以從彼此身上學到一點，

讓生命逐步穩健輕盈……

體正式開始了，大家都坐定安靜下來，等著我開場講話。雖然我跟每個人都熟，但大家來自不同梯次的團體，有些人還是第一次見面，不免要相互認識一下，彼此告知基本訊息，為何來，想往何處去，為何願意花時間在這裡。我盤算一下，現場總共十一人，每個人也可能與我一樣，有很多期待感受，我必須要克制自己說話的時間，讓大家都能有時間自在發言。但這並不容易，在眾人面前如何拿捏說話時間，讓自己能充分表達，又不會佔用太多時間，讓別人無聊，我至今都還在努力。很多人與我一樣，都會不知不覺在眾人面前說很多話，特別是有感的時候。該怎樣分配時間、運用時間，能讓每個人由衷而發，直指核心，與夢交流，撞擊出有意義的對話，提升彼此生命境界，這一直是我帶領讀夢團體的挑戰。

因此，在每次新團體開始之前，我大概都會在筆記本寫下幾個重點，通常不超過三點，不要急著「教學」，藉此克制發言，而也因為僅有兩、三個重點，成員很容易理解記憶。此外，我也邀請大家在自我介紹時聚焦在一兩個重點，例如參與這團體的緣由以及對團體的期待；初階團體則會邀請成員分享與夢的關係與經驗，讓彼此瞭解所在的位置。因為有了具體焦點，大家的發言內容才能相互累積，一直深入，而且時間通常也不會太長。

我翻開筆記本，第一頁寫下兩個開場重點：時間管理、團體目標。一方面讓團體更清楚聚在這裡要做什麼，一方面提醒大家一起有效率地運用時間。這個團體的目標以讀夢為主體，想透過夢，更深入認識自己，認識他人。歐曼曾比喻，夢好像是我們從潛意識抓到的一隻魚，團體一起細心烹調料理，最後一起分享。不僅是抓到魚的人能得到滋養，一起協助烹調的人都能得到養分，大家也都自然而然學會烹煮魚的技術。夢經常帶出我們集體的潛意識、集體的創傷、集體的渴望、集體的困境。雖然我們每個人都有獨特生長背景與所處情境，但生命深處，我們要面對的議題有很多的共通性，例如存在主義心理治療強調的四個基本存在議題：死亡、孤獨、自由與意義感，這些生命核心問題，一直不斷地反映在我們的夢裡。

如果我們有夢卻不去瞭解，等於抓到魚了，就放在岸上不理會，任其消失。因此，這個團體的第一個基本目標是要有魚，然後要學會烹調魚，讓魚美味又營養，不要糟蹋食材，更不要讓抓到魚的人灰頭土臉或弄得一身魚腥味。也就是說，我們一起學習細膩專業地讀夢、欣賞夢，但更要溫柔對待分享夢的人，做到真正的尊重以及由衷地感謝。

除了以夢為主體，與一般讀夢團體不同的是，這個團體還有另一個目標，是要輪流擔負起帶領人的職責，彼此觀摩學習。但這進行的方式該是怎樣，我雖然思考很久，還是想提出來討論，聽聽大家的想法。沒想到，大家似乎還沒準備好，究竟這是新組合的團體，有一半的人還不認識另一半的人，要我先帶領幾個夢之後再說，我也樂得輕鬆，先不煩惱這難題。想想也對，大家先玩過癮了，熟了，可以較自在之後，下一個目標就容易了，而且，多數成員都參加過無數各種不同類型的心靈成長工作坊，全是行家明眼人，觀察本身就是最直接的學習途徑。

我快速地確定團體目標方向後，輪到大家介紹自己，以及為何參與這個團體。每個人的發言都很精彩，當大家提到夢與夢團體對自己工作或生活的影響時，我總忍不住有一堆經驗與想法想回應與分享，但又常感受到時間滴答滴答快速溜走的壓力。我想保留時間扎扎實實地讀夢，而不僅是淺淺地談夢，繞著夢團團轉；讀夢團體沒有扎實的夢工作，就不是夢團體了。多年來的經驗，我發現，讀夢過程，夢者的生命經驗分享，以及最後團體成員的回應，總是比我的高談闊論有趣多了，對團體也更有營養。因此，我必須一直學習節制我的發言時間，以及精簡我的發言內容，將時間留給團體。中場休息時間，坐在我旁邊的曦曦私下跟我說：「我怎麼覺得妳講話的速度很快，妳是在擔心時間，還是因為這幾年我的生活慢下來了？」才發現我的確說話速度越來越快，急著要在最短的時間內，說出許多想講的話，心在飛揚，不是一步一腳印。

我好幾年沒見到曦曦了，她看起來從容不迫，慢條斯理，顯然這幾年修鍊有成，經她一提醒，我才察覺我的急躁，得失心又起。我習慣效率，目標取向，怕團體鬆散，成員注意力無法集中，卻不知，這樣的速度，也

讓某些人覺得很累、有壓力，甚至窒息。感謝曦曦的提醒，我深深吸一口氣，讓講話速度稍微慢下來，腦海浮現另一位夥伴以荷曾分享她書桌上的座右銘──「處處都好」，這四個字我記得特別清楚，大概是希望有那麼一天，我無論怎樣移動，怎樣變化，都覺得安好。我發現一旦對團體有一定的期待，心被某個特定目標擄獲時，感官就有選擇性與分別心，無法全面開放，更容易急躁。

雖一直夢想著自由自在、心無罣礙，但我分別心強，又執著一些價值，例如要努力、要精進、要把握時間、要有效率。這些價值有時候是相互衝突的，做事講求效率精進，執行過程又能保持放鬆狀態，我景仰地遙望這境界。已經有意識地在練習「無得無失」意境，盡力去做身邊每一件事，但不要太在乎結果，類似《金剛經》要闡述的「應無所住而生其心」，事成了，不沾喜，不居功，做不完或失敗了，要放下，仍要享受下一餐飯，然後認真睡覺，繼續做夢。但，不容易啊！看來大家的眼睛似乎都很雪亮，可以輕易看見我的內心世界，這個團體個個是人生修行的高手，我無所遁形，更沒有偽裝做作或胡搞瞎搞的空間，不能隨便混。

這讓我更覺悟，既然團體中總是有高手，能清楚看見問題，團體帶領者要有學習誠實與接納自己所有狀況的能力，才能化險為夷。我們總是智慧不足，無法隨時都能察覺自己內心的狀況，不如開放給他人來幫忙，幫忙鍛鍊我們的真實。我不得不承認，對於團體的氛圍我是有強烈偏好的，有分別心的。究竟有哪些具體的偏好，此刻我還無法完全說清楚，只是最起碼大家在一起的時光不覺得無聊，不要客套社交，言不及義，不要讓人厭煩，讓人害怕。更好一點的狀況是可以從彼此身上學到一點，讓生命逐步穩健輕盈，可以貢獻一點自己的寶，滋養他人。我想要有這樣的團體，若達不到，我會挫折，覺得自己無能，會焦慮，擔心浪費他人的時間。我清楚這些期待會導致患得患失，但我還沒有辦法超越。

整體而言，我對夢團體的期待多數有被滿足，所以至今仍樂此不疲。這究竟是因為夢本身有趣好玩，或者團體結構與運作過程其實就像個魔術盒子，還是因為我本身的性格及能力與讀夢團體相當契合，或是團體成員

的特質？原因多元複雜，很難簡單歸因。但是，這些年來帶領無數讀夢團體，也有無力的時候，遇到沒什麼反應的夢者，沒什麼動力的團體，回到家就像洩了氣的皮球，要花一些時間，才能接受自己也會被壓扁，然後自我安慰告訴自己，佛只度有緣人，何況我又不是佛，慢慢才又打起精神，重新灌氣，繼續彈跳。

夢 覺察 轉化 南勢角讀夢團體現場

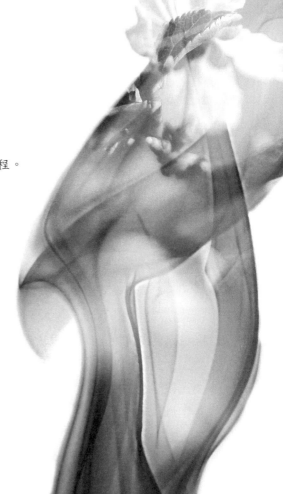

Chapter

5

誰是今天的夢者？

在這個團體，身分、地位、年齡、
性別、教育程度等外在因素，
都不是決定誰能當夢者的原則，
最重要的是想分享夢的意願，
對自己的夢有極高探索的興趣，
而且願意與團體分享，讓團體參與讀夢過程。
只有夢者開放，團體的協助才會有力量。

有人以銅牆鐵壁將自己緊緊包住，
有人卻是一縷輕衫，隨風舞動，
時時與天地一起呼吸……
我喜歡讀夢團體是因為看見自己與他人
在努力面對夢的過程，
一點一滴釋放了被綑綁的自己，
同時釋放被抑制的生命力，
如花朵綻放。

第一次聚會，簡單相互認識，釐清團體目標，這一天剩下的時間，大概僅能讀一個夢。我開始問大家誰有夢要分享，崇寬老師與宇姮立刻同時舉手。儘管崇寬老師德高望重，也是促成這個團體的關鍵人物，宇姮是諮商所二年級學生，是後生晚輩，但在這個團體，身分、地位、年齡、性別、教育程度等外在因素，都不是決定誰能當夢者的原則，最重要的是想分享夢的意願，對自己的夢有極高探索的興趣，而且願意與團體分享，讓團體參與讀夢過程。只有夢者開放，團體的協助才會有力量。

成員不要因為外在規範，例如為了照顧後生晚輩，或因為尊重長輩而禮讓自己分享夢的機會，甚至為了利他而委屈自己，這都會影響之後自己對團體的投入程度，以及團體之間平權的關係。我每次都會重申這個原則，讓大家暫時將自己的身分地位擺在一旁，檢視一下自己在團體中分享夢的意願與準備程度，這才是決定是否分享夢的關鍵因素。如果這時候，仍有兩個人以上想分享夢，就以公平的方式，例如擲銅板或抽籤等他們可以接受的方式，來決定誰是當場次的夢者。崇寬老師與宇姮皆熟悉團體規則，互相對看一下，微笑卻堅定，看起來都沒有要禮讓給對方的意思。看到兩個很謙虛低調的人都積極要爭取當夢者的機會，我就很安心，他們對夢的興趣已經引發了我的好奇心，無論誰當今天的夢者，一定都是好咖。我一提議擲銅板決定，兩人立刻同意，阿國自動負責擲銅板。

我不禁問自己，我對於夢會不會有偏好？這答案好像很明顯。我與歐曼一樣，喜歡最近發生的夢，比較容易找到脈絡；喜歡短一點的夢，因為時間總是有限，短夢其實很有張力。這個團體原本就是以學習認識夢為主要功能，透過現場成員真實的夢，暸解夢的象徵隱喻，就好像學習外國語言，每次都有新的單字、新的句型、新的故事情節，學久了，自然就會讀懂夢在說什麼。因此，在時間的限制下，短夢比較能讓大家深入每個影像與情節的隱喻意義。一個準備好的夢者與一個近期的短夢，這樣的組合，要揭開夢的隱喻與象徵意義就會容易許多，整個團體會很有成就感，時間也比較好控制，帶領過程輕鬆愉快。但不是每次團體都有這麼好的運氣，誰也無法一開始就信任他人，安全與信任的團體氛圍是慢慢營造的，得經

過一次又一次的試煉，這也是夢能否揭開神祕面紗的關鍵，也因此，一開始的團體其實是最具有挑戰性的，難度特別高。

那對於夢者呢？我有分別心嗎？我必須誠實地說，還是有的。我盼望分享夢的人對夢好奇，有熱情與勇氣探索自己，在團體中已經是比較自在開放的狀態。因為夢很誠實，我們常比喻夢像是毫不顧忌地指出國王沒有穿新衣的小孩，而大人之所以不敢指出國王沒穿新衣，可能害怕惹國王生氣被砍頭，也可能害怕被認為是笨蛋，以為大家都能看得見國王的新衣，只有自己沒能力看見。夢誠實地反映做夢者的情緒與思想，有些感受與想法可能讓做夢者驚喜，有些卻讓人震驚，難以接受。因此，如果夢者很害怕看見潛藏的真實自己，或者害怕被團體看見，那當團體的夢者就會比較辛苦，而團體的協助也會很費力，想幫也幫不了忙，這時候整個團體會很沉重，沒有什麼動力，團體就很難繼續。

十多年來，有一種類型的夢者令我比較頭痛。在台灣，有關夢的課程在大學仍然很少，即使在助人專業，例如諮商、心理治療、社工或教育領域亦是如此。但在學術上，以科學的研究態度運用夢協助心理治療或自我知識的開發，已經一百多年，只要是助人專業者都有這方面的常識。但怎樣瞭解夢的語言，如何認識自己的夢，如何與他人的夢溝通，具體的方法與實作過程，多數人都不得其門而入。因此，經常有專業工作者來參加我的團體，但，醉翁之意不在酒，他們想學的是如何解析夢，或帶領讀夢團體的技巧，為著多一種專業技能，而不是對自己的夢或探索自己很有興趣。尤其有些人會表示，因為專業的訓練，他們對自己已經有一定程度的自我心理分析，已經相當瞭解自己，但為了學習還是想體驗當夢者的滋味。這類型的人學習動機很強，也很精進努力，通常一開始就會積極爭取分享夢的機會，因為每次團體僅有一個人可以當夢者，機會難得。然而，對於這類以學習夢團體專業工作技巧為主要目的，而非為了瞭解自己的夢或探索自己的夢者，我會比較頭痛，因為他們在讀夢過程，反而會被自己既有的認知緊緊綁住，被意識的自己掌控，無法與自己的感覺連結，看不見夢想表達的意義，也不容易進一步發現潛意識的自己。夢者無法與自己

的夢對話，沒有新的發現，沒有驚奇，團體就會像一池死水，大家都缺氧，昏昏欲睡。

我一直認為，想在助人工作上運用夢，要先對自己的夢有好奇心，體驗夢與自己生命的關係，才有能力協助他人的夢境。人類內在底層是相通的，無法碰觸自己底層的人，很難進入他人的內在世界。

每個人的歷練與性情差異很大，開放的能力與尺度自然不同，有人將自己包得緊緊的，如銅牆鐵壁般安全保護住，與他人保持相當距離。有的人卻是一縷輕衫，隨風舞動，時時與天地一起呼吸。每個人與自己的關係也不同，有人對自己很溫柔包容，有人對自己嚴苛要求完美。無論我們來自何處，我喜歡讀夢團體是因為看見自己與他人在努力面對夢的過程，一點一滴釋放了被綑綁的自己，同時釋放被抑制的生命力，如花朵綻放。只是，大家在團體中需要暖身的時間不一樣，必須尊重個別速度。我總是祈禱對夢好奇、熱愛探索自己生命的夢者出現。一個急切想被瞭解的夢，就好像成熟的榴槤，開出了一點裂縫，要剝開就相當容易，果實也特別鮮美。

幾個念頭才剛轉完，擲銅板的結果已經揭曉，眼前這兩個人都很想讀自己的夢，兩個都表明是近期的短夢，我很放鬆，誰贏得今天夢者的機會都 OK。結果崇寬老師贏得分享夢的機會，大家自動拿起紙筆，看著他，就等著他說夢了。

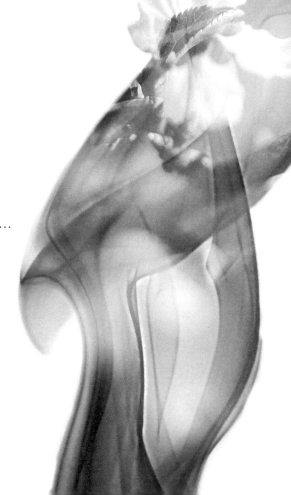

Chapter

6

我是怎樣一個人？
——讀崇寬老師的夢

「靈魂本是不生不滅的，
但某些努力的靈魂是可以成就神性的」……
宙斯告訴其子：「你爸爸是個勇敢的人，
他仍在天上對抗邪惡。」……
那我自己呢？
我到底是怎樣一個人？

到底算不算勇敢的人？
自己有沒有努力？

1 寫夢

　　崇寬老師一句一句慢慢地描述他的夢，大家如實抄在各自的筆記本裡。我們的記憶很不可靠，而且經常會被其他思緒或之前的經驗干擾，如果只聽夢者說一次但不寫下來，腦海裡記下的夢不會完整，也可能扭曲。我在大學教心理學課程多年，有關聽與記憶的干擾早已有許多科學研究證實。我們在助人的專業裡，不斷地強調傾聽，但是要能精確地傾聽，能理解聽到的內容，相當不容易；知道是一回事，做是另一回事。抄寫會讓大家專心，沒時間想別的，而且能記下完整的夢，這是真誠傾聽夢者的第一步。我曾聽到許多在團體中分享夢的人告訴我，當看見團體如此用心地在傾聽記錄他的夢時，內心湧出莫名的感動，一生中，不曾有人，也沒有這麼多人如此專心聽他說夢，那一刻，也讓他更珍惜、更認真看待自己、看待自己的夢。

　　然而，寫夢很花時間，這也是我比較偏好短夢的原因，如果是很長的夢，大家抄寫得很吃力，而且會佔掉一大塊時間。不過，有些人就是對某個長夢特別困惑與好奇，這時權宜之計是拜託夢者先寫好，影印給大家。崇寬老師早就聲明他的夢很短，夢境如下：

　　　　我和山友（男，五十歲出頭）坐在學校咖啡廳面庭園的桌子喝咖啡。窗外陽光明媚，可聽到鳥鳴；我們已續了杯咖啡。桌上有當天開會議程。我要主持早上部分，是一個國外學者的演講。講堂的編號有三，5000、0506……（第三個忘了），可能是一個大講堂。我們有些疑惑到底在哪兒？

　　　　女侍者經過，山友叫住她付了錢。她回來找了一些十元硬幣，山友和她談了幾句，我心中想，又在搭訕了。他說，這個給妳當小費。給她時錢掉到地上，其中一個滾到我腳邊來，我彎下腰撿起來給她，一看是兩個十元硬幣。

山友繼續搭訕，問她開會地點。她瞪大眼睛，很認真地解釋，似乎是在教學大樓。她和山友說時，我不知怎麼，沒注意她在說什麼，思緒不知飄到哪裡去了。夢醒。

　　坦白說，儘管有十多年的讀夢經驗，每次剛聽寫完一個夢的當下，幾乎完全沒有概念這個夢要表達些什麼？這個夢與夢者有什麼關聯？為何夢者會做這樣的夢？也不知道萬一這個夢最後還是個打不開的謎團，那該怎麼辦？

② 感覺夢

　　是的，夢如謎樣般的神祕，但是，我們不能猜謎，而是慢慢去感覺、去靠近、去理解。我常會聯想到電影《法櫃奇兵》裡的哈里遜・福特，崇拜他如何從蛛絲馬跡的線索抽絲剝繭，找到真相。但那是電影，我也不是英雄，沒有那麼大的力量，每次都能完全解開一個夢，因此，我很喜歡歐曼以 appreciating（欣賞）這個動詞來接近夢。不過我仍覺得他的賞夢工作方法很科學，僅是讀一個夢，就必須花很多時間，一步一步謹慎小心地揭開夢境隱喻，努力克制自己原有的認知與價值觀，一點一滴還原現實生活脈絡，逐漸趨近夢的本質，發現真相，整個過程非常傾向於現象學的研究方法[4]。

　　歐曼早期以科學實證方法研究夢數十年，在 1973 年出版其研究成果，台灣中譯書名為《夢境實驗室》。除了在實驗室研究夢，歐曼一方面持續不斷帶領夢團體工作坊，以小團體的方法協助一般人認識夢。只是，累積豐富的夢研究與實務工作經驗之後，他反而沒有科學的傲慢，天真地認為我們能完全揭開夢的真相。人的理性是侷限的，認知也是有限，我們

4　參見汪淑媛（2008）。〈讀夢團體與創傷敘事：以一位目睹家暴與失親者的夢工作為例〉。《社會政策與社會工作學刊》，12(1)：1-50。

僅能努力地去理解夢，但夢永遠有其神祕性，因此，他後期開始採用「欣賞」的態度來接近夢，他相信夢者是自己夢的權威，是自己夢的理論家，擁有詮釋夢的最高權力。

人的理性能看見的現象有限，一個人的視野原本就有所侷限，不過，當幾個人的智慧能有效地匯聚一起，那力量是很巨大的。在大學教授「社會團體工作」課程多年，能理解團體讓人又愛又怕的原因，很多時候，團體會讓我們變笨變幼稚，因為我們很容易被別人影響，尤其當團體被貪戀權力的權威者掌控時，很容易成為一言堂，並發展出強大的集體壓力。處在這樣團體的人會慢慢變得弱智、恐懼、顛倒是非。在教授團體工作這門課時，我經常不得不感謝歐曼，讓我對團體有了一些信心與正面經驗。他設計的簡單團體運作方法，不但讓我見識到團體的正向力量，更能帶出每個人所具有的潛能與良善的心。因此，我每次對剛記下的夢一無所知，總會擔心若大家努力讀夢一兩小時之後仍毫無線索，到時整個團體一定會很挫折，該怎麼辦？結果，我多數的擔心都是多餘的。

崇寬老師的夢，一如往常，在夢裡的感覺淡淡的，這樣的夢，對我而言，難度比較高。夢境裡的感覺是探索潛意識的關鍵線索，但是很多人對於感覺其實很不敏銳，或者很不習慣表達自己的感覺，尤其是比較負面或是不為社會價值規範所認同的感受。這在集體主義與家族認同較強的華人社會又特別明顯。我們的社會不太重視個人的感覺，更不讓人有表達自己感覺的機會，而對於某些不符合價值規範的情緒又給予強烈的審判，譬如男兒有淚不輕彈，不能示弱，女人要溫柔，不能憤怒有攻擊性，否則就以潑婦加以汙名排擠，迫使我們有許多感覺是無法得見天日的。但是這些感覺不會真的消失，只會隱藏在潛意識的角落裡，即使它們已經忍不住要浮現在夢境裡，也很清楚了，還是很容易被視而不見，難以察覺。因此，當夢者一句一句將夢讀完讓大家記下之後，我通常都還會進一步請問夢者，對於在夢裡的感覺，還有沒有要補充的，希望在夢還沒借給團體成員賞讀之前，夢者有機會再次發現一些感覺。

崇寬老師仔細回想，簡單扼要地提出三點：

(1) 夢裡感覺是輕鬆的。

(2) 心想，友人有漂亮的太太，怎麼會與人搭訕？

(3) 困惑為何不知在哪開會，平時不是這樣的。

到目前為止，我對這個夢還沒什麼頭緒，與朋友喝咖啡、中年男人會與女侍搭訕、研討會，都是稀鬆平常的事，真的沒什麼好奇怪。只是要主持研討會，卻不知場地在哪裡，若是我，我是會緊張的，但崇寬老師在夢裡卻是輕鬆的。他也說，這與現實生活中的他不一樣，令人不解，為何夢境與現實生活的自我樣貌有所不同？這兩個崇寬，哪一個才是真的？

此外，對於夢境，我與崇寬老師很不一樣的感受是，中年友人有漂亮的太太，仍會與年輕的女侍搭訕，對我而言也是處處可見，一點也不令人訝異的。置身在女性世界，所看見的男人面貌，與崇寬老師身處在一群男性社會菁英所看見的男性，似乎有所不同。哈！這一想，就覺得這個夢越來越有趣了。但是，我的觀點，我的感受，都是我個人的投射，不見得能協助崇寬老師理解這個夢。這個團體沒有所謂的專家，夢者是詮釋自己夢的權威，因為他最瞭解自身的生活情境與脈絡。雖然已經讀過崇寬老師的夢很多次，這次夢境裡的崇寬老師與之前有不少差異，我充滿好奇，直覺一定又可以發現新的寶。

③ 七年前的夢：「人活著到底為什麼？」

第一次在夢團體中讀崇寬老師的夢，是在 2006 年初秋，至今超過七年了，我還保留讀這個夢時的雜亂筆記。夢境場景在機場，在夢裡，崇寬老師跟著一群人，但覺得自己行李沒弄好，鼓鼓的，要整理一下，於是找一個角落整理東西。但整理好行李箱走出來時，發現所有人都不見了，機場樓上樓下找一圈，還是找不到同伴，只好走回原來的地方坐下來。這時，他看到一位媽媽和一個三、四歲的小女孩。小女孩踢腳，踢到崇寬老師，媽媽說對不起，崇寬老師說沒關係。然後崇寬老師就到候機室等同

伴，站了一下，回頭一望，原來的七、八個同伴還在那裡，有兩個人拿一本書送給崇寬老師，他翻開來，裡面夾了一片楓葉。另外有一個人拍拍崇寬老師的肩膀說：「下次不要再走散了。」

當時剛聽完這個夢也是無頭緒，但隨著團體流程一個階段一個階段往下走，僅僅一、兩小時的光景，夢帶引著崇寬老師敘說，回想生活點滴。我被崇寬老師的生命故事所吸引，他為了已故母親，發願誦讀三千遍的《無量壽經》迴向眾生，2003 年升教授之後積極投入安寧療護工作，參與種子師資培訓，崇寬老師自我解嘲說「撈過界」。當時他即將休假一學期出國進修，覺得「自由又惶恐」，對我而言，在大學教書能休假半年，自由的感覺是很容易理解的，只是我不懂為何會惶恐。在讀夢團體，我若不清楚夢者的想法，應該會跟著夢者，繼續請夢者將我沒聽懂的概念說清楚，但我的筆記卻沒任何這方面的資料，唉！團體現場進行的速度很快，能記下的有限，此刻，我已經不確定，崇寬老師面對休假出國進修為何以「惶恐」形容；而在出國前夕，又抱著很期待的心情，繳學費來基金會參加兩整天的「歐曼讀夢工作坊」。我對他的生命世界充滿好奇，一位腦神經科醫師、醫學系教授，積極修行佛法，投入安寧療護，然後又重新當一個學生，向我這個名不見經傳，博士剛畢業不久的助理教授學夢，這一切從何而來？夢裡那個踢到崇寬老師的小女孩，要提醒崇寬老師什麼？書中那一片楓葉，象徵著什麼？

那次團體快要結束的時候，崇寬老師很驚訝，一個發生在飛機場的小小夢境，竟然蘊藏這麼多的隱喻，帶引著他串連了許多生活脈絡與自己的生命議題。他最後提到，他一直在思考一個問題：「人活著到底為什麼？」我一聽到這句話，突然許多謎團都打開了。我沒有寫下來當時對這個夢的投射，當我在團體說話的時候，手無法同時寫字，只記得夢境書裡夾著的那一片紅色楓葉所象徵的意涵，引起團體熱烈討論，例如落葉之戚、楓葉之美、楓葉之情、秋天是收割豐收的季節等等。而相對於葉落依舊美麗的楓葉，崇寬老師因為整理行李脫隊而遇的三、四歲小女孩又是另一番風情。小女孩在踢腳，踢到了崇寬老師，好像生命初始的活力、純真

與美麗正挑逗著帶著行李準備遠行的崇寬老師。當崇寬老師指出，他不斷在思考，人到底為何活著，我當下比較能理解，為何在他事業已達高峰，他的家庭與社會角色也已圓滿之際，卻要推動安寧療護教育，還要回頭認識自己的夢，跟自己的夢重新學習。他這個夢，他這個人，讓我見識到何謂精進，何謂謙遜，何謂勇氣。

七年了，崇寬老師如何看當年那個夢，我很好奇，我等著崇寬老師補充，幫這篇記事註解。寫到這裡，忽然覺得，我很有福報，又有機會被崇寬老師邀請一起賞讀他的夢境，一起探索他的內在世界，欣賞他精彩的生命風光。

4 團體一起進入崇寬老師的夢境

我邀請全部成員一起來感覺這個夢，一起動腦筋，想像如果自己做這個夢，夢境的人、物、景象與情節究竟有哪些可能的象徵或隱喻，這些影像會讓我們有什麼感覺。大家熱烈發言，我們七嘴八舌的想法，都是自己的投射，不一定適用於崇寬老師，因此，這個階段所有人的眼神要盡量避開與夢者眼神交會，並假設是自己做這個夢，以第一人稱發言，例如我說：「找不到研討會場地，我有點著急」，讓崇寬老師可以保持距離，不受團體侵入，但又能在一定的距離下，參考他人的視野，運用他人的智慧與想像力來探索自己的夢。

團體每個人開始雲遊在崇寬老師的夢境裡，想像在其中的感覺，並針對影像人物與情節探索其象徵或隱喻。崇寬老師在一旁靜靜聽了十多分鐘之後，我們邀請他分享聽了大家的投射之後，對於夢是否有新的領悟或感受。他明確地說，在夢裡與山友喝續杯咖啡的感覺真的很輕鬆，不擔心、不重視會議，也不想去，似乎反映他快要轉換跑道了，不需要再像過往主持會議那樣費心了。崇寬老師告訴大家，明年 8 月即將從大學教職退休，也不再當醫生看診，正在規劃退休之後的生活，但別人說他盡是做些「沒

有價值、虛無飄渺的事」。他認為這個夢某種程度反映他對於研討會類型的學術活動興趣已經轉移，對於退休能怡然面對之心境。崇寬老師投入夢工作多年，對夢的意義似乎已經能迅速掌握。

然而，夢似乎沒有那麼簡單能讓人一目了然，我好奇的是，崇寬老師朋友相當多，有那麼多人可以一起悠閒喝咖啡，山友也有好幾個，這回夢境為何選這位？崇寬老師自己不解的是，為何山友已經有了漂亮的太太，還要跟女侍搭訕？而且，朋友要跟女侍搭訕，原本事不關己，置身度外的他，因為銅板小費滾到他面前，不得不彎腰去撿，將小費交給女侍。後來是侍者清楚告知研討會的地點，並驚訝他們怎麼不知道，但崇寬老師此刻思緒已飄走，沒認真在聽他們對話，將找研討會地點的任務交給山友打理，自己雲遊到另一空間，這些夢裡情節影像都很難以「退休心境」簡單一語概之。

5 找尋脈絡

這夢境怎麼來的？在反映些什麼？對我們生活有什麼啟示？這些問題的具體答案，都必須從夢者的生活脈絡找尋，無法以理論套用。例如所有精通夢境的大師或學者都有共識：夢反映我們的身心靈狀態，與我們現實生活息息相關，這是理論；十幾年來看自己的夢，讀他人的夢，也一次一次驗證，夢與我們現實生活緊緊相連，這已無庸置疑。但，是怎樣的連結，夢境與清醒意識之間的關係如何串連，如何發現更具體的關係？要找尋這些連結，如果沒有夢者現實脈絡以及對於生活事件的感受思緒，我們很難得知夢要說些什麼。因此，在大家絞盡腦汁，激盪夢境各種象徵與隱喻的可能性之後，我們先將夢擺在一邊，開始專注地聽崇寬老師分享做這個夢之前的一些生活訊息。

問題又來了，我們每天發生的事情何其多，每個人的生命故事何其長，而我們一群人聚在一起讀夢的時間又何其有限，如何在短短的一兩小

時期間，發現觸發這個夢的關鍵脈絡或生活議題，團體如何協助夢者快速找到關鍵事件或議題？這是另一個大難題，我的老師歐曼總是說，這需要經驗，需要一次又一次地練習。不過，我雖然已經帶領團體十多年，仍然覺得這是挑戰，每一次都要聚精會神傾聽夢者，緊跟著夢者，才能啟動直覺能力，發現關鍵脈絡。

我們先邀請崇寬老師回憶做這個夢的入睡前，有沒有想些什麼或感受願意與大家分享。崇寬老師很用功，前一天的記事都已經在筆記上。我在聽崇寬老師分享做這個夢之前一天的生活脈絡時，特別有感覺的是他下午去主持一場古典音樂欣賞講座，替主講教授介紹「威爾第」的開場與結尾。他覺得這個工作很具挑戰性，尤其主持結尾，是無法事先準備的，就像夢團體一樣，不知道會有什麼夢，不知誰是夢者，因此很刺激，他非常enjoy。那天的主持覺得很有成就感，尤其聽到《茶花女》序曲時很感動，讓他想起逝世多年的父親。

崇寬老師記得小時候，父親很喜歡古典音樂，家裡經常播放，當父親在聽古典音樂時，家裡總是很安靜，不喜歡人家吵他。那天下午專心聽《茶花女》時，忽然可以理解正在聽古典音樂時的父親。印象中，父親很嚴格，崇寬老師小學功課不錯，一直保持在班上前五名，但有一回掉到第八名，崇寬老師也不以為意，沒想到父親震怒，痛打崇寬老師一頓，他被打得大哭。父親留學日本修習法律，但後來因中日戰爭，書無法讀完，未能完成夢想。父親對大兒子崇寬老師期待甚深，要求嚴格，他從此也沒辜負父親的期望，課業成績不曾掉落，考上第一志願高中，第一志願大學，成為腦神經專科醫生，研究中風的權威，同時是醫學系教授，臨床與學術兼備。因為《茶花女》序曲，觸發崇寬老師憶起嚴父，與我們分享這一段往事，這也是七年來，我第一次聽到崇寬老師提起他的父親。音樂的力量真大，能喚起生命最原初的情感。

另外一件讓我有感覺的是崇寬老師提到做夢前一天晚上，他看了《不朽》（Immortal）這部電影，是介紹希臘神話英雄鐵修斯的故事。令他印象最深的是劇中有句對白：「靈魂本是不生不滅的，但某些努力的靈魂是

可以成就神性的」，以及末了宙斯告訴其子：「你爸爸是個勇敢的人，他仍在天上對抗邪惡。」他說：「在電影裡，神與巨人在天空中打架，相信有努力的靈魂會有神性，那我自己呢？我到底是怎樣一個人？」崇寬老師自問。

　　我心中開始羨慕，即將準備退休的崇寬老師，生活似乎很有趣，下午主持古典音樂欣賞，讚嘆樂賞教授的熱情與活力，自己被音樂感動，晚上看希臘神話電影，說起導演的手法，神采飛舞，靈魂生滅議題縈繞腦海，然後隔天準備參加他一手促成的台北讀夢團體帶領人工作坊首次聚會。我找空檔請問他之前提過，他被批評盡做些「沒有價值、虛無飄渺的事」是什麼意思？請他補充說明，結果就是這些讓他很爽、很 enjoy 的事。

 ## 6　那，夢要告訴崇寬老師什麼？

　　直到目前為止，這個夢到底要說什麼，我還是沒什麼概念，因前一天的心境與在夢裡一早與山友喝續杯咖啡的輕鬆心境還是不太一樣。音樂帶給崇寬老師感動、興奮，他用「挑戰」、「很爽」來形容；希臘神話電影讓崇寬老師深思自己是怎樣一個人，結果怎麼夢到清晨與朋友輕鬆地喝咖啡，主持研討會在夢境中已成為背景？分享夢發生之前的現實生活後，我們團體還有兩個階段要進行，即使目前我還無法理解這個夢要給崇寬老師的訊息是什麼，但我對夢者有信心，對歐曼設計的讀夢方法有信心，對現場所有夥伴的讀夢能力有信心，相信夢的意義會慢慢浮現出來。

　　下一個要進行的階段我譯為「播放夢」，一位自願的成員將夢境分成幾個段落，慢慢讀回給夢者再聽一遍，讓他有機會在這段期間，整合夢境與真實生活之間的關聯，在團體其他成員尚未提出對夢的詮釋投射之前，先分享自己的看見與領悟。通常在這個階段，夢者對夢境的認識會比剛開始深入許多，會看見之前沒發現的訊息。果然，崇寬老師突然發現夢境最後一段場景，夢裡思緒不知飄到哪裡，那種出神的狀況讓他聯想到前一天

晚上看《不朽》這部影片時的狀態，在電影要結束的時候，他陷入沉思。當時，他自問：「自己是怎樣一個人，到底算不算勇敢的人？自己有沒有努力？」崇寬老師在分享這段話時，說話速度慢下來，聲音也漸小，團體鴉雀無聲。而當我聽到崇寬老師細聲地問自己是不是勇敢、是不是努力時，我覺得我的心跳在加快，身體在發熱，頭很脹，腦海浮現七年前第一次讀崇寬老師夢的場景。那次的夢，讀到最後，他告訴大家，他一直在思考：「人活著到底為什麼？」

我腦海快速掃瞄崇寬老師的人生，他不斷地在找尋生命的意義，努力精進，功課名列前茅，不讓父母失望，為人處事，無可挑剔，但又能一次一次讓自己歸零，從頭學習。七年後再次讀他的夢，他問，自己算不算勇敢的人，自己有沒有努力，那一刻，我的情緒波濤洶湧，激動澎湃，心中大聲吶喊，你當然很勇敢，你當然很努力……

但是，那一刻，我忍住，沒有將我心中的話立刻說出來，此刻寫到此，淚流滿面，螢幕一片模糊，在電腦前停格許久……終於有點理解，為何很想寫下讀崇寬老師夢的感受，但卻寫了很久寫不出來。那次的夢團體已經結束了兩個多月才能寫到這裡，原來是我自己的問題。主要是以我淺短的人生歷練，要去瞭解崇寬老師的夢已經不容易，再者，我對崇寬老師的人生一直有著糾結的矛盾。我一方面敬佩他的成就與為人處事，一方面又疑惑，這樣的人生自在嗎？這樣的人生美好嗎？但我從來就覺得自己沒有權利這樣去質問另一個人，何況他是我很敬仰的前輩。

我在家中是老么，上有兩哥兩姊擋著父母視線，父母對我要求不多，家裡大小事兄姊承擔比我多，但另一方面，父母也比較少注意到我，我常自嘲是被忽略的小孩，有不同於崇寬老師的議題要面對。成長過程，我擁有較多的自由，沒什麼壓力，卻也沒有很多的保護，總有無端的焦慮害怕，不是勇敢的人。我怕痛、怕苦、怕死、怕寂寞，怕這怕那，多數時候很懦弱，能逃就逃。我沒有很努力，身為女性，排行老五，總是可以輕易要賴，不需太勉強自己做不想做的事，或做不到的事。因此，無論學業或客觀的工作要求，幾乎都保持可以過關就好，沒有像崇寬老師這麼出類拔

萃。我總是能允許自己不勇敢、不努力、閒散玩樂，做些自己愛做的事，很難想像一直保持第一的人過的是什麼樣的生活，需要怎樣的紀律，要如何克制其他欲望，譬如想玩、想睡覺、想讀課外書、想與一群朋友談心、想學各種雜藝、想有些什麼都不做的慵懶時光。生活紀律與欲望的克制都是我很難想像的，我敬佩崇寬老師的努力精進，也歆羨他的德高望重，無論到哪裡，都是好人、好學生、好先生、好爸爸、好老師、好同事、好朋友，無論誰說起崇寬老師，都是滿滿的讚美。但不知為何，當他問自己是不是一個勇敢的人，是不是有努力時，我心刺痛糾結，很想跳出來質問他，還要怎樣才算勇敢？還要怎樣才算努力？要到哪一天，才不需要這麼勇敢，要到哪一天，才不需要這麼努力？……

結果，我克制了，這些話並沒有在夢團體的現場說出來。崇寬老師是不是勇敢，是不是夠努力了，他自有定奪，他深層的內在聲音會透過夢來告訴崇寬老師，不需要我多言。在這個團體分享夢的人擁有最大權力，可以決定自己分享的深度內容，可以隨時插入發言，可以終止團體進行，可以分析自己，可以自我評價，可以當自己的法官。但是，團體裡每個人，包括帶領者，都不被許可扮演法官或是仲裁者的角色，來對夢者宣判答案或評量。雖然我們經常有一股衝動想用自己的主觀認知評價他人，尤其是對他人有正面的評價時，更會自然地脫口而出，例如告訴夢者「你已經做得很好了」、「你很勇敢」這類正面的支援。但是讀夢團體不是諮商或治療團體，不是傳統溫暖關懷甜蜜的支持團體，團體的目標是讓所有成員學習認識夢，協助夢者看見夢要呈現的真相。歐曼強調，夢者若能與真實的自己相通，而非斷裂，這對夢者是最好的心靈療癒，也是最強的支持與生命成長，是創造與新生的開始。因此，在讀夢的過程，我們總盡量避開個人主觀思維，克制將自己的想法與情感強加在夢者身上，盡量讓夢者自己理解夢要說些什麼，夢如何回應夢者的生命議題。

我到了最後階段，才與崇寬老師分享自己的想法，我所看見的是，夢境第一幕已經回答了崇寬老師入睡前對自己的質疑：是不是一個努力的人？是不是一個勇敢的人？夢是誠實的，如果不是，崇寬老師不可能在夜

裡有這樣的夢，夢見自己一早在主持研討會之前，能輕鬆自在地與充滿活力熱情的山友喝咖啡，而且還清楚記得咖啡續杯，那是一種放鬆與篤定。

　　夢比夢者的意識更快速精確捕捉自己的真實樣貌，夢也比他人的評價更精確反映真正的自己。榮格在 1954 年出版《人格的發展》這本書，書中提到，我們一般人對自己的瞭解大致來自兩個途徑：他人的評價，也就是從他者眼光看自己，以及自己對自身行為的評斷。但是他說這兩個途徑都不可靠，因為意識的認知會受到人的欲望與恐懼的影響，人的意識認知在社會價值規範與個體有限的知識過濾之下，已經變得很狹窄，很難全觀整體處境。榮格發現夢是增進自知之明的最佳途徑，因為夢不受我們的欲望與恐懼影響，能呈現我們真實的感覺、想法，精確地反映我們所處的環境狀態。夢就是自己，是來自潛意識的自己，意識與潛意識都是同一個人，因為夢，讓我們看見生命深處存有一個不會腐敗、不會墮落的核心，一個誠實不欺的原我，因為夢，我們可以穿透俗化過程對個體的蒙蔽與欺瞞，一點一滴還原本來的我。

　　但是，這一刻，我不自覺又想起傳說中吳剛在月球上砍樹的影像，只要斧頭一離開樹一些時間，之前砍的裂縫立刻癒合，鬆懈不得。世道艱難，一個人的生命要歷經多少劫，才能到達自在無礙之究竟，而不僅是短暫的輕鬆自在，然後在下一瞬間，又墜入苦、憂、嗔、癡，各樣生命折磨？我們的內在世界還有多少分別心？多少的衝突角力？多少的焦慮不安？崇寬老師在夢裡困惑山友對女侍搭訕，掉落的小費錢幣滾向他跟前，他彎腰撿起給女侍者，不久，山友與女侍都成為模糊的背景，自己思緒飄走，這些影像在告訴崇寬老師什麼？團體成員有很多的討論，但對我而言，仍是個謎，因為我沒有足夠的訊息與智慧可以理解，不過我相信，崇寬老師心中自有定奪，他會知道的，如果不是現在，答案也會出現在下一個夢或再下一個夢裡。

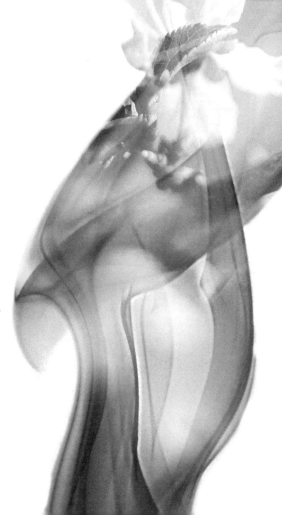

香濃的湯要慢慢燉
——讀夢之後

團體讀夢像是煮大鍋湯，

所有的食材都已經清洗好慢慢丟入鍋裡，

最後階段「夢的交響樂章」像是大火一樣，

讓水煮開了，這時，

仍有許多食材尚未煮出味道，

需要繼續用小火熬，

香濃的湯要慢慢燉……

個月後，我們團體第二次聚會，因為這是持續性的團體，一開始我們依照慣例，邀請上一次分享夢的崇寬老師，針對上一次在團體中分享的夢有沒有任何後續的發現要與大家分享。

一個夢有機會邀請到一群人同心協力探索賞讀兩、三小時，是非常幸福的。夢者能在短時間聽到許多有關夢的可能隱喻象徵，也因為有他人的專注傾聽與適當的提問，對於做夢之前的生活脈絡也會有更清晰的回顧與整理。多數夢者在這過程，總是驚訝地發現自己的夢竟然蘊含這麼多的訊息，這麼精確巧妙地呈現當下的處境、心情與想法，甚至提供線索幫助夢者解決問題，讓夢者更清楚未來的生活方向。

但是，資訊在短時間內出現太多太快，夢者通常來不及整理吸收，尤其團體到了最後「夢的交響樂章」階段，專注傾聽夢者一段時間的其他成員皆蓄勢待發，個個結合自己的生命經驗與智慧，提出觀察探究結果。夢者在這時候可能會有一種「啊哈！」的豁然開朗感覺，但也有許多疑惑不解，對於某些人提出的想法難以吸收消化，卻也無法完全拒絕，通常會自然地先懸置一旁，團體結束後繼續思考。這好像煮大鍋湯，所有的食材都已經清洗好慢慢丟入鍋裡，最後階段「夢的交響樂章」像是大火一樣，讓水煮開了，這時，仍有許多食材尚未煮出味道，需要繼續用小火熬，香濃的湯要慢慢燉……

團體結束之後，一起讀過的夢還會繼續留在夢者或其他成員的腦海裡迴旋蕩漾，在走路中，在與人閒聊時，夜晚入睡前淋浴放鬆片刻，或者閱讀書籍時，都可能突然又聯想到先前讀過的夢境影像，又會有一番新領悟。另一方面，生活上也可能有些變化，因為在深入閱讀自己的夢之後，更清楚看見自己，對於自己想做的事情更篤定、更勇於抉擇，或者重新排列優先順序。此外，即使其他沒有在當天分享夢的人，就僅是賞讀他人的夢也是會被影響。因此，只要是連續性的團體，歐曼在每次團體的開始，都會邀請前一次分享夢的人，有沒有任何新的發現要分享，其他成員若對於上次的夢仍有不同於夢者的想法，也可以補充。這個團體的大原則就是跟著夢者，讓夢漸漸發酵深入擴散。

　　這天，崇寬老師神采奕奕地說起他分享夢之後，按照既定行程，自費到泰國參加一個研討會的經歷。他說這次出國參加研討會，最特別的是第一次「蹺課」去玩，沒參加全程研討會。而最殊勝的是，在參觀泰國寺廟時，利用大家觀光的時間，自己一個人連續在不同廟堂角落靜坐的體驗，每次三、四十分鐘，大約是一炷香的靜坐，總是讓他淚流滿面，暢快平靜。

　　喔！原來如此，我心想。一週前崇寬老師寄給團體每個人一篇他剛寫的文章〈白象之國〉，禪味甚濃，我有點摸不著邊，怎麼去開研討會的他，會寫出這樣的文章，所見所聞，都讓他想到佛法，想到修行之道。他看到泰國街上電線之多，要拍沒有電線的街景都不容易時，想起他師父說：「人之業，萬千糾葛」，因電線而感慨「凡夫外緣攀附之眾」，進而思索在修行路上如何逐漸截斷。他又看見城市塞車嚴重，導遊說，雖建了寬廣大道，但車子成長更快，崇寬老師因而深思寫說：

　　　想人生旅程亦復如斯。即使道途坦坦，我們追逐的事業、金錢、情愛和健康，不就如源源不絕的車流？發展公眾交通，透過捷運和地下鐵等的興建，令民眾自發地減少私家車之使用，就如釐定修行計畫，使遠景不因世俗牽絆而易於圓滿。

　　他看見外顯世界複雜混亂的現象，其實與我們內在世界的欲望糾結阻塞無異。之後，崇寬老師又在佛寺前看見當今國王雕像，他回想台灣數十年前亦如此，到處興建領導者銅像，因而有感而發，想起古人智慧之言：

　　　有風水師云，生前立像，大不吉……如果批評上位，而招惹不忠罪名，則民眾自然噤聲。所謂載舟覆舟，所宜深慎。個人也是一樣，常陶醉於甜言蜜語，而忘了苦口良藥。自我修行，要富而不驕，貧而不諂者方易入道。

回到自身省思，他說：

　　人到中年，事業有成，家居完美，眾人羨慕，如能更進一步，覓尋人生真正的價值，如乾卦中之亢龍有悔，是中年危機之昇華，即為更上層樓。如何超越世俗之思維（如君上唯我獨尊），探索生命終極的意義，自有種種機緣，非特僅咄咄書空而已，但看世人得以隨順勝緣而已。

　　然後，他又看見很多當地人就在路邊「倚桌而食，車過處，恐添了不少泥沙，看了免不了心疼」。崇寬老師慈悲，總不忍他人苦，自度也想度他人，我猜想，這或許是他發心要帶領讀夢團體的初衷。

　　崇寬老師的文字簡鍊，寓意甚深，對我這個從小抗拒上國文課的人而言，幾乎是文言文的程度了，剛開始接觸他寄來的文章時，我得反覆閱讀幾遍，才能略懂其義。但是，當我寫完上一篇〈讀崇寬老師的夢〉之後，重讀〈白象之國〉，好像一切都清朗明白了，書寫過程，疏通了我一些阻塞。原來要懂一個人這麼不容易，一層又一層，從他者夢裡，從生活中，從書寫過程，他寫，我寫，夢與生活如何共舞，如質性研究，交叉檢定，也如現象學探究法，克制自己的主觀，保留好奇，層層還原，直至深處。而我想，要懂自我也難，崇寬老師也是讀一個又一個夢，一次再一次禪修，日以繼月，真心真意關照自己與他人，努力生活著，才能有此刻的悟境。

　　然而，自我並非定而不變的，它不斷地在發展、轉化，一瞬間自身與他者都摸不著，追不到。例如，崇寬老師這一大早的分享，其中讓我心驚警戒的是，他提到四年前生一場大病，當時誓言不再接太多工作，要好好修身、修心、修行，但是徹底治療後才過一年，抵擋不住人情世故，許多事情又都回來了，例如各種委員會工作、研究生的口試等，「人的慣性真可怕。」他說。

　　嗯，人的慣性真可怕，在聽崇寬老師的分享時，我心裡喃喃自語，想

著這一生，也不知想要「洗心革面」多少次，還是一次又一次淪陷到被事情追趕，沒吃好、沒睡飽、焦慮不安、怕自己沒把事情做好的慘狀。焦慮時的我，或覺得無能時的我，容易被身邊周圍的人與事激怒，產生更可怕的連鎖效應，就像一個隨時等待機會要引爆的炸彈。還好，我還會做夢，夢總是會來找我，毫不客氣地在半夜讓我驚醒，讓我清楚看見自己又被事情佔滿，被無名的情緒綁架，已經失去生活的滋味了。

　　崇寬老師分享結束之後，有幾位成員針對上次崇寬老師的夢，也有一些補充，此刻我印象已模糊，無法代言了。在讀夢團體裡，以理解夢為團體主要目標，夢者的點點滴滴分享都是重要線索，帶領團體時，同時有許多工作要做，一方面要保持與夢者的眼神接觸，要提出適當的問題，協助夢者回憶生活中的感受與想法，發現夢境意義，同時也要隨時關照所有成員，因此，在筆記的部分，我僅能記下夢者的分享，其他成員的分享我通常已經沒有時間記。不過當天團體之後，之前因擲銅板輸了沒有得到分享夢機會的宇姮，在第二次團體結束之後當天晚上，寫了兩篇心得寄給大家，她的觀察讓我心有戚戚焉，她寫說：

　　　　有一件既感動又開心的事，看見崇寬大哥 9/22 那天分享夢之後，一個月之前的他和今天在團體裡的他，整個人除了原本就有的溫文儒雅之外，更顯年輕活力，也更聽見自己內在的渴望，釋放自己去做更想做、更開心、更有意義的事。看見崇寬大哥的轉變，生命在退休之際如此充滿朝氣與希望，知道他的改變有很大一部分來自於他的願意，他願意誠實、謙卑的與他自己的夢境進行真實對話，願意接受自己夢境的影響，並且做出真實的改變，我打心裡佩服，也深深受到崇寬大哥的改變所激勵。

　　讀夢可以找回年輕活力？我倒是從沒有讀過這方面的文獻，但是宇姮的觀察我也有同感，而且這樣的年輕活力是會在團體裡起作用的，會彼此影響。這是一個很有動力的團體，我不足的，總是有人自發地幫忙補上，

即使自己不能分享夢，也很能從他人的夢、他人的生命歷練過程得到滋
養，然後繼續回流發酵。

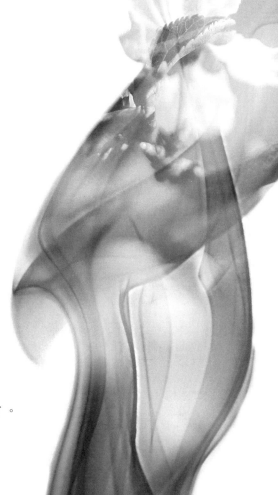

團體時間「管理」
走樣了，怎麼辦？

心想，這一天大概就只能讀這個夢了。

對於時間的管理，一定要在一定的時間裡

做一定的事，這樣的目標管理，

我投降，我認輸。夢比較重要，

夢者比較大，就是專心讀好這個夢，

其他的都暫時擺一邊，

只要盡情活在當下，就是賺到時間了；

如果多數的成員也都能專注活在當下，

不會無聊、飄渺疏離，這就是一個好團體了。

崇寬老師後續分享結束之後，時間已將近十一點，早上時間過一半了。因為崇寬老師是超級用功的夢者，而且他生命歷程也相當豐富精彩，從上次分享夢之後，不但打好當天的夢與整理大家的投射，還寫了一篇出國參加研討會的曉課心得寄給大家，他的夢無論對他自己，或對參與聽夢讀夢的我們，都掀起了漣漪。有幾位夥伴興奮地分享了自己的後續看見，我對他的夢也有些新的想法，因此早上花了比往常多的時間。夢一公開分享之後，便有了自己的生命，也會在他人的生命裡佔一個位置。在生命的底層，我們所必須面臨的議題，其實很類似，相距不遠。

讀夢團體的精神強調跟隨（follow）夢者，而不是指導或引導夢者，夢者是自己夢的理論家，是詮釋夢的最高權威。不過，要跟上夢者也不是很容易，要練習腳力與專注力，否則一不小心就跟丟了。團體成員的背景不同，體力狀況各有差異，所處的人生議題焦點也有分歧，不見得每個人都有能力或有興趣繼續跟。要怎麼關照個人的感受，讓團體保持對夢的興趣，決定何時深入，何時淡出，這是帶領團體持續不斷的挑戰。每個團體一定都有差異，夢、夢者、成員、帶領者狀況，永遠在變動中，沒有標準樣板可循，沒有字典可查，當下也沒有時間可以參照任何資料，除了既定的結構與規則之外，帶領者多數要憑著當下的直覺帶領團體前進。那，直覺怎麼來的？如果要依賴直覺，要如何培養這樣的能力？靜觀、專注、傾聽、歸納、整合，這些都是讀他人夢的基本功，是直覺力的基礎，培養這些能力的途徑應該很多；這一系列夢團體書寫，某種程度即在回應這個問題，而寫的本身也是鍛鍊直覺敏感度的方法。

我總覺得讀夢團體像是一群人在幫忙夢者尋寶挖寶，有些人真的很會藏寶，藏得很深、很隱密，自己根本不知道寶藏在哪裡，難以被看見，尋找過程很累。挖寶時，也常會灰頭土臉，有時還會挖錯地方，一場空，這還是要有點冒險的心理準備，會有找不到寶藏的失落。相對地，也有人輕輕打開潛意識大門，隨處都是奇珍異寶，讓看的人眼花撩亂，也讓夢者不敢相信，不敢相信自己所擁有，無法在短時間內欣賞消化。有時，所尋找出來的寶藏，會引起很大的共鳴，好像是每個人的共同渴求，生命共同所

需的養分，大家自然地熱烈參與討論，分享自己的經驗，這個單元的時間就拉長了。每次團體需要的時間不太一樣，要硬性規定讀每個夢的時間，相當困難，只要時間許可，只要團體的氛圍許可，我當然希望每個分享夢的人在團體中能自在又安全地探索夢，但願每個夢都能被充分理解，滋養夢者，滋養團體。

但，問題是，剛開始擬定團體簡章要創立這個團體時，希望一天六小時聚會能有兩個夢，現在卻無法按表操課，讓我兩難，也有了壓力，好像不能實踐預期的承諾，總是讓我不安，一方面讓大家期待落空，一方面覺得自己很無能，就是無法掌握時間。即使我很清楚，面對人的工作，個別性差異很大，不可能有精準的流程管控，但是，時間的期待有時很難打折。我們無法按照預期一天讀兩個夢，這原因究竟是一開始的計畫不切實際，對於團體的性質、成員以及場地狀況的評估不足？還是我的帶領能力有問題？我是否應該保持彈性，與既定的「計畫」理性對話，不至於成為執行「計畫」的機器人，被「計畫」所控制？

雖然隨著夢者、成員組成、團體的親密度、當下情境與帶領者本身風格等差異，讀每個夢的時間不太一樣，但原則上還是有一定的範圍。歐曼親自帶領的團體也是這樣，大部分的夢都能在兩小時左右完成，但也曾一整天僅能讀一個夢，甚至一個夢跨過兩天。不過，在學校課程或機構的在職訓練，都有時間限制，一般人對於讀夢團體並不甚理解，還無法認同時，很難明白完整讀一個夢之不確定性與耗時耗力，故不會給予充分的時間，而且參與學員對彼此尚未熟悉，也比較沒有耐性接受將所有的時間集中在一個夢者身上。因此，若要成為專業讀夢團體帶領人，團體時間的掌握是重要功課之一。到目前為止，只要不是帶領人訓練的團體、專訓、督導型的團體，我大致都還能維持以兩個小時左右時間賞讀一個夢的原則，後續的分享，每個夢者最多大概不超過十分鐘。但是，這個原則似乎無法適用在我們這個親密度較高、學習動機強、反思需求大的團體。

我將這個團體定位在帶領人學習團體，一邊實作，一邊反思團體歷程，也就是一邊尋寶，找到寶藏之後，我們要回顧來時路，探討那路是怎

麼走出來的？如何發現有用的線索，發現寶藏的位置？要怎樣挖掘才比較
容易取出寶藏，也才不會毀損這寶藏？這是一個想要更深入瞭解讀夢背後
的團體動力與每個人心境的團體。因此，我們的步伐比一般團體放慢許
多，讓夢更深入，花許多時間反思與討論。也由於大家都不是第一次分享
夢，對夢團體有一定程度的信任與安全感，導致個人開放度與分享的深度
都明顯增強，這也造成時間的管理相當困難，應該說幾乎無法管理……

　　是的，時間分配真的很為難頭痛，若要嚴格執行時間管控，我擔心會
錯過成員有感而發的智慧感性之語，會看不見夢的深層意義；但若放任，
整個團體的動力也會受影響。要怎樣拿捏，這團體才會更有質感營養，更
值得大家的參與，除了我的責任之外，我也將問題提出，請託大家一起思
考琢磨，真誠地表達自己的想法，一起努力慢慢調整到大家都自在的位
置。

　　由於時間就是有限，大家的體力也有限，因此，我的底線是，無論如
何，每次六小時的聚會，還是至少要讀一個新的夢為原則，就好像讀書會
一定要讀書一樣。我相信要學習帶領團體讀夢，「觀察」與「參與體驗」
這兩個途徑就是最直接的學習，因此，讀夢一定不可少，團體仍以夢與夢
者為主，談論夢或反思團體進行過程時間若不足，在團體中沒有時間表達
的想法感受，可以用書寫方式補充。當然，帶領技巧最重要的關鍵是直接
實作練習，但我們團體一個月聚一次，即使等大家都熟絡了，可以輪流帶
領，彼此觀摩工作方式，但這樣的練習量還是不夠。若有自己的團體，無
論是與朋友讀夢，或是運用在自己的專業領域，一方面自己帶團體，一方
面參與帶領人觀摩團體，這應該是最有效的學習方式。

　　不過，也有人特別表示，參與這個團體就是想來讀自己的夢，聽他人
的夢，但還沒有準備要帶領讀夢團體。這也無妨，這是自由的團體，不一
定要做什麼，或成為什麼，放鬆地自由來，自由去。到目前為止，這個團
體已經衝擊著我的生活，我還不是很清楚那是什麼，只覺得它有一股強烈
的力量，吸引我的注意力，這整個學期，我經常想它、寫它，一邊整理多
年來的讀夢經驗。有趣的是，我也開始整理自己，不自覺地清理家居、宿

舍、庭院花草、研究室，一個角落、一個角落，緩緩前進，享受為散置各處的書刊雜物找家，為庭院許多死去植物僅剩乾土的空花盆，重新鬆土種幼苗，現已繁花盛開。我比之前更敏感於周圍的環境，有動力去整理、收納、布置，多一點創意，讓東西各自歸位，各有其所，我的心也慢慢安靜下來。

　　崇寬老師後續分享結束後，我問有沒有人自願要帶領下一個夢，無人回應。午餐時間快到了，不久送餐的人會按門鈴，只要熱騰騰的飯菜一進門，大家的注意力就會立刻被真實的麵香、飯香、蔬菜香所擄獲，夢境會變得虛無飄渺，力道不足。我沒時間遲疑，繼續帶領工作，想把握早晨最後一小時，直接問大家，有沒有人有夢要分享？這時，身體挺直、雙腳盤坐在角落的以荷立刻舉手，對著大家微笑說：「我有夢。」她講話語氣總是輕柔，不疾不徐，國文老師的典範，不像我，講話一急，咬字不清，高低起伏，大江大浪，激昂澎湃，很多字都呼嚕呼嚕帶過。以荷說話時，每個字都給了很公平的時間，公平的音量，完整清晰地發出每個音，像是平穩的河流，緩緩的安靜流動。我的眼神與她交會的同時也看見她手上握著一疊 A4 紙，平放在雙盤的腳上。原來以荷已經將夢都打好，印出來了，她那種完全準備好、堅定、勢在必行的姿態，讓在場每個人肅然以對，當下沒有任何人與她搶當夢者。

　　以荷將打好的夢印出來發給每個人，有點長度，雖然不到一頁，但行距是單行的，字緊緊在一起，兩個場景，夢境裡的人物、場景、情節都很豐富，兩位家族治療大師 Maria Gomori 與 John Banmen 皆進入以荷的夢裡，要能瞭解這些影像與情節的隱喻，要瞭解以荷這平穩大河裡所蘊藏的寶藏，應該不是短時間內就可以理解的。心想，這一天大概就只能讀這個夢了。對於時間的管理，一定要在一定的時間裡做一定的事，這樣的目標管理，我投降，我認輸。夢比較重要，夢者比較大，就是專心讀好這個夢，其他的都暫時擺一邊，只要盡情活在當下，就是賺到時間了；如果多數的成員也都能專注活在當下，不會無聊、飄渺疏離，這就是一個好團體了。

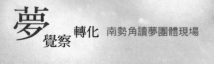

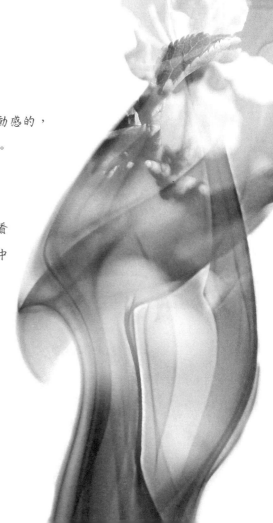

為何夢見大師？

在團體讀夢過程，讓我覺得最珍貴的，
是看到夢與夢者在團體中，像花開一樣，
一片花瓣接著一片花瓣，慢慢地綻放，是動感的，
是層層相連的，每一分鐘的姿態都不一樣。
就像看電影……
僅僅一小段文字，劇情就能交代結束，
有時候也早知道結局是什麼，但是仍然想看
那過程，願意花兩個小時專心一意跟著劇中
人物一起體驗情感的波動，一起哭，
一起笑，一起參悟人生究竟。

這個團體，夢是我們的花朵，
團體每個人，包括夢者都是綠葉，
我們努力工作，小心呵護，等待花開；
我們好奇，因為每一朵花都是獨一無二。

由於以荷已經將夢打字印出來，所以我們不需要抄寫，不過還是邀請以荷將她的夢慢慢說一遍給大家聽，讓大家一起先熟悉這個夢。

2013.10.13 清晨夢

場景一：

　　我參加薩提爾家族治療大師 Maria Gomori 的工作坊，在場約有三十至四十位學員，原本大家都坐定位聆聽，後因要討論所以彼此移動了位置，我挪到前面一點處抄筆記，後要移回原位時，發現原來的位子已擺放了他人的東西，因為大家幾乎要就定位了，心裡覺得有些急和委屈，但不想繼續杵在那，便就近找了位子坐下。

場景二：

　　我和一男性友人去看電影（或聽講座），開場前先到一處咖啡廳等待，場地很大，座位區很寬敞，不擁擠，人也不多。我與友人對坐，談話間突然我左手邊的位子坐了一位女士，右手邊約二十公尺處一桌也多了個男士，那時只覺意外還不知發生什麼事，直到四周此起彼落的驚呼聲，才意會到兩位是 Maria Gomori 和 John Banmen，都是薩提爾家族治療大師（但當下知道那是一種聲光效果的虛擬實境，只是心中仍然雀躍不已）。轉頭仔細看著 Maria Gomori，她仍是一頭白髮，但臉龐不像現在的模樣（九十三歲），而是四十多歲，很像我認識的一個女性友人，她正對我溫暖的微笑，我也以笑容回應她，並激動的和對座的男性友人介紹她，說她就是 Maria，並且忍不住觸碰了她的手臂（是很實在的實體）。

　　後另一處有喧鬧聲，我便與友人跑去另一桌看 John，他並非像 Maria 般坐著，而是出現在平面的螢幕上，其他人仍拿手機猛拍，友人也幫我與他留影。

　　我們又折回原座，有一群高中女生約四至五位在我們的座位上談論

要拍照，書包全放在我們的座位上，我也與她們一樣想與 Maria 合拍（但她當時已不在座位上），便從包包中拿起手機，一拿出才意識到拿成高中女生的，拿的時候並未想到是書包，看到手機時覺得很抱歉，趕忙跟對方道歉，並將手機放回書包，後去拿自己的手機。

1 放下榮格、放下理論

　　一讀到以荷夢見兩位大師，腦海裡馬上出現了榮格的理論。他在《人與其象徵》一書裡提到，有一個人經常夢到與拿破崙或亞歷山大這種大人物邂逅或交談，榮格形容這個人在社交上很謹慎低調，總是選擇不為人注意的位置，儀態優雅迷人，且非常謙遜客氣，但當必須公開發言時，卻又能提供非常充分的資訊與論述。榮格詮釋這樣的人在夢境裡能與大人物侃侃而談，表示這個人的潛意識其實自視甚高，也因此他可以在現實世界裡與人保持一定的距離。榮格用這個例子來舉證他的夢理論，他認為夢是來平衡意識的偏執，或指正扭曲的意識，同時也以這個例子證明，夢不僅是反映個體所忽略與壓抑的陰暗面，夢也會反映我們所忽視或壓抑的正面特質與能力，夢會呈現夢者潛藏的實力。也就是，個體在現實生活中雖然低調謙卑，但潛意識裡卻有自負的一面。

　　雖然我腦海裡出現榮格的理論，不過榮格本人也一直提醒世人，在理解一個夢時，最好暫時將對夢所學所知都先放在一旁，專心聽夢者說話，盡量蒐集資訊，別急著套理論。他提醒大家，來自潛意識的夢與我們的意識能互補，產生一種平衡的功能，這個理論雖然能詮釋很多夢境，但不能以這固定的通則去詮釋所有的夢。歐曼更是堅持，我們要克制自己，不要用已知的理論來詮釋夢，我非常認同這樣理解夢的態度。

　　此外，即使這個夢真的如榮格所指，反映夢者內在擁有兩位大師的特質，那又如何？用理論來分析詮釋夢，似乎快速又有效率，幾分鐘就可以

解決了，不需兩、三小時的團體探索。事實上，以荷已經參加讀夢團體工作坊很多次，這麼多年來更不間斷地參加各類型的心靈成長工作坊，對於這個夢的意義應該已經有基本上的瞭解。因此，我直覺她想將這個夢開放給團體，以歐曼的方法慢慢賞讀，並非要一個簡單的理論性答案，這個自己看書就可以找到了。此外，對於套用理論知識直接告訴他人夢的意義，這樣與人互動的方式，已經讓我很不自在，好像以賣弄知識來證明自己。而且，這種一定要找出某個答案，在概念性、智識性、理論性的問題上打轉，總讓我感到無聊、窒息。我必須回到感覺，才得以呼吸。

在團體讀夢過程，讓我覺得最珍貴的，是看到夢與夢者在團體中，像花開一樣，一片花瓣接著一片花瓣，慢慢地綻放，是動感的，是層層相連的，每一分鐘的姿態都不一樣。就像看電影一樣，我們在找 DVD 影片時，會讀盒子封面上的簡介，僅僅一小段文字，劇情就能交代結束，有時候也早知道結局是什麼，但是仍然想看那過程，願意花兩個小時專心一意跟著劇中人物一起體驗情感的波動，一起哭，一起笑，一起參悟人生究竟。因此，以理論直接詮釋夢是不能滿足我的，不但讓我無感，也不太喜歡自己拿著大師所發現的知識當靠山，把自己裝扮成權威專業的模樣。此外，我也不喜歡在還沒聽清楚足夠的訊息之前，就急著告訴他人自己的假設或看法，但這個讓人不舒服的壞習慣我至今都還很難調整過來。我在大學時代，認識一位很有智慧、很能透視人性本質與偽裝的好友，他是老莊的信徒，總嘲笑我「好為人師」。我抗拒他這樣說我，很不以為然，但卻一直忘不了他對我的觀察評論。中年之後被讀夢團體吸引，一次又一次練習不要強加自己的想法、自己的好心好意、自己的價值在他人身上，在克制拉扯的過程，終於比較能看見那個習慣好為人師的自己，也才能逐漸與那個急著告訴人家什麼是對的、急著給別人問題答案的「小教授」保持一點距離。因此，即使以荷的夢讓我直接連結到榮格理論，我還是努力克制自己，放下榮格。

2 回到夢境

　　以荷的夢，除了兩位大師之外，還有許多其他影像與人物、故事情節，這些都不是任何單一理論可以詮釋的。而且，為何 Maria 與 John 最近會到以荷的夢裡？以荷最近在做些什麼？想些什麼？以荷是怎麼看自己的？怎麼感受評論周圍發生的事情、周圍碰觸的人與物？她的生活有些什麼樣的變化？如果我們對這些一無所知，真的很難知道這個夢要告訴以荷什麼。

　　以荷一開始的連結是月底即將參加連續四天的薩提爾家族治療工作坊，很想探索原生家庭對她的影響，探索未來生涯的方向，她推論，或許因此夢到兩位大師。這樣簡單的解釋也是有道理，如同我們常說，「日有所思，夜有所夢」，但我每次聽到這樣簡單解釋一個夢的成因，我內心都無法起任何漣漪，心裡會喃喃：So what?（所以呢？）這樣的解釋對夢還是一無所知啊！這樣的解釋能讓夢幫助我們更認識自己嗎？夢有很多層次的意義與多重功能，例如我們夜裡經常夢到找不到廁所而緊張地醒來，結果真的很想上廁所，這是夢在叫我們起床因應身體需要。夢就是潛意識的自己，它也很忙，一直在守護著我們，不僅會告知我們現實處境，提醒我們眼前的危機，也會指引安全的方向。夢不僅是被動地複製白日所見影像，它像是超級電腦一樣，會主動去蒐尋我們過去生命中的經驗，以更宏觀的視野，看清現實真相，揭露自己尚未發現或隱藏的感受與問題，並提出創新的因應途徑。

　　因此，在讀夢團體，還沒有蒐集到充分的訊息之前，盡量別問夢者或問任何人為何會做這個夢？夢是什麼意義？在脈絡不清楚的狀態下，不得不去猜測答案，這會讓被問的人很為難。有時候，夢者一開始也會對夢有一定先見，我總提醒夢者，先別急著詮釋夢，別快速評斷，再花一點時間想像一下夢境影像、情節、空間、人物、色彩等之象徵與散發出來的感覺，讓夢有機會好好被看見，然後回顧整理一下最近生活的思緒與議題，

夢的意義會自然地浮現。

　　夢的成因、夢的意義多元複雜，我們之所以成為今日的我也很複雜，與他者的關係乃以網狀交錯而非單一線性因果連結。因此，很多問題通常不會僅有一個答案，就像美麗盛開的花朵，不會只有一片花瓣，花瓣與花瓣之間也有特殊的連結，形成獨特的開展姿態。此外，花朵的開放，也要等待許久，需要有許多綠葉的護持，吸收陽光水分，製造養分，才能讓花朵孕育成形；綠葉還得不斷努力，花朵最終才得以綻放。這個團體，夢是我們的花朵，團體每個人，包括夢者都是綠葉，我們努力工作，小心呵護，等待花開；我們好奇，因為每一朵花都是獨一無二。

　　針對夢境，團體給了很多投射，尤其在場有多位夥伴都曾是 Maria 與 John 的學生。以荷在回應第一階段大家對夢境隱喻的投射時提到，最近很想探索原生家庭的影響，也在思考生涯的方向，雖然在中學教書十多年，也有成就感，卻還不是很篤定是否繼續當老師。她想往心理諮商方向走，但覺得時間已晚，「回不去了」，這是分享夢時她對目前客觀環境與自己處境的評估。幾個月後，我將這篇初稿先寄給以荷閱讀，她用心回應我，並提出部分內容的澄清，她寫說：

　　　　其實走在身心靈的路上我對原生家庭的探索一直有極大的興趣，我喜歡聽家族中的故事，它盤根錯節也資源豐富，往心理諮商走也一直是我認為此生的使命，只是時機與對象不同罷了，並不會覺得時間已晚，回不去了，因為我覺得它是越陳越香，越歷練越睿智。

　　我們的心念不斷在轉變中，是動態的，在團體的當下，我們很難精確地表達自己，而我的記憶也是不完整的，也會受到我自己既有的認知影響而產生偏誤，因此，有關這個團體的夢書寫，初稿一完成，我必定先寄給夢者，再寄給團體每個人協助確認。以荷讀了我的書寫之後，更清楚表達她對心理諮商的認同與使命。

　　以荷覺得 Maria 與 John 是理想的父母，就像她以佛陀是父、觀世音

菩薩是母一般。在夢裡，Maria 出現在以荷與男性友人喝咖啡，等待電影開演的剎那，她覺得：

> 浪漫時光，母親介入了，這時我會用理性去做事，柔性減少，剛強出來。

最後一個場景是拍照，以荷想到的是：

> 拍照？真實生活中的我，很少拍照，我喜歡拍照，但我自己不會在相片裡，不想用拍照去留下什麼，與夢境不一樣，或許我得學習用另一種方式與別人接近，我不是與別人很接近。

高中生給她的聯想是：

> 媽媽從小不准我看課外書，直到高二暑假我才第一次讀趙寧的書。

對於以荷第一階段的簡要分享，我有很多疑問，感覺她畫了幾筆的素描，輪廓還沒完全清楚，也還沒有塗上色彩。例如，與男性友人喝咖啡，等待一起看電影，在這樣的浪漫時光，Maria 卻出現在旁邊，她聯想到母親對她的影響。但這回，她的夢選擇 Maria，她所認為的理想母親，而非真實的母親出現在夢裡，以荷的潛意識要透過 Maria 這個影像來告訴她什麼呢？此外，為何在夢裡可以接受拍照，不抗拒地與 Maria 一起留下永恆的影像，這與平時的她不一樣。如果照她分析，要學習另一種方式與別人接近，那拍照象徵什麼樣的方式，而且是與 Maria 合照？這些問題都是我心中的 OS，是讀夢的重要線索，我還沒有具體答案，要慢慢等待，仔細傾聽找線索，也不能直接詢問夢者，讓夢者覺得有必要給團體答案，造成莫名的壓力。而帶領者或團體任一位成員此時若有自己的假設答案，更不能在這個時刻直接告訴夢者。這麼做，就如同揠苗助長，夢會提早關閉枯

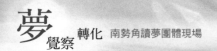

萎，我們就看不到花開了。因此，在以荷回應大家的投射之後，問她是否想繼續進入下一個階段，找尋做夢前的生活脈絡，她沒遲疑，微笑點頭。

③ 憶起做夢前夕

睡前，以荷讀 Maria 的新書《大象在屋裡》，從書中所附的 DVD 看到一位醫生在 Maria 的工作坊裡淚流滿面，原諒母親、接納父母，覺得 Maria 帶領的方式很震撼，有種「哇！」的感覺，心想，若她的工作也能讓別人這樣，這是很幸福的事，她想學 Maria 的帶領風格。我大約十年前讀過 Maria 的書，但沒參加過她的工作坊，究竟她的帶領風格是什麼，已經很模糊，而即使我有我的想像，可能也與以荷的觀點不同，我想聽夢者的想法，因此，我繼續請問她：「妳看到的 Maria 的帶領風格是什麼？」

她想了一下，眼神離我而去，過了一會兒，她睜亮眼睛看著我，看著大家，篤定地回答：「是真誠感與一致性。」

聽到她的回答，我的眼睛也跟著亮起來，僅是兩個概念六個字，應該也可以簡化成四個字，也就是「真誠一致」，雖然看起來很簡單，但心裡明白，這真不容易做到啊！需要一生的修鍊與還原，就像要我跟學生坦承，我指定給他們的厚厚教科書，有些內容其實我也不太懂，讓學生知道身為老師的自己並沒有那麼博學專精，很不容易。這其實花了我幾年工夫才能做到，就怕自己專業不足曝光，失去當大學教授的資格，被學生與同僚請下台。我們剛生下來的時候，有一段時間，應該是真誠一致的，後來，為了適應周圍對我們有權力的人，適應變化多端的生活環境，慢慢變得扭曲複雜了。現在要回到「如其我是」的狀況，自然地吃，自然地睡，開心滿足時就自然地笑，悲傷難過害怕的當下，就自然地哭或表達出來，可以自在地說「我不要」，轉頭離去，如嬰兒般自然地情緒流動，還真不知從何開始，要克服多少的「怕」。

思緒在腦海蔓延，我用紅筆在筆記本「真誠感與一致性」這幾個字旁

邊寫了一個大字：「難！」暫時終結我的感慨，因為這時候是找尋夢現實脈絡的時間，不是我分享「思想感言」的時候，一旦帶領人或成員在這時候下任何評論，或分享任何「肺腑之言」，都會打斷夢者的思緒與脈絡探索，我們就沒有資料可以理解這個夢了。帶領或參與讀他人的夢，要管好自己不斷出現的想法、感覺與評論，別讓它們衝出來，讓夢者分心。團體要相信夢者，讓夢者專心找路帶路，若真的覺得自己發現了重要線索或連結，則以開放性的問題提問，讓夢者有機會選擇與判斷是否繼續深入。我若有時間，會將自己的思緒或問題快速用紅筆標記，在適當的時候與團體分享或提問夢者，以免之後忘記。

　　以荷睡前還讀了一本有關跑步的書，是 Scott 寫的《跑得過一切》，讓她印象深刻的是書裡寫著：「只有追尋的過程是我們平安和樂的泉源，不是最後的獎盃，這就是你來的目的。」這句話引發以荷自問：「那我此生的目的是什麼？」這個問題一出口，以荷突然停頓一下，側頭思索，然後回頭看著大家，輕輕地說：「久久一段時間，我就會問自己，我要做什麼？去上了很多的課程，我到底要做什麼？」

　　無人能替以荷回答這樣大的問題，以荷大概也無意要問大家，這是她在做這個夢前夕，因為閱讀而反身思索，質問自己生命的目的，想做什麼，為何而存在，或許她的夢會有一些回應。她的質問，也引發我回顧自己生命，她的問題曾經是我很長一段時間的問題，從青少年開始就經常問自己、問周圍的人：「人為何要活著，活著的理由是什麼？」問了很多年，還是沒有什麼具體的答案，雖然如此，大家都還活著，包括我自己。沒有一定要往哪個方向去，大家也都活著，跟著多數人的腳步走，讀書、談戀愛、就業、養活自己、進入婚姻、穩定工作、擁有自己的住所、養小孩……總有一個眼前要到達的目標、要完成的事情，而且難度越來越高，威脅挑戰來自四面八方，尤其當沒有父母的羽翼遮護時，光是讓自己好端端活著就不容易了，其實也沒什麼時間想活著的目的，沒時間想要去哪裡。

　　此刻想想，能停下來詢問生命的目的，生命真正的去處，應該是有福

報的。是否已經暫時站穩腳步的人才有餘裕問這樣的問題；或者是有智慧的人，預見了危險，直覺此地並非久居之處，無法究竟，所以繼續尋找生命的活水處。當然，用另一個角度看，也可能是失落的人，因為還沒安適、還沒自在無礙，才必須繼續尋找。難不成，我以上皆是？

團體很安靜，這時曦曦看著她的筆記，舉手發問，輕聲地問以荷，「就剛剛提到，想探索原生家庭的影響部分，是否願意多分享一些？」這即是 follow up 的問題，跟著夢者主動提過的問題，進一步釐清，以開放的方式，不引導，不要求一定的答案，讓夢者得以選擇想分享的內容。跟隨夢者，可以減少侵犯夢者的隱私，或避免讓夢者在團體中，因為集體壓力而揭露尚未準備公開的訊息，更能避免誤導夢的方向。

以荷的回答簡要，一樣的音量，一樣的頻率，咬字清晰，我的筆記只有記下幾行：

> 我想去撥開，我到底是怎樣一個人，我不怕看到真相。我的家庭關係滿複雜，小時候一定要等爸爸回來才能吃飯，但餐桌上大家都不講話，趕快吃完，各自離開。父母關係在我高中時很不好，媽媽在我大學時自殺，我現在已經習慣一個人住。

以荷在這時候停頓下來，這是我第三次讀以荷的夢，之前在第二個夢的脈絡分享中，知道以荷一小部分原生家庭狀況，當時一邊聽，心一邊痛，體溫上升。這一刻聽到，仍是讓我感到悲傷焦慮，團體相當安靜，我不知道大家的心情是否與我一樣沉重。但是，以荷此時端正盤坐，平穩地回憶那不愉快的往事，她有能力去看，有勇氣說，讓我們也能安定地跟著她的腳步走，繼續探索夢。在她簡要回答曦曦的問題之後，我想將生活脈絡拉回做夢前夕，對這個夢的理解會更有幫助。我想起她睡前看 Maria 工作坊 DVD 的震撼感，那位被治療的醫師也在面對原生家庭議題，在 Maria 的工作坊裡，他原諒了母親，這或許也與原生家庭議題相關。於是，我請問以荷，當時她看完那影片後的想法，有沒有什麼願意與我們分

享的？她說：

> 我小時候，母親照三餐打我，我應該很恨她，但我理解，她只能用這種方式來對待我。我不能讓爸爸知道，以免媽媽被爸爸罵。（後續補充：那時我只是變得跟她不親，知道無法與她說心底話，我也不反抗，只是學會了一種求存方式——默默做自己，和自己對話。）

> 我被打之後，總是很想用棉被悶死自己。（後續澄清：不是悶死自己而是一種自虐，不想與外界引爆衝突，而是自我舔舐傷口。）

> 媽媽後來幻聽很嚴重，她自殺那天晚上，我還與男友約會，是弟弟第一個發現的。

> 媽媽死後那兩週，沒有媽，我都沒有任何感覺，好像是一場夢，兩週後才有痛苦的感覺。然後覺得死亡沒那麼可怕，自殺不一定是錯的，我尊重她……

④ 以荷重讀自己的夢

以荷生活脈絡的分享，我的筆記到這裡結束了。聽以荷繼續談起與母親之間，我的身體，我的手，我的筆，越來越重，像雕像一樣再也動彈不得。但我們讀夢過程到生活脈絡這個階段只進行了一半，我們後面還有一大段路要走，從意識回想創傷過去，有時痛不可忍，但是夢境呢？來自生命核心的夢境，又怎樣評論我們的處境呢？我對夢充滿信心，我相信夢會帶領以荷到不同的境界，看見不同的風光，因此我邀請以荷是否願意繼續下一個階段「播放夢」，回頭看夢境怎麼說，她點頭。

中場休息後，我邀請一位自願者，面對著以荷，一段一段地朗讀夢，讓以荷得以從聽他人播放她的夢過程，再一次領會夢所要傳達的訊息。經過第一階段夢境影像探索以及第二階段尋找生活脈絡，以荷可能對夢有新的看見，她隨時可以打斷讀夢的人，分享她當下對於夢的理解或者任何新

的連結。

夢一開場，是以荷參加薩提爾家族治療 Maria 的工作坊，但自己原來的位置被佔了。一聽到這一段，以荷補充說：

> 我與母親的關係緊密糾結，她管我很多，我會靠近諮商，是因為我媽。父親不管我，距離很遙遠。國中時父母鬧著要離婚，雖然知道爸爸有外遇，但想要跟著爸爸。
>
> 我一直在問，我是怎樣一個人？我要往哪裡去？從高中就開始探索自己，我要活出自己的特性。
>
> 夢裡位置被佔了，想指責，但為了顧全大局，又算了，我怕犯錯。覺得原生家庭對自己的影響，比拍照還永恆。（後續補充：或許一拍完照就成為過去吧！而家庭的影響一直是現在進行式，從未止息。）

「高中就開始探索自己，想瞭解自己什麼？能否多補充一些？」我接著問。

> 想要做到「不會去管別人怎麼想」，睡前閱讀那本慢跑書提到「忘我」，若能得到啟發就能忘我，每天逼自己多跑一圈，告訴自己，其實我是可以的，痛苦會過去的。只要我有耐心，有目標，一定可以更輕鬆地去處理家裡的關係，之前，若與人不愉快，就會自責。

「若能得到啟發就能忘我」這句話讓我有些感傷，為何要「忘我」？這個「我」是否相當沉重，難以負荷？我回想自己所學、自己的生命歷程，我好像看見了無數受傷的我。當我們長期被壓迫扭曲，自我價值一再被傷被殘，被人嫌被人棄，當反抗、生氣、憤怒、冷漠敵意這些情緒都不被允許時，唯一能生存的就是認同了。認同「我」是沒有價值的，一遇到挫折，就無法克制地嫌棄自己，認同傷害我們的人對我們的負面評價，「我」的存在是不愉快的，若能處在「無我」的狀態，會比較輕盈自在。

所以最好專注做其他事情，盡可能地遠遠離開「我」，最後能做到忘我，甚至與「我」切割。我其實也喜歡忘我的感覺，尤其專心做某事的時候，沒有任何妄想時，身心統合，大腦沒有衝突矛盾時，身體會很舒暢愉悅，是很深度的快樂。但是，不知為何，在聽以荷談忘我的過程，我有些傷感，尤其當很刻意地要去做些什麼來忘我，好像無法著地的種子，四處飄泊，沒有機會發芽、生根、長大茁壯。或許，我在二十多年前，也曾像是一只斷了線的風箏，這是我自己的深深嘆息。

我心裡仍喃喃，播放夢繼續著。第二場景比較長，夢裡出現幾個人物，以荷對這些人的印象是：

那男性友人是長達二十年的朋友，一起修法，可以心靈交流，讓人感覺舒服，他不男性，也不陽剛。

Maria 與 John 象徵力量與智慧，尤其 Maria 到了九十歲，仍智慧、溫暖、一致，她出現在身邊座位，像是中樂透的感覺。但在夢裡 Maria 卻像四十多歲，很像認識的女性友人。

「能描述一下那位女性友人嗎？」我問。

她總是笑容滿面，易親近，真誠一致。我變得比較理性，感性減少很多，我怕失控。

夢境前後都有移動位置、尋找位置，以荷最後聽完自己的夢，不自覺地說：「我要找到什麼時候才覺得夠？……」我用紅筆大字地寫下這句話之後，後面的筆記就一片空白了。

「我要找到什麼時候才覺得夠？……」這句話像唱針故障，持續轉動，但無法前進，一直重複，一直重複，漸漸地，腦海出現大學時代抱著吉他彈唱一首英文歌的影像，How many roads must a man walk down, before you call him a man...the answer, my friend, is blowing in the wind, the answer is blowing in the wind...，我輕輕哼唱，記得唱這首歌時，眉頭總是皺著，因為歌詞裡那些問題，也是我的疑惑，而我都沒有答案。當時的我，其實還是個不識愁滋味的大學生，沒經歷過承擔不起的失落，僅是對未來迷惘不確定。已經將近三十年沒唱沒彈了，唱這首歌時的我，早已隨風而去……

才哼幾句就忘詞，記不起來整首歌，好奇想知道全文是什麼，歌名應該是 *Blowing in the Wind* 吧？感謝網路很發達，一分鐘就找到了，歌名就是《隨風飄搖》。想起我過去三十多年青春歲月，萬般身影在風中舞動著，快速變換移動，讓我好昏，此刻呢？我安住了嗎？不寫了，就此止住，邀請大家一起欣賞這首老歌。

How many roads must a man walk down

Before you call him a man?

Yes, and how many seas must a white dove sail

Before she sleeps in the sand?

Yes, and how many times must the cannonballs fly

Before they're forever banned?

The answer, my friend, is blowing in the wind

The answer is blowing in the wind

…………

找回自己？

一個人為什麼需要找自己？是因為不能做自己，
因為不能做自己，就失落了自己，
所以會需要將自己找回來。
做多一點自己，就不用再找自己了。

或許，生命原本就不能總是暴露在陽光下，
也無法永遠維持活力，生命也需要黑夜，
才得以靜下沉澱、扎根。智慧與愚癡，
活力與頹敗，都是真實的自己，帶著陽光
燦爛的巨人過日，壓力好大，讓人無所遁逃，
鬱悶想哭的時候，若能有溫柔月光陪伴，
會比在豔陽下好過一些。我扎實地體會到，享受陽
光下的存在，同時也要溫柔擁抱黑夜裡的自己。

團體讀以荷的夢到了最後一個階段「夢的交響樂章」，幾乎每個人都有感而發，分享自己對夢的理解。我沒有記下大家的發言，當然也無法記下自己最後說的話，那一刻，滿滿的感覺想法，快速湧出，團體結束到現在的整理，已經相隔將近三個月，當時說了些什麼，都模糊了。

當天晚上宇姮寄給大家她讀以荷夢後的心情書寫，她寫了兩三頁，我讀了幾遍，每讀一次，都被她那深鑿的心靈與細膩的文字感動。她一開始的書寫，幫我回憶了當天的場景，她寫說：

依舊是從讀夢歷程中得到滿滿的感動、力量與收穫，團體結束後，在如此滿滿的思緒下，陪伴著自己走往回家的道路，雖然每一次在團體裡讀的夢都不同，然而，讀夢之後的狀態卻很類似，心都滿滿的。

「**做多一點自己，就不用再找自己了。**」這是淑媛老師在今天讀夢團體結束前對大夥兒說的一句話，就從這最後一句話開始自由書寫我這一次讀夢團體的心情記錄吧！回憶淑媛老師說：「**一個人為什麼需要找自己？是因為不能做自己，因為不能做自己，就失落了自己，所以會需要將自己找回來。**」

反覆咀嚼老師講的話，想到對一個常常挨揍、傷痕累累的孩子來說，每受傷一次，生命的拼圖就掉落一塊，自我圖像就失落一塊，隨著年齡與日俱增，儘管這孩子的身高外表日漸成長，然而他內在的自我圖像卻越來越破碎、越來越模糊，怎麼看都看不清楚，一眼望去就只是碎落滿地、一片片凌亂、沒有秩序的拼圖。

我想到自己曾經也是這樣一張破碎不堪的拼圖，從來沒看過自己完整的圖像，內在有一份說不出來，卻又好巨大、好真實的空虛。這空空洞洞的感受讓我的內在產生極大的痛苦，而這痛苦，卻也萌發出一個好努力、好堅強的力量，想去看清楚自己在痛苦什麼？何以那麼痛苦？冥冥之中，這股力量牽引著我走向「找回自己」的路。

我的生命脈絡和以荷不同，卻也有不少相似之處，都曾經是受傷的孩子，卻也都是好勇敢、好不容易的孩子。

　　宇姮對於以荷這麼努力在找自己，有感而發，更清楚看到自己的來時路，我又何嘗不是，這一生不也是一直在找自己？而讀過無數他人的夢，我也發現，好多人都在找自己，每個人的成長過程都有共通的地方，就是多多少少一直在失去自己。我們依賴家人的照顧，但同時也不得不接受家人對我們的權力控制；跟學校老師學習，就不得不接受老師的測試與規訓；長大工作換取薪資，更難逃脫老闆的監控；我們需要愛，愛人與被愛，需要人陪伴，也因此，無可避免地讓我們所在意的「關係」牽制我們。生命過程，四面八方來的力量，不斷進駐我們的體內，佔據我們的大腦，分割我們的心。一位研究生上課時分享說：「我上了小學之後，自己就不見了。」小學、中學時代，學校的老師與同學幾乎決定了我們是誰。然後呢？下一階段，我們又會落入誰的手裡？

　　我們要怎樣找回自己？如果我們不需再依賴任何人存活了，是不是就能找回自己？事情好像沒這麼簡單，那些曾經對我們有控制力量的人即使已經不在了，或事已過，境已遷，但這些力量經常能成功地打造複製人，在我們的體內悄悄長成巨人，我們甚至無法察覺，這才是最可怕的。難怪有句很流行的話說：「我們最大的敵人是自己。」記得在大學教書第一年，我被指定教大一的自我探索課程，學生上台報告時，老是引這句話，讓我覺得很八股，很像勵志箴言，也覺得有點刺耳，好端端地，自己怎麼會成為自己最大的敵人？當時的我，克服萬難，完成博士學位不久，在大學教書，是我當時能想像的最好工作，好像人生目標已達成。中年的自信天真，意氣風發，以為天下無難事，從此能自由自在做自己，周圍無所謂的敵人，當然更感受不到自己如何會是自己的敵人。無知的我，並不知道更嚴苛的人生挑戰、全新的恐懼，正在等待著我。

　　小時候，我們仰望各種不同外型的巨人，逐漸地，他們就在我們體內定居。巨人有時像大將軍一樣，協助我們開疆闢土，有時也很有意見，管很多，控制我們可以做這個不能做那個。我們不一定會把巨人當敵人，有時，我們真心臣服於巨人腳下，愛這個巨人，希望自己有一天也像巨人一樣有權有能，一樣偉大。麻煩的是，我們一生接觸這麼多人，經歷這麼多

事，體內的巨人其實也很多，巨人與巨人之間也會爭執角力，甚至引起大戰，各有死傷，我們要認同哪個巨人？參與讀夢團體這麼多年，讓我一點一滴看見許多曾經是隱形的巨人，在夢裡現身。我遇過許多有勇氣近距離看自己的人，得以甩掉殺傷力強、權控欲大的巨人，或者能與他們相隔一點距離，將他們置放在適當的位置，保持平權的合作關係，不再被巨人宰控。所以，現身的巨人並不可怕，若仔細看一個巨人，他的巨大身影背後，總有嬰兒般的脆弱、笨拙，非常不容易維持平衡。因此，只要能看見控制我們的巨人，就有機會擺脫。看不見的敵人才可怕，無論力量再怎麼小，當它躲在暗處，破壞力就無窮，讓我們慘遭滑鐵盧，還不知道怎麼回事。

在寫「內在巨人」這個概念時，我突然想起三年多前快接近暑假時，以荷所分享的一個夢。夢裡，她看到一個不可思議的畫面，「有個人踩著單輪車，車身竟然有十幾層樓高，我納悶，這如何踩呢？」這個夢，至今我還是疑惑，與以荷一樣納悶，要踩十幾層樓高的單輪車是怎麼做到的，也一直參不透，以荷潛意識裡為何創造出「踩著巨大單輪車的人」這個影像，這回又夢見家族治療兩位大師，它們要表達什麼？

對單輪車的印象，是小時候外婆家農村四合院，當有重要節日慶典時，會請馬戲團來表演雜耍特技，他們會一邊騎著單輪車，一邊雙手表演雜耍。我沒有騎單輪車的經驗，不知道那感覺，上網 Google 單輪車，發現單輪車在日本已列入小學訓練孩子平衡感的課程。

所以呢？要能騎一台十幾層樓高的單輪車，要怎樣才能維持平衡不會摔下來，又要怎樣才能用腳力控制方向？這需要怎樣的毅力與專注力才能做到？以荷當時剛完成一次成功完美的教學觀摩，這是一個可能的連結，我筆記上有記下以荷說：「教學有焦慮，但可以 handle，可是感情不能。」那時，她正在思考與男友分手，感覺沒了，但相處久了，要分手很困難，怕傷害了他，會有罪惡感，可又不喜歡一直僵著，沒能量。「我要活出自己，我不喜歡沒有能量的感覺……我要追求心靈的獨立。」她說。

寫到這裡，覺得很有趣，以荷之前提到的困惑，也一直是我的困惑，

現在寫到她想要的，我也想要。有能量的自己，能真正的獨立自在，這樣的存在境界很吸引人。只是目前還無法完全做到，每隔一段時間，總有萬念俱灰或焦慮慌亂的時候。不過，我一點也不崇拜或羨慕騎在十幾層樓高的單輪車上的那個人，雖然他特技高超，傲視群倫，但我一想像離地面這麼高，就腳底發癢，更無法想像，要怎樣才能下來，而我也還不知道，我能不能忍受高高在上，遠離人群，孤單地行走。

三年前，我對於以荷的夢，理解有限，對於以荷的現實人生，也所知不多，那個巨大單輪車影像一直像謎一樣滯留在我的腦海裡。我很高興，以荷之後繼續回來參與讀夢團體與分享夢，讓我有機會再一次理解她當年的夢。尤其這次團體，不像之前，兩天密集相處之後，就揮手告別，這回，我們細水長流，而且我們也以讀夢之後自由書寫的方式，緩緩深入。以荷這次的夢好熱鬧，夢境裡出現很多人，而且都有互動。在分享夢之後，她寄給大家三頁對夢的補充與回饋，感謝大家認真投入賞讀她的夢。崇寬老師幽默回信說：「好加在，好慶幸我的夢已經報告了，之後的夥伴要像以荷如此地剖析很花精神和時間呢！」

夢境從參與工作坊出發，以荷很勇敢果斷地告訴大家，參加 Maria 工作坊與現實處境相符，就是要探索原生家庭進入內在深沉的感覺。我讀過不少人的夢與生命故事，發現成長在破碎或關係張力很強的家庭，長大成人後，雖然在社會上生存適應也很辛苦，但有時反而因為更堅毅與努力，在社會上的成就很高。原生家庭關係的創傷，影響最深的不是社會適應生存，而是親密關係的經營。在私領域裡，原生家庭的陰影總是如影隨形，一有風吹草動，身體記憶全部被啟動，如臨巨敵。

第二個場景，以荷之後的心得寫道：「喜歡的伴侶關係是兩條靠近而不斷成長的線，相互分享，不黏又不疏離，夢裡與男性友人浪漫等待看電影時，出現的女性象徵著不放心的母親。」我倒覺得，經過這麼多年的精進學習，以荷的潛意識在告訴她，要融合 Maria 的智慧與特質去面對親密關係，而且她與 Maria 在夢裡有真實溫暖的碰觸，象徵 Maria 所具有的真誠一致與以荷已經是相當親近的。如後續以荷又寫說：「我想成為她

（Maria）那樣的人不是遙不可及的幻想，是實實在在的並且是伸手可及的。」

我經常發現，一個比較完整的夢會很有系統地與夢者對話。首先，夢境開場總是精確如實地描繪夢者的當前處境；之後，夢境會逐漸揭露夢者潛意識對當下處境的感受，或者發生的歷程；最後，夢境會呈現與這議題相關的經驗資料，創造新的影像或故事情節，提供夢者未來方向。以荷夢境的最後場景，一群十七歲少女、四十幾歲與九十幾歲交錯的 Maria，她寫說：

> 願我永遠有十七歲的純真熱情、四十歲的勇敢自信與九十三歲的睿智無悔，每一刻都活在當下，並能一致性的表達自我，回望人生時皆幸福充滿。

第一次讀到這段話時，我用紅筆在底下畫線，在旁邊空白處大字寫下：「哇！yes yes」，這真是理想的人生，當下感動不已，好像以荷的人生就此美好。

然而，昨日，2014 年 1 月 11 日，週六，是我很不對勁的一天，從強烈的鬱悶到午夜霧散清明，剛好寫到這段，對於這些美好生命目標或所謂理想人生又有不同的感受，只覺得這樣的夢想又是在自己身上置放另一個巨人。Maria 是另一個巨人，John 又是另一個巨人，這些巨人都是不可攀，期待成為他們，會形成另一種壓力，畢竟現實生命過程與天氣一樣，無法總是陽光燦爛，無法一直高高在上。咦！昨天發生了什麼事，為何會有這樣的轉變？

上星期已進入學期倒數第二週，我的心已經開始出現打烊狀態，沒想到卻更忙。一整週，教學、國際研討會、學校有的沒的行政工作，身體已耗竭。週末想好好放鬆，想回家陪孤單的老媽，與姊妹們吃喝談笑，想一直寫夢團體記事，想曬曬冬天的太陽。只是，一想到有六十份大學部社工倫理申論問答題型的期末考卷要改，已經答應學生下週發還考卷，此外，

週末還得準備心理學期末考題，要指導研究生論文，還有很多必須做的事，越想越心慌，就乖乖留在埔里宿舍工作，不回台中家。然而，週六清晨在學校宿舍醒來，全身不對勁。開始不甘心，開始自憐，都已經是週末了，還是不能放下工作？好害怕自己在考卷堆裡，在掙扎給學生幾分的細瑣無聊事中，錯過美好人生。這一不甘，心就開始撕裂，窒息焦慮，厭惡自己，明知道改這種考卷很痛苦，幹嘛還是要考學生，搬石頭砸自己的腳。教書十二年了，難道還沒學乖？但為了讓學生有動力整理一學期所學，為了讓學生多閱讀一點，必修課總有一些必要的知識要理解與記憶，知道考完試一定快速忘光，但至少他們會知道資料在哪裡，在課程結束之前有一個完整清晰的印象。沒想到，這回面對改考卷的抗拒這麼大。這是很小的一件事，卻引起我這樣大的情緒，發現以前可以忍耐的，現在不能了。

　　考卷不好改，改了幾題，就去打太極拳，打坐，清理打掃，散步，甚至晚上去鎮上看場電影，各種曾經讓自己有活著滋味的方法全試了，卻都無效！仍然心慌氣躁，批改考卷的進度很慢，隨著時間的流逝，壓力越來越大，就是不甘心時間這樣耗去，難過到想大哭。但也無法哭，眼睛乾澀。或許根本沒有哭的理由，又沒人打我傷我，只有自己覺得自己是委屈的受害者，若是有人可以認同我、聽我說，真心同理我、同情我，才能哭得出來吧！

　　這一天我沒有出口，沒有可以控訴的對象，打電話給老媽說出我的鬱悶，並抱歉無法回家陪她。媽媽竟然冷靜鄭重地說：「給學生考試，改考卷，這本來就是妳應該做的工作。」我猜她一定怕我任性，又辭職不幹了。我大學畢業到出國讀書這四年期間，換了四個工作，都是穩定的大公司或非營利機構，當時她很滿意我找到穩定工作，可以獨立養活自己，不解為何將好端端的工作辭掉，之後她就對我的就業穩定性很沒信心，總嘲笑我「無定性，一年換二十四個頭家，領不到過年獎金」。這回我難得穩定地當大學老師超過十二年，她對我的刻板印象卻沒變，還是擔心我又換工作。不管她心裡怎麼想的，在電話中聽到她嚴肅地要我做該做的工作，

我反而比較認命，雖然她難以理解我的窒息感，但至少她沒有怪我這個週末沒回家陪她，減低了我的罪惡感。喔！罪惡感！電到了，這個暗地裡作祟的巨人……

我想，不只我媽，天底下大概很少人能認同我，為了週末改考卷這樣的「小事」痛苦不堪，甚至還會被削一頓，罵我自溺、自憐、自艾，無病呻吟。但這一天，我真的又處在失去自我的邊緣，直到晚上十點，我所有的靜心活動都失敗了，最後乖乖認命回到餐桌，專心一意，面對學生考卷直到午夜，才終於有了看得見的進度，也進入了改考卷的節奏感，一心閱卷，雜念越來越少，如同靜坐一樣，心漸漸安靜下來，身體舒暢，整天鬱悶煩躁的感覺全消失了。

想想，這樣的生活一直在反覆，經常被周圍各種不同的力量拉扯，四分五裂，不知完整自我是什麼模樣。難怪，「**做多一點自己，就不用再找自己了**」這句話我說得這麼順口，原來我也是經常不能做自己，或者，擺不平很多不同面向的自己。這一夜，當放下不甘，放下其他想做的事，沒有委屈；不氣惱自己笨，不評價自己浪費人生；不厭惡自己為了工作忽略殷殷期盼我回家的老媽；不貶抑正在做的工作，這一天，我能做的就只是改考卷，心平氣和的當下才開始覺得幸福美好，這大概就是找回自己吧。只是，搞不懂，為何要痛苦一整天，才能走到那一刻……

或許，生命原本就不能總是暴露在陽光下，也無法永遠維持活力，生命也需要黑夜，才得以靜下沉澱、扎根。智慧與愚癡，活力與頹敗，都是真實的自己，帶著陽光燦爛的巨人過日，壓力好大，讓人無所遁逃，鬱悶想哭的時候，若能有溫柔月光陪伴，會比在豔陽下好過一些。我扎實地體會到，享受陽光下的存在，同時也要溫柔擁抱黑夜裡的自己。

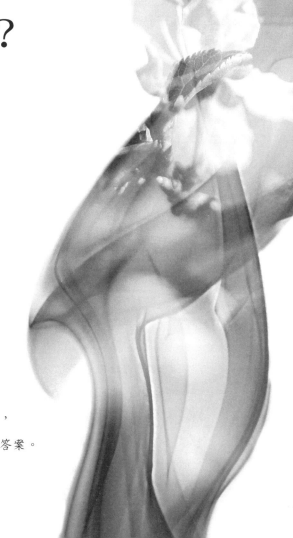

Chapter

11

為何夢見
死去的親人？

死去的重要親人在我們的生命過程中，

一直沒有停止其影響力，

甚至已成為我們內在自我的一部分。

當夢見逝世的親人，

我們要問的是這個親人隱喻些什麼，

這親人有沒有特殊的象徵，

夢者與親人之互動經驗又是什麼。

死去的親人出現在夢裡，的確是有訊息

要與我們溝通，但要揭露這個訊息，

還是要回到夢者如何理解這親人，

探索這親人在夢者心中的價值與象徵意義，

釐清夢者近期生活處境，一點一滴去尋找答案。

體第三次聚會早晨，宇姮爭取到分享夢的機會，雖然夢不長，她早已將夢打好，印好，分發給大家。在開始讀夢之前，我最後再確認一次，有沒有人自願帶領這個夢的賞讀，終於有人回應我，是崇寬老師。他舉起右手，但頭仍低著，眼睛停在左手 A4 紙張上，很專注地在閱讀宇姮的夢。過了幾秒鐘，他抬起頭說：「如果沒有其他夥伴自願，我來試試看好了。」我感覺到崇寬老師不同以往的溫度，雖然說話一樣地謙遜有禮，但這回速度快了一些，堅定果斷，好像就是他了。現場靜默幾秒，沒有其他人與崇寬老師爭取帶領夢的機會，我心想，當一個人很清楚自己要什麼時，旁邊的人都會自動讓路。

崇寬老師調整一下位置，可以清楚看見夢者，也可以與團體每個人的眼光交會，就開始請宇姮慢慢將夢讀一遍：

2013.11.10，週日清晨的夢

夜晚，一個又大又寧靜的湖，中間一座很長的水泥橋，這座橋特別之處是它有一階一階的階梯，也有電燈的開關，我要過橋去幫一群年輕的學生上課。

夢中，我的狀態是又累又焦慮，一個人扛了很重一大袋可能會用到的教具。走在橋上，這座橋原本看上去一片漆黑，廣大湖面也是一片漆黑，我每走一小段路，就需要為自己開一盞燈，才能看到路。

拖著重重的步伐走了大約三分之一座橋，忽然看見遠遠的湖邊有一間教室裡的燈亮起來，仔細一看，竟然是過世多年的阿公在點燈。看到阿公，我心裡感到很溫暖，同時也有一份好濃的感傷與思念，祖孫相隔如此遙遠，一時之間沒辦法和阿公說話。

我看見阿公點亮的教室，發現是一長排，有好幾間，我要去的教室好像不是第一間就是最後一間。阿公從第一間開始，一間一間幫我點亮到最後一間，讓我能看清楚。我覺得我需要做一個選擇，繼續走，越過整座橋走到最後一間，或是回頭走，下橋之後轉個彎，直接到第一間教室就可以。

我發現只需要往回走就能到我要去上課的地方，於是，我轉身，慢慢往回走，一邊走著，一邊關閉橋上的燈，夢就結束了。

我一邊聽宇妲讀夢，一邊對照手上的文字，用紅筆做記號，以簡單的線條畫下階梯水泥橋與大湖。這夢境讓我覺得孤寂，卻又有一種說不出的美，夜晚四下無人的大湖，感覺寧靜、沉澱、神祕、柔軟，但同時對莫測高深的大地產生畏懼。黑夜裡，看著瘦小的宇妲扛著大包沉重的教具，一階一階往水泥橋上走，讓我不捨，卻又覺得很美。當一個人非常努力想做好一件事，不畏孤獨，不畏黑暗，挑戰身體負荷，這樣的生命就是一種美；當她的阿公點亮湖邊教室，生命有了實實在在的溫度與光亮，有了希望，有了方向，有了愛，這樣的存在，又是另一種美。哈！我發現，不當團體帶領人，更能專心享受神遊在他人的夢裡。

❶ 夢見死去的阿公

夢裡出現的宇妲的阿公，已經辭世多年，我想到無論在課堂上、演講場合或帶領讀夢團體工作坊，經常有學員問我一個問題：「夢見已經死去的親人是什麼意思？」有些人擔心死去的親人過得好不好，有些人則擔心自己是否會有不測，即將要與死去的親人會面。而我的回答好像都千篇一律，大概就是：「我不知道，那要看整個夢境，要知道你在夢裡的感覺是什麼？親人與你之間的關係是什麼？這親人的個性、特性是什麼？你在做夢前在想些什麼或感受到什麼？你的現實生活處境如何？正在面臨什麼議題等等。若沒有這些資料，我無法理解夢見死去的親人是什麼意思。」很多人半信半疑，死去的親人在夢裡出現，是不是來託夢，是不是有事情要告訴夢者，或者有什麼需求。對於死者託夢論，我沒有研究，也沒有神通與死者對話，科學也無法證明死去的人是否仍具有意識地圍繞在我們身邊，清楚看見我們的所作所為，比身體還活著的時候更有智慧地綜觀一

117

切，或者仍與生前一樣，處於七情六欲的糾結中。

對於死後何去何從，死後的樣貌如何，我們所知不多，因為看不見、摸不到，我們反而賦予死者更大的力量，死者為大，覺得他們比活著的時候更能看見一切，更神通廣大，如神一般，繼續守護我們，透過夢與我們說話。身體死了會以什麼樣的方式存在，我瞭解有限，雖主修人的生命發展，但僅止於研究活著的人，死後的世界雖然許多人都好奇，目前卻無定論，無法以科學方式重複檢證。但是，看不見的不見得不存在，這我懂，也能認同，就如同許多微生物、細菌、病毒，我們肉眼看不見，但它們是存在的，顯微鏡已經可以證明各種我們看不見的微生物確確實實存在，而且高度地影響我們的生活；在天邊的星星看起來那麼小，甚至大多數我們肉眼也看不見，但實際上卻又比地球大了千萬倍，這也已經是眾所皆知的事實。人的眼力、耳力、感覺力都有限，每個人資質也不同，因此，對於未知我總是保持謙卑好奇，不敢妄下斷言，不懂就是不懂，不能裝懂。在讀夢團體，我會明白告訴大家我無神通，就不太花時間與成員討論託夢之說，或臆測死後的世界。不懂的事，不能挾「諸神」以令夢者，這不但浪費寶貴的團體時間，也可能扭曲夢要帶給夢者的訊息。我只能一步一步地依照方法，全神貫注地去理解夢的意義。

佛洛伊德很努力讓夢的解析科學化，他聲稱夢反映做夢者的心智狀態，而非來自外在的超神力。對於神力之說我無法評論，但我認同夢乃反映夢者之心智狀態。在大學教書或實務工作，對學生與社會人士我都有責任，我謹守界線，以個體開發內在資源、發展內在智慧與力量為焦點，協助夢者具體看見夢與自己生活處境之關係，不談外在神力。佛洛伊德對夢的詮釋方式雖然引起很大爭議，但他提出夢反映夢者的心智狀態這個論點，已經獲得無數學者、思想家、臨床工作者的印證。我自己多年來的實務工作經驗以及與自己夢對話的體驗也一直證實這個理論，而且我也發現來自潛意識的夢比意識更誠實客觀，更有智慧觀照生命處境。因此無論夢是上帝給人類的禮物，還是諸神捎來的訊息，都無所謂，這不是讀夢團體的工作重點。團體最重要的任務是，我們如何精確地去理解這個訊息，這

個夢要回應夢者什麼，夢者如何從自己的夢看見更全面的自己，更宏觀地檢視我們的處境與周圍人事物。

雖然對於死去的存在狀態瞭解甚少，但我一直很努力在理解活著的人。可以確信的是，與我們關係很近的親人，即使身體死亡了，仍是一直活在我們的生命裡，親人的呵護與愛如同背後的風，一直在協助我們飛翔，不會因親人死亡而消失，我們對他們的認識、瞭解、感受，也隨著自己的成長在改變。死去的重要親人在我們的生命過程中，一直沒有停止其影響力，甚至已成為我們內在自我的一部分。當夢見逝世的親人，我們要問的是這個親人隱喻些什麼，這親人有沒有特殊的象徵，夢者與親人之互動經驗又是什麼。死去的親人出現在夢裡，的確是有訊息要與我們溝通，但要揭露這個訊息，還是要回到夢者如何理解這親人，探索這親人在夢者心中的價值與象徵意義，釐清夢者近期生活處境，一點一滴去尋找答案。

2 探索阿公的象徵意義

宇姮一開始談起阿公，神采飛揚，但簡單扼要：

> 阿公是一個種田、好心、樂於助人、帶給我心靈力量的人，常常鼓勵我當正職老師。種田生活雖然很辛苦，但他容易與自己在一起，滿足他的生活。

所以呢？宇姮好奇，在夢裡，她背著重重的教具一階一階走在水泥橋上，已經走了將近三分之一，當她看見遠處湖邊的阿公與一間一間燈亮的教室，她決定下階梯往回走，這個場景，要告訴宇姮什麼？宇姮說：

> 在現實生活中，我會走完那座橋，但夢裡，我卻往回走，這是我不解之處。

到目前為止我也完全沒有概念，就等著宇姮與我們分享睡前思緒，以及做夢前幾天的生活狀態。宇姮就讀心理諮商所第二年，功課很重，做夢前一晚是週六，一直在寫作業，但團體諮商這門課，老師要學生四人一組合作實際帶領大學生成長團體，這件事讓她壓力很大，從原本是觀察員，變成帶領人之一，到最後變成她一個人帶。帶團體雖辛苦，但大學生願意投入，對他們有幫助，又讓她覺得有點欣慰。可是小組合作讓宇姮很頭痛，她說：

> 帶團體的時候，小組成員突然講了一句與團體情境完全不相關的話，不僅打斷了團體氣氛也打斷了我的思緒，當時被打斷，我頓時有好幾秒鐘的時間不知所措，腦袋呈現空白。

我自己也是個實務工作者，心想，自己若在帶領團體時，腦袋一片空白，是相當可怕的，成員對領導者會失去信心，若沒有及時化解，團體可能會潰散，這對於專業工作者而言，簡直是噩夢。對於宇姮的處境，我內心浮現了自己的投射。

當宇姮小組的實習團體進行到了第三次，小組的衝突開始明顯。

週五（夢的前一天）宇姮找團體任課老師談，老師質問她：

> Ａ、Ｂ兩人都可以說做不到，為何妳不能，宇姮，妳可以學習擺爛，不需要一個人扛起來。

宇姮週六寫了一整天功課，到了晚上七、八點，很累，睡了一下，十一點多又起床工作，睡前打開臉書，收到Ａ組員傳來私訊，訊息中希望宇姮幫忙讀她一個與家庭情感糾結的長夢，並幫忙她潤飾一封寫給長輩的重要信函。

「妳看完訊息後有沒有什麼感想能與大家分享的？」帶領人崇寬老師找到空檔，緊緊跟著夢者提問。

　　A 同學跟我走得很近，會跟我談心情、討論功課，也會跟我分享夢，每當她需要我幫忙，我常常給予她立即性的回應，或是詳細的文字說明，但是那天我實在太累了。終於，我回訊息給她說：「謝謝妳總是信任我，跟我分享心情，我最近在自我照顧和功課上有點忙不過來，所以，有困難以文字的方式慢慢的回覆妳。口頭上與妳討論夢沒問題！」我功課壓力很大，一直在想時間怎麼分配，才可以把事情做好。

　宇姮持續地說明小組這學期至今的互動經過。

　崇寬老師的提問，帶出更核心的資料，讓我們更清楚宇姮在入睡前的感受與處境。當我們邀請夢者分享做夢前的思緒時，有時夢者幾乎完全不記得睡前想些什麼或有什麼感受，這種現象其實很普遍，這時候唯一的線索就是事件，譬如睡前做些什麼、看什麼書、與哪些人互動等等，從具體事件中發現思緒。不過，有些事情很私密，不宜在團體中分享，我們不能直接要求夢者分享一切發生的事情，只能婉轉地問。我記得歐曼的標準問句是：「Would you care to share anything happened before you go to bed?」一再提醒，夢者有絕對的權利決定分享與否以及想分享些什麼。

　　但是，有時夢者很自然地會巨細靡遺地敘述事件，一件事接一件事地講，卻聽不到夢者的感覺、對事件的回應，或事件本身對夢者的衝擊，好像這些發生的事情與自己沒有什麼關係一樣，這仍很難幫我們瞭解夢境，因為啟動夢境的關鍵是感覺。由於團體的時間有限，這時候帶領者可以在適當的時候插入，暫時中斷夢者對事件的描述，邀請夢者回頭關照與分享自己對事件的感覺、情緒或評論，讓夢者的注意力從客觀事件回到自己主觀感受，這方面的訊息對於夢的理解更有幫助。只是，這頗難拿捏，事件的敘說有助於喚起夢者潛意識的感覺與想法，帶領者要怎麼帶領，才能讓時間用在刀口上，我自己也仍在摸索。我曾問過歐曼類似問題，他總是回答說，這需要不斷地練習，乃是從豐富經驗中所累積的直覺。

　　崇寬老師繼續邀請宇姮，過去一、兩週有沒有其他重要生活議題要分享，宇姮想起一件不尋常的事：

　　11 月 2 號，媽媽突然打電話給我，要來看我，我嚇一跳，媽媽不是這樣的。

　　宇姮的父母住在遠離台北三、四小時車程的中部農村，她一人在台北生活了十幾年。但是，現在宇姮與媽媽的互動有了變化，不同於以往，這是怎麼回事？我心裡立刻產生一堆問題，那媽媽之前又是怎樣的？為何現在會有變化？不過，我的疑問好像也是大家的疑問，帶領者崇寬老師繼續跟著提問，讓宇姮可以說得更清楚。

　　弟弟犯了大錯，媽媽對他很掛心，也很失望，但是血濃於水的親情之愛是怎麼樣也難以割捨的，我常常會想提筆給弟弟寫信，但心情總是複雜、沉重。

　　家裡原本有一隻養了十幾年的米格魯，名字叫「饅頭」，這些年來饅頭就像家人一樣陪伴著爸爸和媽媽。但是一個多月前牠莫名其妙突然失蹤了，再也沒有回來，爸爸媽媽遍尋不著饅頭，心裡一定很難過，加上他們年歲已長，難免會有些比較脆弱、很需要兒女陪伴在身旁的時候。

　　於是接到媽媽電話後，我 11 月 2 號的那個週末決定暫時放下繁忙的功課，搭車回家陪爸爸媽媽。回家後我們一起出遊日月潭與集集火車站，妹妹和兩個外甥子女也在一起，共同在歡笑中度過了美好的時光。上台北之前，爸媽將家裡的好東西不斷往我包包裡塞（這個動作阿公還在世的時候也常常做），11 月 6 日週三那天又收到爸媽寄上來的一個大包裹，裡面全是茭白筍和爸爸菜園裡種的蔬菜水果。這麼多年來，我一個人在外面生活，從來沒有像這學期一樣這麼想家，不知為何，這學期有點害怕……

怕？怕什麼？寫到這裡，我又有問題[5]。宇姮繼續說：

> 平時溫柔的我，這週卻與一個男同學處得非常不愉快，很氣他接了分組報告的組長，卻不帶領小組分工也不做事，小組報告的責任莫名其妙跑到我身上。我心裡很不舒服，卻又擔心如果不清楚他的狀況，就直接指責，會傷害到他，我這一週的身心狀態太緊繃，曾經試過好好與他溝通，以為他聽懂了，以為已經找到共識，結果並沒有，我感覺自己累積的情緒就像一座火山，快要爆發了。

崇寬老師繼續請宇姮回憶還有沒有要補充的近期生活脈絡，宇姮再度提起與老師的對話：

> 雖然功課辛苦，但有成就感，與教授互動很開心，團體諮商老師瞭解我，要我學習擺爛。

老師建議學生擺爛？這真不尋常，我很想多聽一點，但崇寬老師緊接著邀請宇姮願不願意談談與阿公互動的情形？這也是很重要的問題，我先擱下我的問題，不想打斷崇寬老師的帶領。只不過阿公沒有出現在宇姮近期生活脈絡中，而是在夢境裡，為了不中斷現實生活脈絡的探尋，有關夢境影像，我通常會將這些問題留在「播放夢」階段提問，透過夢境影像，邀請夢者使用自由聯想、象徵、隱喻等方法，進一步探索阿公這個人。經過了近期生活脈絡探索，夢者擁有新鮮豐富的資料，可以進一步看見夢境隱喻，連結夢境與現實處境。我覺得崇寬老師應是判斷生活脈絡探尋已差不多了，尤其夢者重複提起事件時。他要結束這階段了，所以不自覺地讓夢的影像出現，這是進入播放夢的時機。宇姮自然地接了崇寬老師的問題，進入遙遠的記憶中，她說：

---

5 宇姮在讀完這篇初稿時，在這裡幫我補充：「可能跟饅頭的突然失蹤有些關係，我總是莫名地感覺到一股淡淡的悲傷縈繞心頭……」

　　阿公最近常常入我夢，阿嬤生我小叔叔時難產過世，他一個人撐起這個家，我爸爸是長子，我小時候怕阿公，他會打我，後來有心靈的交流。

　　「那對妳而言，阿公是怎樣一個人？」我斷斷續續聽宇姮談阿公，還是有點模糊，麻煩宇姮再補充一些。

　　對我而言，阿公是巨人，不會倒，總是把事情處理好，有中藥的常識，很有愛心，總是免費幫助別人，會自己上山尋找中藥材。我曾生一場病，類似中毒，快死掉，是阿公救回來的。阿公不太表露自己的情緒，與人互動和諧，是穩定、安全、可以依靠的。

　　在播放夢的時候，宇姮又重新感覺阿公這個人，她發現阿公生活規律、平衡，雖然溫暖有力量，但不會扛別人的問題在自己的身上。
　　「不會扛別人的問題在自己身上？」我心裡重複咀嚼這句話，宇姮對阿公的詮釋，也是來自她的投射，或許這也是她正在關心、正在處理的議題。這時，我忍不住問之前想問的問題：
　　「那當老師要妳也學習擺爛時，妳的反應是什麼？」我問。
　　此時，打完這問題的當下，我立刻發現我犯規啦！我問的問題直接要求了夢者給一個確實的答案，就是歐曼不斷提醒要盡量避免的 information demanding question。我心一急，好奇想知道接下來夢者的反應，但問得太直接了，讓夢者沒有機會思考要不要說，萬一這真實的答案對夢者而言是私密的，這樣的問題就可能侵犯了夢者的界線，或者造成夢者說與不說都很為難的尷尬處境。雖然我的問題是跟著夢者走，但我應該更禮貌地，學習歐曼的文明優雅地說：「當老師要妳也學習擺爛時，能否多補充一點妳當時的回應？」或者「有關那場對話，妳願不願意多談一些？」以更開放的問題，讓夢者有轉圜的餘地或選擇要說的內容。
　　但是，我的性情直率，不拘禮節，甚至在與人互動對話時總有點粗魯

野蠻，經常因為直言而得罪人。歐曼這種保持適當距離，給予夢者充分尊重，又能切入問題的語言工夫，我還沒學到內化程度，就好像到現在還是很不習慣穿正式服裝一樣，一回到家就立刻換上家居服，在熟人與家人面前，我的衣著也特別邋遢。參與或帶領夢團體的時候，一旦我判斷問題並非很私密，而且我自信與夢者之間的信任程度不錯，這時生命底層那個衝動直接、沒什麼文明修飾的我就會原形畢露，會不自覺地犯規。但是，在帶領團體時，我沒有犯規的特權，因此，會先告知大家要提醒我。我也不是能完全守住規則的人，尤其當團體越熟悉，信任度高，外在的禮貌慢慢卸除時，擦槍走火的衝突反而高，原因即在此。

好心溫柔的宇姮沒有質疑我，直覺回答說：

> 我當時很訝異，馬上回問老師：「啊！老師，您說什麼？那團體怎麼辦？」老師回答：「我能接受妳隨時說妳沒辦法帶團體，有什麼問題我們一起解決，不需要把所有責任往自己身上扛。」

我很謝謝宇姮的直覺反應，因為此刻我之前的疑惑已經有了答案。宇姮特別指出，她阿公雖然能力很強，也很能照顧周圍的人，但阿公不會扛別人的問題在自己身上，這是她看見的阿公。從宇姮對阿公的描述，我感受到她正被人際關係界線所困擾，肩膀負荷已過重。

崇寬老師非常注意夢境與夢者現實生活脈絡的不一致性，例如在夢裡，宇姮看到阿公覺得興奮、開心，針對這個場景，在脈絡的分享裡，我們並沒有聽到宇姮在做這個夢之前有任何興奮、開心的事。如果夢反應夢者的現實生活這個論點是真，那這是怎麼回事？因此，邀請宇姮想一下，最近生活中有沒有任何興奮、開心的事，但是宇姮此時想到的除了疲倦、壓力、累、焦慮，實在想不出什麼開心事。

讀夢到了最後階段，我們此起彼落說出自己的感覺，宇姮最後覺得，那條巨大的水泥橋，有現代電燈設備，很像自己僵化的溝通方式；扛著大包很重的教具，如同一本一本厚重的教科書，如同眾多的理論知識；走了

三分之一的橋，象徵學期過了三分之一，也象徵那個頭痛的團體已經過了三分之一。夢裡，因為阿公的點燈，她發現往回走也能走到要上課的教室，有種解套的感覺、鬆一口氣的感覺。最後，宇姮說：「**我要學習表達，把自己真實的聲音勇敢說出來。**」

宇姮的真實聲音是什麼，我仍在慢慢等待她告訴我們，而為何夢境能讓宇姮產生這樣的覺察？更讓她有了動力要真實地表達自己？這答案我也不知道，我不知道為何我們的夢這麼厲害，能喚醒睡夢中的人，這麼有說服力地指引人生方向，這大概是我一直被夢吸引的原因。

③ 那，為何夢見阿公？

所以呢？團體到了最後，答案就要揭曉，大家手上的牌都要掀開了。西方有諺語，認為夢是來自上帝的一封信，我們若不打開信閱讀，等於漠視上帝的訊息。這麼說，上帝真的很公平，也超級用功的，每天都發信給大家，因為科學研究已證明，我們每天晚上都有夢，每天都有源源不斷的珍貴訊息等著閱讀。佛告訴世人，每個人心中都有佛性，如果佛隱喻智慧，隱喻關照能力，隱喻真實不虛，那這麼多年來與許多人一起讀夢，我真的見證到每個人都有佛性。雖然我們都不是完全開悟的佛，但至少我們有源源不斷的學習機會，一點一滴地學。

在這個夢裡，針對阿公的隱喻，我有一些投射，提供宇姮參考。在宇姮正為了學校課業焦頭爛額，黑暗孤單的時刻，週末寫了一整天的功課，深夜夢境裡，她的阿公出現在湖邊一角，為她點亮一間一間的教室。對我而言，阿公不會無端出現在宇姮的夢裡，夢境反映夢者的現實處境，我看見的是，進入不惑之年的宇姮，已經慢慢練就了阿公的能力與療癒力量。她以巨大的毅力與努力，整整用四年的時間準備，考上了全國知名的諮商所，想要成為心理諮商師，如同阿公懂中藥能幫助人一樣，她也正像神農氏百嚐藥草一樣，努力在學習療癒他人心靈的能力，這不但需要知識，也

需要智慧。她的潛意識、她的內在力量如同大湖一樣深邃、蘊藏生機，但她的意識總是習慣性地看見無能的自己，擔心自己沒有能力帶團體，害怕自己無法通過研究所的課業挑戰，與人互動總是藏在暗處，很難表達自己，「擔心害怕」一直阻礙著她為自己發聲。她的自我形象殘缺破碎，記得她讀完以荷的夢之後寫下的心得，也是做這個夢的前三週，宇姮寫說：

> 對一個常常挨揍、傷痕累累的孩子來說，每受傷一次，生命的拼圖就掉落一塊，自我圖像就失落一塊，隨著年齡與日俱增，儘管這孩子的身高外表日漸成長，然而他內在的自我圖像卻越來越破碎、越來越模糊，怎麼看都看不清楚，一眼望去就只是碎落滿地、一片片凌亂、沒有秩序的拼圖。
>
> 我想到自己曾經也是這樣一張破碎不堪的拼圖，從來沒看過自己完整的圖像，內在有一份說不出來，卻又好巨大、好真實的空虛。

她其實很能用文字表達，她的書寫精確地描繪家暴如何重擊一個人的自我概念與自信。人在成長的過程，對他人的依賴很久，而且會有不斷的疾病侵入，其實，幾乎找不到一個人是沒受過傷的，擁有所謂的完整自我。然而多數的人看不見或不願看見自己是片段的、破碎的、扭曲的，反而自欺欺人地認定那片段或是被扭曲的自我就是全部的我。能像宇姮這樣勇敢與智慧地看見破碎的自己，我相當佩服，對她這段書寫也因此印象深刻，因而再度想起，而緊接著下一段的書寫更是堅毅氣魄：

> 這空空洞洞的感受讓我的內在產生極大的痛苦，而這痛苦，卻也萌發出一個好努力、好堅強的力量，想去看清楚自己在痛苦什麼？何以那麼痛苦？冥冥之中，這股力量牽引著我走向「找回自己」的路。

我們每個人原本的自我應該是「自然有機」、是完整一塊的，慢慢平衡全面發展，而非被打得支離破碎，然後任意撿起一塊僅有的碎片，就當

作是自己。無奈的是，沒人能逃過家庭、社會、他人的撞擊與制約，沒有人不曾受傷，某種程度，我們都是破碎的。夢的存在讓我看見，生命的底層，如歐曼所言，真的有一個不會破碎腐敗的核心，透過夢，不斷地呼喚我們，使我們得以循著完好無缺的核心原型，一點一點去拾回失去的碎片。就像社會中只要還有一個人是清醒的，每個人就有機會因為這個人的清醒而得救。

做這個夢時的宇姮，已經通過最嚴苛的研究所第一年課業，聰明的同學們知道她有能力，把事情推給她，因為很清楚她不會擺爛，大家都可以過關；同學願意與她分享夢，因為她能傾聽、能理解。老師支持她擺爛，其實是深度同理她，清楚她不會擺爛，但要提醒她不要幫同學扛他們應盡的責任。學習諮商療癒他人，必須先學會保護好自己，若受傷了，也要有療癒自己的能力，要不然沒兩下耗竭了，什麼偉大的理想都是空的。認真做學問是不夠的，還要學做自己、照顧自己。阿公是宇姮心目中成功做自己，也能造福他人的榜樣，但是阿公的生活祕訣是什麼？為何他能做到？這不是一次能看清楚的，就像我們看自己，也不是一天兩天能看懂看見的。宇姮的阿公人生豐滿，遊刃有餘，卻不著痕跡，要看見阿公成功的祕訣，宇姮自己必須持續修鍊。我們能看見的別人的深度，其實大約就是自己的深度，這也是為什麼阿公重複不斷地進入宇姮的夢裡，這樣的圓融修鍊，並非一日工夫，是日積月累，慢慢磨出來的。

夢一開始鮮活地描繪宇姮當晚處境，學期進入三分之一，她形容自己已經焦頭爛額，仍必須深夜起床，繼續寫沉重的研究所功課，仍必須硬著頭皮去帶沒有把握的團體，她不知道能不能過得了這一關，就像夢境裡，她能不能背著沉重的教具獨自在黑暗中走過水泥橋一樣。但夢境沒有就此結束，夢會提醒人生方向，夢會提供問題解決方法，夢會面質夢者的偏執。因此，夢境最後情節，阿公點燈引路，宇姮發現，往回走反而距離要上課的教室更近，往下走也輕鬆許多。

有人說吃苦是吃補，的確，從苦難中存活的人，經過了苦的磨練，特別有力量。但，又有多少人因為吃苦過頭而陣亡，我們毫不知情，因為陣

亡的人不會發聲，沒有人去注意這些陣亡的人。就像賭場裡的吃角子老
虎，吃了銀子無聲無響，吐了一點銀子，就大聲鳴笛呼叫，搞得人盡皆
知。對我而言，吃苦是不得已的，避不開時，就接受它，我不會倡導大家
要吃苦、刻意吃苦修行。從宇姮對阿公的敘述，覺得她阿公是很有智慧的
人，宇姮內在那個沒有破碎的核心，那個真實不虛的自我，正透過夢，透
過阿公的處世哲學與篤定來指引宇姮面對困境，化解宇姮的苦。這個夢也
是一種確認，告訴宇姮，教室燈已亮，準備好了，她是可以輕易走到教室
上課的。

4　夢結束之後

　　一個月後，我們團體聚會一開始邀請宇姮對於之前的夢，有沒有任何
新的理解要與大家分享。宇姮簡單地說：

　　　　水泥橋是我，僵化但很乖。讀這夢之後，我把自己僵化部分敲掉，
　　離開僵化的自己，乖乖的自己。在第四次的大學生成長團體時，我有了
　　堅持，清楚表明自己的聲音，希望另一個人也練習當團體帶領人。很高
　　興自己的堅持，才能讓自己有一次當 co-leader 的機會，體驗到自己處在
　　co-leader 的位置，看見過去被壓抑的自我跑出來。有了這次的角色互
　　換，我才有機會更清楚這次帶團體對我的意義，它是我的第一個團體，
　　是我用心經營照顧，如同我的「孩子」般。後來團體有些狀況需要處
　　理，於是第五次團體我「甘願」地接回團體帶領人的擔子，心境已不同。

　　學期結束後的第一週，宇姮寄來之前兩次夢到阿公的夢，因為在團體
中分享了重複夢見阿公的夢，他回頭重新去理解阿公出現在夢境的意義。
　　宇姮第一次夢見阿公是五年多前，2008 年的 6 月 1 日，當時阿公已
經逝世兩年多，她夢見阿公一個人住，獨自從事藝術創作，依然鍾愛種植

綠色植物，將自己照顧得很好。這夢有一段我很喜歡，讓我對這個阿公的影像更清晰：

　　我在夢裡有個疑問：「咦！阿公什麼時候對藝術有興趣？還創作了這麼多耐人尋味的作品，我怎麼從來都不知道？」

　　看見阿公的客廳中間放置了一個巨大的圓桶，桶子裡有一些黑黑的、看起來像是泥土的東西，阿公將一些發黃的菜葉、蔬果、廚餘逐一丟進圓形桶子裡，看見只要阿公一轉動手中的大木棍，那些被丟進去的東西立即變不見，好像迅速變化成泥土的一部分而消失無蹤……

　　我問：「阿公！您在做什麼啊？」

　　阿公笑著回答：「在做肥料！」

　　他接著解釋說：「不要小看這些看似無用、被丟棄的東西，只要經過適當的轉化，都將成為使植物成長、滋養、不可或缺的養分。」

　　我被阿公的話深深感動，立即動手幫忙製作肥料，覺得阿公很有智慧，他做的事情看似卑微，卻充滿了生命的意義……

宇姮在 2014 年 1 月 18 日寄給大家的 email 寫說：

　　這個夢給了我很大的鼓勵去轉化自己看起來像是廚餘與堆肥的生命，那一年的夏天我開始補習，開始閱讀諮商輔導相關的書籍，失敗了三年，第四年才考上學校～～～

　　從讀夢歷程我發現一件奇妙的事，我常常夢見我阿公都是在我的生命需要勇氣去轉化或克服困難的時候，夢不僅聯繫了我與阿公的祖孫情感，也指引了我生命道路的方向。

　　除了 11/10 大家在團體陪我讀的那夢與阿公有關之外，我 9/8（2013年）也做了一個很深刻與阿公有關的夢，這兩天我回憶著，並試著整理 11/10 那天讀的夢，忽然覺得這三個夢可以串起來一起看，先跟大家分享第一個。

　　用功的宇姮，隔日就把夢整理好，自己閱讀，自己解析，寄給團體一起分享。她對這個夢的理解，讓我讚嘆驚呼，覺得她讀夢的能力，與日俱增，也讓阿公的象徵更清楚明朗。夢境是發生在她學校開學前一天晚上：

　　夢見過世多年的阿公，他老人家一個人在田裡工作，一大片很寧靜的田，我在田埂上行走，遠遠地望著阿公，他離我很遙遠，我們沒辦法說話，但是田很寧靜，阿公看起來也很寧靜。我一個人走在田埂上，忽然看到一株好漂亮的天堂鳥花長在田埂旁，這朵花美得讓人屏息，但是不知何因，當我靜靜看著這花，感覺是悲傷。

　　離開花，又走了一段路，忽然看到我家的米格魯，牠的名字叫作饅頭，以狗的年齡來說，饅頭已經很老很老了，夢見牠在一處混濁又沉靜的水裡沉睡，不知道牠為什麼要睡在水裡。好怕牠在水裡不能呼吸，所以我伸手進水裡拉牠出來，想要喚醒牠，牠看起來像是死去，又好像還活著，我沒辦法分辨。此時，饅頭忽然張開眼睛醒了過來，牠奮力跑了一小段路，立即掉入一條水流湍急的河，這條河的水非常清澈，但流速太快，我一邊奔跑、急著要救，卻沒辦法碰觸到牠，最後饅頭消失在我眼前，只見那無情河水仍獨自奔流。

　　宇姮回憶睡前自己的狀況，她寫說：

　　早上去頭前庄捷運站附近的台北醫院看了一部自殺防治相關的電影《親愛的，我想告訴你》，結束後去了一個朋友的家，聽她說生命故事，有悲傷、有苦痛，卻也有好多克服困境、為自己開創自己想要的未來的力量，朋友是一個很認真面對生命的人。

　　大約六點回到小窩，覺得累，胸口悶，想說睡一下卻睡不著，念不下書，什麼都不想做，煮了一包朋友送我的韓國泡麵，想說，來看電影好了！

　　選了一部電影，叫作《志氣》，描述一群景美女中拔河隊的年輕女

孩，中間好幾個劇情都讓我哭了，親情、友情、師生之情的力量，還有就是年輕女孩堅持實現夢想的力量！電影最後有一個畫面叫我難忘，一位手已經受傷、卻仍堅持完成比賽的勇敢女孩，她帶著力量與堅定的眼神對教練說：「這是我的未來，我要自己闖！！」

我害怕開學的心受到極大激勵，看這樣一部電影，想到研究所的課業對我來說就像是爬一座困難的高山，但是如同電影中女孩說的話：「這是我的未來，我要自己闖！！」我也這麼告訴自己。

簡單地回憶做夢前一天晚上的生活與心境之後，發現自己那麼害怕開學，焦慮強大，不知道自己能不能過關。宇姮開始詮釋自己的夢，並與自己的夢對話，她寫說：

在寧靜田裡工作的阿公，彷彿在告訴我需要靜心面對開學後的挑戰。一個人在田埂路上行走，心境是孤單、思念與悲傷，半途遇見天堂鳥花，這一株花直挺挺地綻放它生命特有的堅韌、獨立與美麗。鳥讓我想到「嚮往天空」與「自由飛翔」，而天堂讓我想到了「不再有悲傷」與「回家」，穿透字面意思，回家象徵著回到自己原來的本心，是終於療癒了傷痛，可以與自己和好，也與世界和好相處的狀態。我覺得學習諮商的過程就像是一趟趟學習陪伴案主「回家」的旅程，在我有能力陪伴案主回家之前，我需要先找到自己回家的路，回到自己心裡的家。

「當我靜靜看著這花，感覺是悲傷」，這讓我想起做這夢的前一天在台北醫院看的電影，也想起我 2012 年暑假自殺身亡的那位知心好友，還想到崇寬大哥常常思考的問題：「人活著到底為什麼？」我問自己：宇姮妳學諮商到底為什麼？找到意義很重要，有了意義才能有力量撐住自己度過艱難。

饅頭在牠還是小狗的時候就來到了我們家，牠的耳朵長長的，一跑起來就晃來晃去，模樣可愛極了！我們都愛牠。但牠畢竟只是一隻小狗，會有頑皮的時候，母親三不五時會嚴厲責打牠，父親喝醉酒的時候

也打牠，每當這種時候，我總看見牠嚇得發抖卻無處可逃，一想到小時候的自己也常經歷這種不知道要躲到哪裡的情境，心裡就好難過。

雖然如此，饅頭衷心愛著爸爸和媽媽，一輩子到老都陪伴身旁，彷彿知道我的父母對牠的責打並不是不愛牠，而是父母小時候也是在傷害之下長大，他們並不知道要怎麼好好愛牠。這些都是童年創傷的生命腳本不斷重演的現象，裡面的演員沒有任何一個人是開心的，彼此都自責，也很痛苦。

夢裡的饅頭在一處沉靜的水裡沉睡，我不知道牠為什麼要睡在水裡，我夢中的感受是慌張與恐懼，怕牠死掉。拉牠出來後，牠張開雙眼，從沉睡在混濁沉靜的死水，縱身一躍跳進清澈湍急的河水。這兩種狀態是好強烈的反差與對比，我思考這在說什麼？一開始我以為饅頭是在跳河自殺，後來仔細思想，發現並不是，狗很會游泳，牠的天性並不怕水，跳入水中是迎接挑戰、重新找到生命清澈活潑的流動與活力。

這樣思考之後，我就有機會重新看待我的研究所生涯，以「自我信任」取代「恐懼害怕」。印象深刻自己剛得知考上師大，開心的感受短暫即逝，接著有很長的時間被巨大的不安與恐懼團團籠罩，總覺得自己是幸運才考進去，師大那麼難念，怎麼想都不知道自己要怎麼讀得畢業，出得來～～

這是這學期開學之前一天的夢，如今學期已經順利結束，我因著認真讀了這個夢，從這個夢得到珍貴的力量。當一個人內在狀態改變以後，願意帶著新的信念往前走，生活就能經歷蛻變，我發現我可以學得好，也可以過得踏實與精采。

其實學期不僅是結束而已，宇姮這學期的課業是漂亮地結束，她的研究所課業，一學期比一學期好。這學期不僅是「過關存活」而已，修了四門重課，總平均分數過了 90 分，已經得到大學教授的肯定，也找到她要研究的主題以及理想的指導教授。從不知道要怎麼讀到畢業，到開始得到老師同學的信任肯定；從被家人忽略貶抑，獨自在外漂流十幾年，到成為

原生家庭的重要支柱、父母的依靠。我能有機會被她邀請一起讀她的夢，親眼見證這樣的生命轉化，跟著她一起學習她阿公的生命智慧，學習她生命的韌性堅強，還能這樣親密地寫她的夢、她的生命故事，真的很幸運，也很幸福。謝謝宇姮一系列的阿公夢以及與夢對話的真誠睿智，謝謝崇寬老師的帶領，謝謝團體每個人專注聆聽及參與，一起揭開夢境面紗，一起創造這一刻美好。

死去的親人出現在夢裡，是潛意識有話要對夢者說，只要夢者願意誠實地反思自己的生命處境，探索關注的議題，用心地去理解認識這個親人，自然能發現其象徵或隱喻；他們會出現在我們的夢裡，因為他們已經是我們部分的自己。

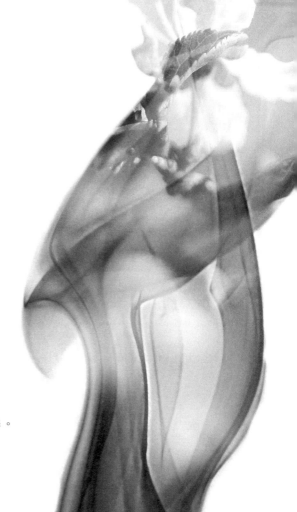

Chapter

12

夢引領生命蛻變

這個夢再次證明，

無論我們所看見的自己與外在的世界

再怎麼天昏地暗，來自生命底處的自己，

還是會透過夢來幫我們找到出口；

這個生命深處未知的自己，

對我們有著最誠實與忠貞的愛，

永遠不離不棄。當我們安心地睡覺，

用心捕捉夢、讀懂夢，就不會與自己失聯。

我寫完上一篇初稿，宇姮當然是第一個閱讀的人，請她協助修正，確認我的記憶是否正確，以及我對她夢的理解是否恰當。隔兩天，我收到她的回覆，她給我的回應寫說：

許多年來我習慣早晨醒來第一件事是回思夢境，常感覺夢中景致稍縱即逝，真如歐曼在《讀夢團體原理與實務技巧》那本書上說的：「夢很容易遁逃，難以捕捉，夢好像已經知道它們並不屬於醒著的領域，因此急著要逃回它們原生的黑暗處，有點像上鉤的魚，掙扎著要回到水中一樣。」

很謝謝淑媛老師如此用心將我夢境歷程化為文字，讀著老師「現象還原式」的真實描寫，讓我有機會更清楚看見自己的內在智慧想跟我說的話，顯然我的「意識自我」和「潛意識自我」有許多的不一致，也有許多需要調節與平衡之處。特別是老師這段話：

「她的潛意識、她的內在力量如同大湖一樣深邃、蘊藏生機，但她的意識總是習慣性地看見無能的自己，擔心自己沒有能力帶團體，害怕自己無法通過研究所的課業挑戰，與人互動總是藏在暗處，很難表達自己。」

淑媛老師，您的這段話非常激勵我更加努力並嘗試做出改變。

此外，看見自己為何落榜那麼多年，就是沒辦法放棄想要讀心輔研究所的夢想，除了源自血液的呼喚，也源自阿公的生命態度對我的影響。讀夢的歷程和老師的文字幫助我更清楚看見這個夢形成的脈絡，而能更清楚自己當初為何走進心輔領域的心，那是我生命存在的一個很重要的意義。

師大心輔所是生命導師給我的一個很大的禮物，這個禮物提供我一個頂級訓練場，就像是爬一座很高很美的高山，每一腳步往上爬的過程，我有機會沿路聆聽蟲鳴鳥叫，欣賞山中美景，在攀爬的過程訓練肌肉與耐力，在當中增長生命的智慧。我知道越往上爬，視野就越廣闊，當能夠看得越廣闊，心裡的風景也就能夠越來越深遠。

　　這是我心裡美好的風景，是我內在極深的想望，我也為著這美好的景致而努力著。然而，不可能都沒有困難，總是會有黑夜來臨暫時看不見路，或是遇到大石頭阻擋前方道路的時候。克服困境的方法很多，我覺得讀夢的歷程提供了我一個新的眼光，有能力從新的認知角度重新看待黑夜和大石頭，看見自己的內在力量有能力可以克服，而不是不可能……

　　讀完宇姮給我的信，又是眼眶濕熱。整個寒假，連大年初一都在想她的夢、寫她的夢，比與家人聚會的時間還多，她的回覆，讓我覺得即使花這麼多時間寫下來的文字，只有她一個人閱讀，都很值得。她的夢、她的書寫，我都讀了多次，好好保存著。

　　生命轉化是條悠悠之路，一點也不容易，對宇姮而言，比一般人更艱難，而僅在她旁邊陪伴一小段路的我，也不容易。第一次讀宇姮的夢是五年多前，2008 年 10 月，她第一次參加呂旭立基金會主辦的兩天歐曼讀夢工作坊。宇姮在一開始的自我介紹提到，很久一段時間，她碰不到自己的悲傷，碰不到自己的憤怒，後來持續記夢一年多，與自己的距離變近了，夢很多。第二天，讀她分享了一個夢，夢境黑暗、淒涼、無力，幾乎沒有出口，雖然夢境裡還是看到一些生機，但是團體之後，我心情其實是很沉重的。還好，後來她又持續回來基金會上夢團體課程多次，一次一次多了一些光亮與篤定，此時看到宇姮如蝴蝶般翩翩起舞，讓我有能量回頭細看她多年前那個夢。

　　2008 年 9 月 25 日宇姮的夢：

　　我回高中女生宿舍，我的朋友住在裡面，我去找她，想在那邊借宿。當時已經很晚了，我飄著經過一座很大、黑暗、又積水的操場，必須走很長一段路才能到達宿舍，我覺得我好像死掉很久，是一個無家可歸的孤魂。

　　我看到宿舍發出微弱的燈光，已經接近熄燈就寢時間，只剩一兩個

人還在走廊上走動，我沒有找到我的朋友，也沒有跟任何人說話，我只是覺得很累，不過好像每個床位都有人，我很失望，就離開了。

　　我又飄回大操場，再飄回校門口，到了校門口，忽然看見兩個女孩子，應該也是學生（高中生），正在尋找可栽植的植物，我聽見她們一來一往的對話，她們似乎很清楚自己心裡要種植的植物是什麼，正低頭尋找。我忍不住好奇，就隨著她們的眼光朝地上觀望，看見地上有很多漂亮的植物，其中有一個最吸引我，是浮萍，長在旱地的浮萍，我覺得很奇怪，為什麼它們可以長得那麼好。

　　宇姮在夢裡很冷，想走路，但踩不著地，沒有人看到她，很累，無力感，想結束生命。夢裡大部分是黑色，只有植物是綠色，浮萍很翠綠，長在下過雨的水窪上，她擔心，隔天太陽一出來，水蒸發了，浮萍會不會死掉。

　　宇姮當時已經開始要準備考心輔所，但她大學主修中文，非本科系的，沒有信心，情緒狀況很不好。

　　「為何選擇心輔所？可不可以多談一點？」我問。

　　想考心輔所與生病有關，六年前我憂鬱症開始諮商，終於找到一個角落，好像自己的靈魂可以靠一下，有人願意陪伴我……在接受諮商之前，我幾乎沒有被一雙眼睛真正看見與理解的體驗，我很難感受自己的存在有價值……

　　當時宇姮在小學代課，在學校有活動支撐著還好，但一回到家就覺得像是要死掉了，生命能量低。她一個人在外面租房子，常夢到回家，但回不了家，下了課不是在圖書館就是書局。她繼續回憶做夢前的生活脈絡：

那天好煩好煩，在政大書城看書，看到第三本我突然驚嚇一跳，驚覺自己都在翻閱與自殺相關的書……

我內在有不想活的念頭，狀況不好的時候，它就跑出來，但此刻我有工作，有人際關係，也有人生目標，不理解為什麼它還會出來找我？

那天上課，我接書法班，由於備課不充分，課堂上感覺小朋友對老師不滿意，那一個半小時是撐過去的……

高中有位朋友原本與我感情很好，但我們中間發生了誤會，我那朋友就說不要找我了……現在每建立一段關係，就擔心失去。

我在鄉下長大，家裡種田，爸爸酗酒狀況嚴重，父母吵架次數頻繁，他們吵完，我就會被揍。很多事情我不知該怎麼說……

她很乖也很認真，一回家就趕緊將家事做好，不惹媽生氣……

說著說著，宇姮突然以第三人稱說她自己「她很乖也很認真……」，有關她夢境前的生活脈絡，我當時的筆記到此就結束了，奇怪，之後還有播放夢，還有來自成員對夢的理解投射，但是我的筆記卻只有寥寥幾個字，我想，當時我的能量應該也很低很低，尤其聽她開始用第三人稱「她」在團體中敘說自己時，我只能很安靜很安靜地看著她，一個眼神都無法離開，已經完全無寫字的心思與餘力了……

我在學校一直有開授家庭暴力相關課程，也在家暴庇護中心當外聘督導，長達十年了，每次聽到小孩被父母不當對待，心情總是很沉重，心裡有數，這些孩子要走出家庭暴力的陰影，是一段相當辛苦漫長的路。只要受到一點挫折，那個曾被家人或親密重要的人踐踏、貶抑、連活著都不應該的自我，那個覺得自己無能、一無是處、自我厭惡的自我，很輕易就會被引發出來。成長過程，當親密的家人都不能愛我們時，自己要無條件愛自己真的很難，好像總要做點什麼、成就點什麼，而且做個聽話的乖小孩，自己才值得愛、值得活。但是所有的成就、所有的作為，都很難填滿那深不見底的黑洞，卻只要一個小小的失敗，例如一次的課沒上好，學生不滿意老師，這樣一個小小的事件，就足以萬念俱灰、窒息難熬。

　　宇姮與自己內在那個黑洞奮鬥很多年,她看見父母家人的無奈與限制,兒時父母所看到的自己,並不是全部的自己。父母無法看見的部分,她已經能慢慢看見,能照顧自己,發展自己的生命價值與意義。幾天前我們團體第五次聚會,我告訴宇姮,我在想著她五年前那個深夜黑漆漆、在高中操場飄來飄去的夢。她很慷慨地將夢寄給我,我一讀,發現一件奇怪的事,她寫下來的夢多了一小段,是我筆記本沒有的,我猜想,當時她才第一次參與讀夢團體,沒有準備好要分享夢,所以沒有將寫好的夢帶出來,僅憑記憶告訴大家[6]。原來那個夢的結尾是在黎明破曉時:

　　　　離開高中的校門口,我仍是飄著前進,飄在馬路上,也飄在人群異樣的眼光中,天色漸漸轉亮,太陽還沒出來,夢中我聽見小鳥兒在枝頭吟唱,悅耳的聲音吸引我佇足聆聽,也真奇怪!就在那一瞬間,我發現自己的雙腳不再騰空,而是真真實實踩踏在馬路上,踏實的感受讓我的心不再沮喪,知道自己可以擁有陽光。

　　唉!真是的,若我早一點知道有這一段,這個夢也不會在我心裡懸掛這麼久。這個夢再次證明,無論我們所看見的自己與外在的世界再怎麼天昏地暗,來自生命底處的自己,還是會透過夢來幫我們找到出口;這個生命深處未知的自己,對我們有著最誠實與忠貞的愛,永遠不離不棄。當我們安心地睡覺,用心捕捉夢、讀懂夢,就不會與自己失聯。

6　與宇姮確認之後,的確如此。

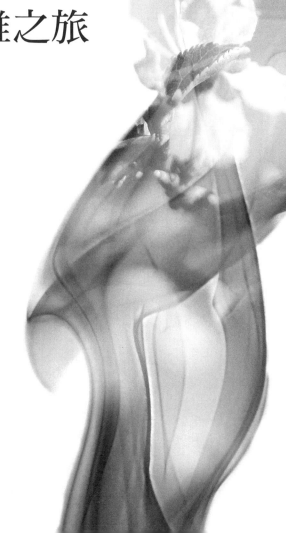

面對團體衝突——
我與黛亭的英雄之旅

我所謂的英雄，並非僅是做自己，

而是能看見受傷的自己，

能看見傷了別人的自己；

能對所傷的人說抱歉的自己；

能與他人和解、與自己和解的自己；

能夠讓自己復元，幫助周圍的人、

周圍生靈環境復元的自己。

1 如果妳受傷了，請讓我知道

「淑媛老師：如果妳受傷了，請讓我知道。」來自黛亭貼在臉書的一句話，引出我難言的傷，也將我拉回停滯了一年多的夢團體書寫。

2015 年 3 月 15 日那天團體的下午，黛亭爆發對我不滿的情緒，抗議我與她競爭當夢者，很突然，完全沒有預期。我以為大家的共識與我一樣，也以為我有將規則說清楚，帶領人也可以分享夢，這也是團體帶領人去除權威，邁向平權的關鍵，對我而言，這是進階讀夢團體教育的一部分。我之前在帶領人的專訓中，也都當過夢者分享夢，因為帶領者的自我開放與揭露，大家會更自在與安全地去探索自己的夢，而我也希望我的夢、我的生命經歷，如同大家的夢一樣能滋養大家。但，結果黛亭與我的認知不同，她認為我是指導老師的身分，並非僅是團體帶領者，我該怎樣參與分享夢的規則並沒有說清楚。

南勢角團體每月聚會一天，開始至今要滿兩年了，幾乎每次都有兩個以上的人要爭取分享夢的機會。因為彼此熟悉親密，我們越來越開放深入，除了讀夢之外，還有一些討論；一開始創立團體就說明過，我們的目標不僅是讀夢，還要學習帶領團體。讀夢之後，在過程中有任何問題，都可以提出來討論，也因此，經常一整天六小時只能讀一個夢，要能搶到機會當夢者並不容易。身為這個團體的老師，我很自然會將分享夢的機會讓給有意願讀夢的人，特別是沒分享過夢的人，所以這一年多來，一直沒主動提出要分享夢。但團體已經進行將近兩年了，多數人都分享過夢，3 月 15 日那天，我剛好有一個很困惑也很沉重的夢，我想知道夢要傳遞給我什麼，也覺得我好像準備好了要與某一部分的生命糾葛做個了斷，但那又是很悲傷的往事，我不確定我是否準備好，正在掙扎要不要分享這個夢。

結果一早黛亭與槿風都有意願分享夢，槿風才加入團體不久，從沒當過夢者，我自然就不參與競爭當夢者，後來是槿風抽到了。讀夢過程像往常一樣讓我讚嘆夢的深度與巧妙隱喻，感謝槿風的勇氣與開放，尤其謝謝

她夢境最後有關項鍊的場景。我在帶領大家投射項鍊的象徵、感覺、隱喻時，讓我深度看見想戴項鍊時的自己，我發現當自己想增添自身的價值感時，或是很想得到他人肯定時，就會戴著父親送的鑽石項鍊，好像要告知世人，我是有後台的，但有時候，就只是單純地想念天上的父親；我也看見，當我覺得自己不完美時，就想要戴條搭配衣著的項鍊，強化美感，讓別人欣賞讚嘆；項鍊也讓我想起，曾經有好幾年，死亡威脅我深愛的人時，我經常戴著雙面刻有釋迦牟尼佛與觀世音菩薩像的項鍊，一面求觀世音保平安，別讓他離開我，一面求佛提醒我精進修行，通往智慧慈悲以及自在無礙之路。想來想去，戴項鍊總是想要增添點什麼、需要什麼，或求點什麼。原來我還是經常不確信自己，焦慮、沒安全感。這些擔憂、害怕、欲求或渴望，其實就像戴著項鍊一樣，緊緊圈住我的脖子。然而槿風在夢境最後，竟然對著長得有點像媽媽的病友說：「妳身上的項鍊也是一種限制」，讓我有被當頭棒喝的感覺。

② 風雨前的寧靜

一切都很美好，大家對這個夢都很投入，槿風與自己的夢更親近，她正面臨工作瓶頸，掙扎著要不要辭掉投入多年的醫院社工，轉換職場跑道。我特別感覺到黛亭對這個夢很有想法，她以過去自己當過高中老師多年的經驗，鏗鏘有力地指出，夢境裡社工身分與病友身分之間的角色二分，可能是產生工作無力感與乏味感的原因。社工員若以助人者自居，認為自己的服務對象是被助者，彼此之間的關係會很僵化，無論換到哪個場域，最後的結果都會一樣疲憊無力，對所謂助人者與被助者都不見得有益。她舉例說：

> 我在當老師的時候，有一次發現一個學生在廁所抽菸，高中生是不准抽菸的，我不管學校怎麼規定，也不在意他是否犯規，只是為他躲在

廁所抽菸那不堪的模樣感到心疼，因此當時就只對他說：「希望將來有一天，你能很優雅的抽菸。」後來那位學生跟我說，他一直記得老師說的這句話，即使到了日本求學，在東京的街頭抽菸時，腦海中仍會浮現這句話。我回想當時說這句話的我，並不是僵化的老師的角色，只是一個關心他的人，反而真正影響了他。

黛亭分享的故事，讓我很有感觸，或許我自己一直有類似的感覺，一直抗拒被傳統的教師角色綁架，一方面很想做自己，一方面又會質疑這樣跟隨自己的性情，算不算是個盡責的教師，黛亭的經驗分享讓我更安心確信自己的教學風格，因此印象特別深刻。

我一直認為，當與人的互動關係被專業的角色限制住，對自己與對我們要幫助的對象都不是自然的，交流變得好像是單向的，不是動態的關係，總有一天助人者會耗竭，被助的人也因為沒有流動的關係而被灌滿，再也裝不下任何東西。這樣的關係或這樣的工作型態要持久很不容易，特別是老師、社工員或心理諮商師這些工作。被幫助的人要能真正感動才能有所改變，而助人者本身也要能從服務對象中學習，時時關照自己也是一個普通的人，避免專業角色霸權，才能看見被助者的優勢，實踐尊重與相互主體之關係，這樣才能持久。專業角色界線分明的社工與病人關係，對彼此的生命活水更新流動都不見得有利，雖然黛亭沒有抽到分享夢的機會，但是她卻非常投入槿風的夢，讓我眼睛一亮。

中午休息，大家外出覓食，我沒與任何人一起，平時我不愛一個人在餐廳用餐，這天我特別找一個有冷氣、安靜的小火鍋店，我應該還是掛記著我的夢。想不透為何會有這個夢，也還在掙扎要不要在下午時段分享我的夢，但是當熱熱的小火鍋端來時，我被五顏六色的鍋料誘惑，就不耐煩自己的優柔寡斷。告訴自己，算了，別想太多，這麼多年來帶夢團體看著大家抽籤或猜拳的經驗，對於誰會在讀夢團體分享夢，我已經有點小迷信，總覺得一切都好像是註定好的，分享夢意志最堅強的人，通常會自然出線，機會總是給準備好的人。因此，我開始自我合理化，要不要分享這

個夢,就交給命運安排。心想,黛亭也有夢要分享,她是大贏家,因此若是我真的抽到,就表示是我分享這個夢的時機到了,若沒抽到也心安,至少我已經踏出一步,準備要冒險了。

③ 不平則鳴:「為什麼又是我? 為什麼這種事都發生在我身上?」

下午團體開始,我表明要分享夢的意願。我問大家,除了黛亭之外,還有沒有人要加入抽籤,一陣沉默,看來就只有我與黛亭。然而,就在這時刻,黛亭不平大聲抗議說:「我拒絕抽籤,為什麼又是我?為什麼這種事都發生在我身上?……」事情發生得太突然,我完全沒有預期,一時無法聽懂黛亭在說些什麼,什麼「又是我」?這是什麼意思?

經過一陣釐清之後,才瞭解幾個月前,我曾在她要分享夢時,請團體討論是否讓沒分享夢的人優先。但她不滿地說,之前崇寬老師也分享過幾個夢,為何可以一再分享,我為何沒有提出來,她指控我不公平,而這次又要跟她搶當夢者。

我發覺黛亭的指控是有根據的,我的確對崇寬老師多次分享夢沒有表示意見,卻在黛亭有相同情況下提出討論,想要確認分享夢的規則。我反思,我真的是不公平嗎?為何我會這樣?仔細回想,這件事情的發生應該有些脈絡可尋。

那一年剛好崇寬老師確定要退休,這是人生重大發展轉捩點,讓人喜,讓人慌,讓人感恩,也讓人感傷。忙碌的職場生涯同時與養兒育女的家庭生活並進,多數人在退休之前,通常沒時間沒能量問自己,除了工作之外,愛做什麼,能做什麼。終於,承擔了大半生的工作與身分要卸下來了,一方面歡喜握有滿滿的時間,另一方面「我是誰?」的自我認同問題又像是新的功課迎面而來。因此,我的直覺是,那段期間崇寬老師的夢對他退休的心情調適以及未來規劃是很關鍵的,我祝福他能歡喜篤定地迎接

退休生活。

其次，應該是我對崇寬老師有特殊個人情結。他雖然是權威的教授又是醫師，但卻是相當謙遜與具有人文悲懷的長者，因此，我先入為主地認為，當他有夢要分享時，一定對他很重要。此外，崇寬老師在這個團體中的身分很特別，我們的讀夢團體若沒有他的促成，以及德高望重的號召力，也不可能持續至今。因此，在他退休前後那段期間，他一直有夢想分享，我的確還沒想到是否不恰當，我甚至敬佩他在團體中的開放，以他的權威社會地位以及傳統男性不輕易自我揭露的角色，能如此深入在團體中探索自己，很稀有！

最後，我必須承認，是我沒將團體規則說清楚。我在諮商專業機構帶領的工作坊，因為有一定時間期限，一開始都會將分享夢的規則說清楚，但南勢角讀夢團體原本設定就是要一直持續。心想，這樣的團體，遲早每個人都有機會分享夢，只要維持夢的分享一定是自願的原則就好，沒想到持續一年多了，還是有很多人沒機會分享。由於大家都已經很熟悉，夢的分享更開放深入，比初階團體讀一個夢需要更多的時間，而且這個團體成立時就將帶領技巧訓練與督導列為目標之一，增加了給帶領者的回饋以及討論團體過程時間，致使每次將近七小時的聚會，我們大約都僅能讀完一個夢，要能在團體中分享夢就更難了。我其實一直感受到大家有夢卻無法分享的挫折感，在時間的分配運用上，始終是個挑戰，也因此，想盡量回到一天讀兩個夢的節奏，並思考如何讓分享夢的機會更平均一些。團體到了第三期時，我已經覺得這問題該要討論一下，碰巧就發生在黛亭身上。

黛亭看到的是我對崇寬老師的偏心或敬重，坦白說，這我無法否認。這個團體形式是新的，是我們自發組成，不是專業的機構或基金會在主導，我們有很多的彈性，但也因此有很多的規則模糊不清，需要逐步調整。當大家有不滿或委屈時能勇敢表達，問題才會公開化，得以深入討論，但這過程也有風險，最糟的結果就是不歡而散，因為要避開衝突、避開不舒服的情緒而脫離團體。事實上，那天黛亭對我說的一些話，無論當時或現在想起來，都還是很難受，讓我很想逃離。但是，那天我沒逃，而

後續這整個月，即使再怎麼難受，我還是一次一次躲到咖啡店回到這篇書寫，療癒自己，療癒團體。衝突讓人不舒服，不但當事人想逃，目睹衝突的人也會想逃，誰會樂意待在一個空氣凝結、氣氛僵硬的團體裡？

4 **我真的受傷了**

　　我帶讀夢團體一直不完美，譬如我也常犯規，說不該說的話、問不該問的問題、插話或打斷夢者，或者話太多、規則沒說清楚等等。當有人指出我的錯誤或問題時，雖然還是有點懊惱，但是比較能原諒自己，這些都可以慢慢練習讓自己更細膩，只要團體是活的，夢與夢者能有所連結，彼此能觸動讓生命更溫柔自在就好。我不敢奢望完美，因為即使我的老師歐曼，他是這個團體流程與運作規則的創始者，他在帶團體時也不是完美的，也不見得能完全實踐他寫出來的理想讀夢團體。偶爾，我也會看到他犯規問了引導性問題，也目睹過他的團體出現緊張尷尬場面。例如曾經有人在詮釋夢，給夢者最後回饋時，佔用了很多時間，歐曼一直企圖制止，但成員卻覺得被傷害；或者有人練習當帶領人，不小心與夢者發生衝突，歐曼居間協調，然而夢者卻覺得歐曼不公、偏袒帶領者而受傷。

　　小團體讀夢，深入探索與分享彼此生命故事，關係自然會越來越親密，我們都是擁有豐富情感與多元價值的人，不太可能被某個規則或意識型態完全控制，成員對團體有不滿或彼此意見相左、帶領人會犯規，這些問題幾乎是不可避免，尤其是長期性團體。因此，當黛亭抗議我的公平性時，我還能理性反思與傾聽，然而，當她憤怒地指著我說：「早上妳已經說了一個夢，妳那個什麼老鼠的夢……為何下午還要分享夢？……」那一刻，我頭皮發麻、很昏，好像毫無防備地突然被人重重一擊。即使此刻已經是兩週過後，回憶記錄當時現場，身體還是發熱，要喝好幾口咖啡，離開座位去上個廁所，才能繼續。我想，若不是躲在家附近星巴克咖啡店的固定角落寫，我大概會因為心浮氣躁、呼吸不順而無法寫下去。

我問自己，為什麼會因為一句「妳那個什麼老鼠的夢」而這麼受傷？一句話又不是真的什麼重棍，為何會讓我暈眩？⋯⋯

停了很久，還是寫不下去，今天到此。

5　面對狼狽脆弱的自己很艱難

要回到脆弱受傷或狼狽的時刻並不容易，但我又想弄清楚，我總是能藉著書寫的方式，從這過程看見新的自己，然後就能真正放下，讓一段不舒服的生命經驗，轉化為結實的肌肉。不過這需要有大塊的時間與充沛的能量才能進入狀況，上次暫停之後有幾次很想回來寫，但都沒辦法。兩週過後，或許是我的傷口已經慢慢復元，又剛好有清明節的長假，這回在咖啡店回想這件事時，雖然身體溫度還是升高一些，但是那種很悶與窒息的感覺已經消失了。

那天當我聽到黛亭說「妳那個什麼老鼠的夢⋯⋯」時，很震驚，更具體的感覺是傷心難過，覺得眼前這個人一點也不會在意我的死活。我寒假生了場大病，連續兩週發燒、畏冷、頭劇痛，就在很不確定會復元還是會繼續惡化的關鍵期間，夢到一隻將近三十公分身長的大老鼠。這隻老鼠很肥厚、灰色毛，腹部是乳白色，在地上亂竄，大家都急著要撲滅牠，只有我堅持不肯，鼓起勇氣從背部抓住老鼠，然後快速跑往森林的方向，想盡速將老鼠放生到森林裡。心想，只要老鼠回到屬於牠存在的森林裡，牠就會有很大的生存空間，就不會到處傳染疾病，危害人類，因此根本不需要殺死牠。我為了救老鼠一命，又不願牠繼續傳染疾病，克服害怕、噁心，緊緊抓著牠往森林裡跑。

做這個夢的當天早上，我要到台中榮總的血液腫瘤科看診，因為幾天前感染科主任告訴我，檢驗報告有好幾個不正常指數，其中白血球、紅血球以及血小板都遠低於正常值，他臉色凝重，要我立刻到血液腫瘤科進一步檢查。那天早上 Bill 陪我到血液腫瘤科報到，當時病人很多，我掛九十

幾號，大概還要等好幾個小時，他建議走到對面東海大學咖啡店吃點簡單午餐。榮總醫院與東海大學僅隔著一條大馬路，我們穿過一條長長的地下道，從地下道上來就是東海大學的大門。才走入校園幾步，迎面而來的大片樹林與溫暖燦爛的冬日陽光，隨著清風交錯閃爍金光，我當下覺得好放鬆，與在醫院的焦慮窒息簡直有天壤之別。當時的身體還很虛弱，特別敏感怕冷，頭仍會不時抽搐劇痛，但那天走在東海校園裡，竟然沒有半點不舒服，還能吃一點輕食，喝完一杯拿鐵咖啡。Bill 看到我有了笑容，興奮地拿起手機幫我拍照，我覺得這是珍貴的一刻，後來就將相片放入臉書大頭貼，提醒自己對生命的謙卑與感恩。那一刻，我也突然懂了老鼠夢的意義，我必須走入森林，身體的病毒才能安住，才不會繼續作怪。從那時開始，我每天一早都往樹林裡快走將近一小時才開始工作，一個月後，我的血液報告都已經達到正常值。

　　3 月的夢團體，是春節過後的第一次聚會，我剛拿到血液檢驗正常的報告，一早有感而發地與團體分享這個老鼠入森林的夢。一方面以為大家都是朋友，寒假期間我曾告知生病訊息，要專心養病，隱居一段時間，無法與大家在 LINE 上互動。一個多月之後，終於，我克服了疾病，興奮地跟大家報告劫後餘生的經驗，怕大家一直擔心我；另一方面，我也覺得這個夢是很好的教學材料，證明夢真的很有智慧，能療癒身心，指引我們生命的出路，就自然地在團體中分享，讓已經兩個月沒聚會的團體暖暖身，增強大家對夢的信心與好奇，但我並沒有邀請大家一起讀這個夢。

　　因此，聽到黛亭這樣說，我很錯愕，覺得她根本沒當我是朋友而傷心，而且開始自我懷疑早上的分享是否多餘，我是否佔用了團體的時間，說自己想說，但大家並不想聽？做自己可能會礙了別人，我是否犯了很多老師會犯的毛病，在台上自顧著講，無法感覺到學生已經不耐煩？我心想，我是不是白目、會錯意，人家是繳學費用寶貴的假日來學夢的，我卻將大家當朋友一般說話，我是一個不適任的老師嗎？我在浪費大家的時間嗎？我該引咎辭職，先自我了斷，還是繼續硬著頭皮待在這個團體？一被挑戰，我對自己的負面觀感與自卑，立刻全面啟動。

　　我很為難，這是團體第二次對我不滿，坦白說，我繼續帶領這個團體的信心與意願已經打了折扣，我怕痛，不想待在一個讓我不舒服的情境裡，我想要離開。但我又很珍惜這個團體，不舒服就這麼一兩次，大多數的時光，我帶著滿滿的感動完成每一次的讀夢。即使這回黛亭讓我難過，但過去我們也有好多美好的讀夢經驗，一起學，一起成長，豐富彼此生命，就這樣放棄了，不但很捨不得，可能也會成為以後難以撫平的創傷。我若一遇到挫折就逃，會讓我覺得很懦弱，對其他人也不公平，我該怎麼辦？而且，我一離開，對方就沒機會表達，我是否根本無法接納他人對我的不滿？這樣的我，為了保護自己不要繼續受傷，為了不願意深入看見自己的錯誤或無能，是否也同時失去了愛的能力，失去了與其他生命深入連結的機會？

6　拾起老師的角色

　　結果，很慶幸的，當下我並沒有逃。黛亭聲淚俱下，她是一個能大哭大笑、能碰觸自己感覺的人，一定是受了很大的委屈，才會這麼激動。她如其我是的真性情喚醒我，我拾起老師的角色，先將自己的感覺擱置一邊，以面對當下問題為前提，專注去理解黛亭的委屈以及她的想法。我發現她的觀察的確很敏銳，在她與崇寬老師之間，我不得不承認，我對崇寬老師因為多一分敬重與長久情誼而偏心，畢竟我與崇寬老師一起讀夢的時間已經超過八年了。此外，對於沒有分享過夢而想分享夢的同學，我也會多一分禮讓，不會主動競爭分享夢的機會，黛亭的判斷很精準，我會與她競爭當夢者的機會，但是我可能會讓給沒有分享過夢的人。此外，之後經黛亭告知才察覺，我發願要寫我們的讀夢團體，卻剛好寫到黛亭的夢就停擺了。因此，算一算，這回所謂「又是她」應該是第三次了，事不過三，黛亭的容忍度已經到了極限……

　　最後一個讓黛亭覺得很委屈的觸發點，是我與黛亭對「老師」這個身

分要分享夢的規則有認知差異。她的理解是除非沒有人願意分享夢,「老師」才會提出自己的夢,怎麼會有老師去跟學生搶當夢者的機會?而我則以為我與大家一樣是平等的,只要我想分享夢,我都有權利加入抽籤。這是我們之間認知的落差。早上的團體才因黛亭的增強,提醒自己不要被「教師」專業角色綁架,下午我卻被黛亭指控是不公平的老師,這是怎麼一回事?老師與學生之間究竟該保持怎樣的界線,才是恰到好處,我也混淆了,理論說來容易,但實作過程卻是處處玄機,步步驚心。

　　雖然我不一定在這團體當讀夢帶領者,但還是有老師的角色與責任。我的教學目標是希望大家都能更認識夢、認識自己,更清明有智慧,讓生命更篤定踏實地前進,而且能學習或練習夢團體的帶領,未來能讓更多人受益。我的工作就是讓夢的語音可以被聽見,讓夢的影像能被理解,讓夢者自在地表述,也讓每個人都能在這團體中,將自己的洞察分享給他人。雖然分享夢的人是團體的關注焦點,團體目標是要啟動每個人一起來幫夢者瞭解夢,但弔詭的是,在這協助的過程中,我們每個人也從夢者的生命故事以及獨一無二的夢境學習夢的語言與人生智慧。某種程度,夢者從被協助、被關注的對象,成為教育團體的老師,成為啟發他人的英雄,這整個團體是充滿「相互主體性」的存在。夢者是被協助者,也是協助整個團體的人,團體成員雖是幫助夢者理解夢,但同時也被夢與夢者的生命敘說所滋養。因此,我認為我分享夢、真誠地做自己,也是教學的一部分,能減低學生對老師的迷思與權威服從,充權學生,也給其他人有機會當帶領者,這與我的教學目標是相符合的,我並不認為我分享夢有侵犯學生的權益。但我這些想法還都只是我的觀點,並沒有在團體裡被充分討論過,尚未建立共識,才會引發黛亭的憤怒。

　　經過幾次來回溝通,我理解了黛亭的委屈,黛亭也反思,或許是過去家庭互動被忽略的經驗,讓她對於不公平更敏感,更無法忍受這樣的委屈。然而,對於沒辦法分享夢的悶與委屈,並非僅是黛亭,很少抱怨的宇姮也分享上次團體出遊,她一直等待隔天早上能有機會讀她的夢,最後卻落空的失落。那次聚會,我還在面對與消化前一次衝突,沒有那麼細膩看

見宇姮的心情，我的確無法面面俱到。

時間寶貴，已經下午三點，兩小時之後這一天的團體就要結束了，我仍想把握時間讀另一個夢，既然大家有認知上的差距，關於「老師」這個角色如何與大家分享夢的細則，就等下次團體人都到齊，再來討論。我誠實地跟大家說，我已經沒有意願要分享夢了，因為這個夢很私密，在這個氛圍下，我沒有足夠的能量與安全感進入我生命最脆弱與糾葛的往事。我心裡明白，以老師的角色，要變成一位被團體協助的夢者，即使我知道這也是教學的一部分，或許也有其他團體成員好奇想讀我的夢，但這對我而言是比當帶領者的挑戰更大，當我終於有夢要與大家分享時，我還是會猶豫矛盾的，尤其是這個夢。我要尊重我自己的感覺，不能為了教學或滿足團體的期待而分享夢。此時，我問黛亭，是否仍有意願分享夢。她帶著淚光，俏皮微笑地說：「要。」哇！她真的很想分享這個夢，果然我的小迷信又應驗了，在這個團體要分享夢，只要有一些掙扎猶豫，大概都沒什麼機會了。我從頭到尾決心就不夠，註定這一天的夢者不會是我。

 ## 7 夢癒合團體裂痕

我問大家，有沒有人自願要帶領這個夢？一陣沉默，有人起鬨，夢者可以選擇帶領人[7]，我問黛亭要誰帶？沒想到黛亭篤定地對我說：「我要妳帶！」

「妳確定？」我不敢相信她剛剛才嗆我，這時候還主動要求我帶領她的夢。

「我就要看妳在這種情況下，怎麼樣來帶我的夢，妳還能不能帶我的夢？」

聽到這句話，當下覺得這個人壞透了，很像宮廷內鬥，我落難被凌

---

7 Bill 之後提醒我，不是夢者挑帶領人，誰將成為分享夢的人，是帶領人的工作之一。

遲，這一關沒過命就不保。那一刻，情緒很複雜，不確定經過她這麼強的挑戰，如她所說，我還能不能專注不受情緒干擾？還能不能尊重她？還能不能對她的夢產生好奇？還能不能同理關懷夢者的生命故事？但是，既然我們的規則是夢者能挑帶領人，我就沒有拒絕的理由。我忍辱撐著，心想，這人真是可怕，先過完這一天再說，以後再考慮要不要與這個人斷絕關係，永不讀她的夢。但一方面又覺得很困惑，她一邊對我不滿，一邊又把夢交給我，若我沒過關，她的夢也會搞砸了，何必拿自己的夢開玩笑？這一想，又舒服一些，不管她怎麼罵我，怎麼不在乎我或我的夢，至少她還是信任我，將最私密的夢交給我。

咦？一覺得自己被信任，好像就回神了，為什麼我這麼在意被人信任？難道我還是這麼沒有安全感、沒有自信才輕易被惹毛？生氣與受傷僅是在掩飾能力不足的自己。我其實敏感度不夠、嚴重失誤，說了不該說的話；我無法與滑鐵盧的自己坦然相處、溫柔相待，才會生氣受傷。

還有一個讓我快速回神的原因，是我對夢的強烈好奇。只要有人願意將夢託付給我，我就會盡全力讓這個夢能被理解，讓夢者能因為這個夢而更清明了悟；不管眼前的黛亭多可怕，我知道只要她能靠近她的夢，她就不會是眼前的模樣。而我也一樣，一進入讀夢過程中，就會小心翼翼呵護夢與夢者，讓夢與夢者都能在開放尊重的氛圍裡表達與被傾聽。我對夢的好奇，渴望找到夢的觸發背景脈絡以及其意涵，會讓我暫時忘我，暫時忘記自己的問題。

有學生對我說：「老師，妳在上讀夢團體課程的時候很溫柔，與平時給人的印象不太一樣，妳平時一身黑衣，一下課就快速閃人，很酷，不容易親近。」學生的觀察，讓我更明白，讀夢團體是我修行的道場，我並不是一個隨時都能尊重他人、傾聽與關懷他人的人，我也有刺蝟的強烈防衛性格。但這麼多年來，我有機會在讀夢團體裡，一磚一瓦逐步建構自己內在的城堡，不要太輕易被入侵，一點一滴鍛鍊傾聽他人的耐力與尊重他人的能力，少一點武斷主觀，少一點自以為是，培養一點點溫柔。黛亭能放下所有的委屈不愉快，堅持繼續要探索她的夢、探索她自己，這讓我相當

佩服，我也快速將情緒擱置一旁，因為珍惜讀夢的機會，我們都不再沉溺在擾人的情緒中，全心全意準備來迎接夢。

　　將近一個多小時的爭議結束，大家拿起紙筆準備記下黛亭的夢，我猜想，這時候其他人應該鬆了一口氣，誰都不知道，這樣的衝突會演變成什麼樣的結果，但最後，團體還是又回到讀夢的軌道。某種程度，我謝謝黛亭指定我當帶領者，讓我在接下來的兩個多小時，不得不一直看著她、面對她，如果不是當帶領者，我或許有時間躲起來，繼續沉溺在我受傷的情緒裡，或許就這樣疏離，未來不願意再與黛亭有任何互動，畢竟當她說「我就要看妳在這種情況下，怎麼樣來帶我的夢？」的那一刻，讓我有被逼著為她讀夢的感覺，讓我覺得受辱。佛教有六大修行方法（六度波羅密），包括持戒、布施、忍辱、精進、禪定、般若（智慧），我覺得最難修也是我功力最差的就是「忍辱」。

　　那天我忍下來，這忍辱有了回報，我又經歷了一次盪氣迴腸的讀夢之旅，又聽了一次黛亭動人的生命之歌；她是天生的詩人、文學家、一位勇敢要做自己的性情中人。團體到將近六點才結束，我們相偕走去捷運站，我直接問她：

　　　　妳說那句可怕的話：「我就要看妳在這種情況下，怎麼樣來帶我的夢？」是妳生氣要凌遲我，還是妳想要我帶妳的夢，故意掩飾，不好意思說？

　　她笑著回我說：「是想要妳帶我的夢，這樣說妳會不會舒服一點？」我點頭。

　　無論她是不是氣消了，有能量安慰我了，還是真的要讓我難堪，她這樣說，我的確舒服很多，至少她沒有壞透。

　　而我的另一個回報是，她的夢引出的議題，與這一天我想分享的夢有些類似，很像榮格所提出的同時性，某種有意義的巧合。就在我要換另一線捷運兩人要分開的那一刻，我好像略略向黛亭提起，我的夢也是情傷、

情債以及生存現實之糾葛，只是她的前男友還在流浪中，而我夢裡的人已是天上星星。我們所共同的是，他們都仍在我們生命深處裡騷動，不知何時能止息。那時，黛亭詫異地抬頭，眼睛直直地注視著我，看著我上捷運，看著捷運離站，沒有一秒鐘離開我，我的目光也沒有離開。這樣地與一個人四目相望如此之持久，除了與那個天上戀人分開的時候如此之外，不曾有過其他。我眼裡含著淚，看著眼前深情注視的黛亭，腦海裡浮現多年前那段死去活來的愛情……

⑧ 「我終於，從舊情的陷落，走回自己的核心了。」她說

多麼複雜的一天，能寫到此，好像渡過萬重山。此時已經是團體過後一個多月。記得那天團體結束回到台中已經夜晚八點多，筋疲力盡，隔天週一學校工作又要開始，雖然週一沒課，但是幾篇研究生論文等著閱讀，我情緒滿滿，知道未來一週我沒有時間可以消化這些情緒，我有些慌。那幾天，我察覺到脾氣特別躁，幾度為了一點小事大發雷霆。團體結束後第二天，黛亭就在臉書上貼文說：

> 早晨靜坐想起一件事（對於我那「為什麼是我」的怨嘆）：這個夢團體剛開始的時候，淑媛老師非常認真把每一次讀過的夢整理書寫，加之精闢的解讀，讓我覺得自己的夢如果能這樣被讀到，真是非常幸運、值得且期待。淑媛老師寄信來，通知我下一篇就是我的夢了，要我把上次在團體讀過的夢再整理一下寄給她，於是我花了很多時間很認真的思索整理，寫下來寄去然後無限期待。當她把上一個夢完整的寫完，就要輪到我的時候，她停筆了，從此再也沒下文。

> 我當然瞭解淑媛老師有自己的狀況，但是在夢團體中這樣的巧合就是常常發生在我的身上。

我覺得這應該是有意義的巧合吧！這是上帝針對我生命重要的議題而來，我與母親的關係、被愛的渴望，以及從小被她忽略之痛。

星期天的夢團體，我被激起的能量大到再怎麼走路安撫都無法止息。那一場讀夢對我而言有非凡的意義。

謝謝大家對我這份不安能量的接納，謝謝塵夢轉身對我說明你解夢的態度，謝謝宇姮加入了期待落空的述說行列，謝謝老師完成這份非常具有挑戰性的讀夢工作！

讀到黛亭發表在臉書的訊息，我寫夢中斷的內疚感再起，而同時黛亭的分享，也讓我的心慢慢安定下來，決心要仔細回顧這段經驗，然後看看有沒有辦法繼續寫我們這個團體。我立刻在臉書上回應黛亭，寫說：

讀到黛亭期待我寫她的夢，覺得好光榮，也覺得好抱歉，然後心也很痛，因為這樣寫了一大半卻擱置的書寫計畫應該快要超過十個，好像生了小孩，一直沒把他們養大一樣不安。之前寫了崇寬老師、以荷、宇姮的夢，每個夢都是我清空一、兩個月其他書寫計畫，才能完成的，因為大學工作真的很重，除了教學，每個學期都要帶七、八位研究生寫論文，當時正要準備寫黛亭夢的時候，就被我們院長邀請我寫社工概論教科書裡一章〈心理衛生社會工作〉而中止，然後我母親病倒辭世，我元氣大傷……（沒寫完，不小心按 Enter，就送出了）

（繼續敲打）週日宇姮也說出她的失望，謝謝大家的信任，願意將委屈與失望說出，讓我這個粗率大而化之的人，可以有機會慢慢學習細膩與精緻。黛亭的勇氣，激起每個人都想好好愛自己、照顧自己的勇氣，夢境裡那個躲在角落的小學一年級男生，對我們整個團體的意義非凡，是啊！才小學一年級，不跟著大家吃最高檔的湯圓，他想做什麼呢？有了湯圓，有了隨時可以領錢的提款機之後，生命還有什麼其他祕密嗎？這小男孩要引領我們去哪裡？我很好奇，也期待黛亭下一個夢！

（又不小心按 Enter 送出）

（繼續敲打）在這個團體，我們每個人的發展階段都不同，無論往前探望，往後回首，都看見自己生命的幽暗與亮光，因為大家如此慷慨分享內在旅程，過去會更清明，未來會更有溫度與光亮。

此刻，重讀我快速回應黛亭的臉書貼文，發現那時候的我還真像個「專業」的老師，真的絕口不提自己面對那天事件的複雜情緒。不是不願意提，實在是沒時間梳理，那還是一團亂的狀態，只能用「專業」老師的身分面對黛亭，無法用我「受傷的心」面對黛亭。但是不能將「傷心」公開的我，覺得自己的肩膀有著千斤之鼎壓著，很沉重，或許那心已破碎，急待著我去修復，否則未來也無「心」去面對黛亭、面對我們的團體。若沒有了完整的心，這樣的「專業老師」將快速失去活水，不久將會乾枯耗竭，無法持久。但面對週一蜂擁而來的工作，我什麼也不能做，而黛亭讀了我的臉書回覆之後又立刻回應我：

> 老師，我真的瞭解妳的忙碌及緊接而來的狀況。
> 很抱歉這個巧合就是發生了！這件事我其實意識上已經忘了！我如今看到自己的問題，非常感謝星期日妳的讀夢。也感謝妳容許這一切發生。
> 老師，謝謝妳！
> 淑媛老師，如果妳受傷了，請讓我知道。

我們之間的爭議以及相互不滿的情緒，就這樣一點一滴療癒。黛亭積極面對問題，就事論事，及時放下情緒，不溺在情緒泥淖裡，快速回到探索夢，探索自己，她清楚自己要什麼，使盡全力，勇敢追求。我覺得我找到了一個願意扎實讀夢、讀自己、讀他人夢的夥伴，人生有這樣的同伴非常幸福又充實。就好像打網球，若有能力相當的人當對手，打起球來就很流暢過癮，好玩又可以磨練球技，即使對手殺球讓我措手不及，小有挫折，卻也讓我知道還有繼續練功精進的空間，學習接受失敗的能力。黛亭

這回真的很有誠意，是個讓人尊敬的對手，過了幾天，她已經將當天分享夢的心得分為八個重點寫了一整頁與大家分享，然後她說：

> 最後，仍無限感謝老師及這個團體，給了我這麼特別的支持，使我能有後來的這些體悟，我終於，從舊情的陷落，走回自己的核心了。

「**我終於，從舊情的陷落，走回自己的核心了**」，喜歡這句話，非常佩服這樣的能耐，即使當天我沒有分享我的夢，僅是讀黛亭的夢、聽她的分享，也讓我更確定，我也正在走入自己的生命核心。黛亭在讀夢時曾篤定地說，她今天所有的擁有，都是她很努力得來的。這次事件，讓我親眼看見了她是怎麼努力的，在她對我嗆聲、表達不滿之後，她沒有負氣就不讀夢了，夢帶給她新的了悟，更進一步與自己和解，與他人和解。團體結束後一整週，她努力與我和解，我為了要回應她一句話：「淑媛老師，如果妳受傷了，請讓我知道。」於是便一直寫一直寫，一直近距離地重返團體現場，中間幾度因為不舒服而停止，但終究我克服了。花了一整個月的時間寫這篇反思，因為黛亭想聽我說，給我有勇氣盡情地寫，也因此能更客觀地看見她，也看見自己，最後終於能與她和解，也修復自己的傷。「聽」，具有莫大的療癒力，感謝黛亭有氣度願意聽我說！

呼！寫完了，這件事怎麼這麼複雜，複雜到要用千言萬語才能說清楚，感覺傷口應該是復元了，也覺得肌肉更結實。想想，這一個月或許是我與黛亭的英雄之旅。我所謂的英雄，並非僅是做自己，而是能看見受傷的自己，能看見傷了別人的自己；能對所傷的人說抱歉的自己；能與他人和解、與自己和解的自己；能夠讓自己復元，幫助周圍的人、周圍生靈環境復元的自己。

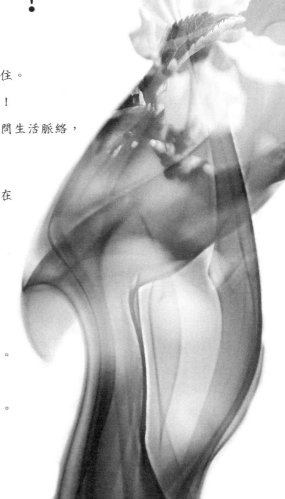

我的夢
——我懷孕了！

夢可以這麼簡單，就在充滿希望的位置打住。
然而，夢也可以很複雜、很深，深不見底！
因為這個夢的聯想，因為團體如此認真提問生活脈絡，
專注聽我說，引領我進入更深的暗處……

黑夜很可怕，但讓我心安的是，因為勇於在
黑暗裡保持清醒，與黑暗扎實相處面對，
我看見了黑夜的風景、黑夜的美，
以及黑夜的純粹力量。我很清楚，
只要我閉上眼睛，放鬆進入睡夢中，那
深不可測的千古智者，就會透過夢傳遞
訊息給我，與我對話，幫助我過美好生活。
我相信我到了老年，還是會不斷地懷孕，
創造新生命，只要我發願，要過美好生活。

終於，在這成立將近兩年的讀夢團體當夢者！

2015 年 5 月，夢團體聚會這一天，清晨六點醒來，腦海裡還殘留一些夢境。咦？又夢見懷孕！覺得滿神奇。我打開電腦，將還能記得的部分打在日記檔案，然後快速打下一兩段前一天思緒與幾件發生的事，瞄一眼螢幕右下角時間，已經將近七點。從台中家到台北南勢角，即使搭計程車到高鐵，也得整整兩個小時，我必須盡快關電腦，盥洗整裝出門，但仍意猶未盡，還沒有很清楚夢在說什麼，不想就此中斷，於是決定將夢與前四天的日記印下來，帶到高鐵車上慢慢研究。

1　分不分享夢的兩難

在高鐵往台北的車廂，我一邊吃早餐，一邊讀印下來的夢與日記，對這個夢就有了一些理解。心想，夢這麼短，既然我都把幾天來的日記印下來，脈絡清楚，因此，若有機會，或許可以在團體中有效率地讀這個夢。雖然對這個夢似乎已經有底了，但仍有些細節不解，覺得很好奇，若以團體眾人之力，或許能看見其他沒看見的。此外，會起了分享夢的念頭，好像不僅是想自我探索，某種程度，也想開放自己，讓大家更深入認識我。分享夢是與大家連結的一個方式，經過幾次團體的激烈衝突，我的心境處在邊緣狀態，懷疑自己的專業能力，仍不確定繼續以指導老師的身分參與這個團體是否適當。

這天團體的開始，因為上次的動盪，大家都在調適彼此的心情，黛亭相當直接地邀問現場每個人，是否覺得她在團體中佔用太多時間，因為她的一位諮商師朋友這樣提醒她，讓她不安。這真是我看過最勇敢面對自己的人，她想知道真相，不畏懼聽到他人對她的評價。這樣冒險地探問，結果卻令人驚奇。隨著塵夢提出「沒有一個人是無辜」的概念，也就是一個現象的發生，現場每個人都有責任，是現場的人選擇要讓這樣的事發生的，大家都回頭想想自己該負的責任，而不是去評斷黛亭，讓大家更開放

分享自己當下的抉擇與思緒。黛亭的提問讓大家深入反思自身在團體中習慣扮演的角色與擺放的位置，也讓彼此之間的溝通更暢通無礙，放心地往自己內在世界探看，放心地呈現比較真實的自己。

　　之後，上次團體帶領者塵夢邀請夢者崇寬老師分享，在聽崇寬老師分享的過程，我心裡一次一次出現 Yes！Yes！Yes！的讚嘆，感覺崇寬老師的生命又經歷一次鍊金，去蕪存菁。我對這個團體信心大增，以為團體被我弄得一團糟，但這一刻看見黛亭思緒奔馳，如花朵般綻放，如蝴蝶翩翩飛舞；看見崇寬老師對於自己生命方向的清明與篤定力道；看見塵夢的承擔與智慧，他不避談人性黑暗，成功地穩定眾人的騷動；看見詠真成熟專業，溫熱撫平眾人皺摺的心；看見宇姮匍匐前進，一步一步靠近自己的夢想；看見一晚沒睡，仍要來參加團體，正在閉目養神做自己的愛雅；看著身在紅塵沙場奮戰，心又能出脫渴望求道的科技人阿國，他向來如如不動，如山挺立，默默付出，是團體的棟梁支柱，這回被感覺敏銳的黛亭直擊他理性的框架，持續追殺。唉呀！這個團體真是精彩，好戲不斷上場，是一個結結實實、能幫助彼此精進的團體。

　　看到這一切，讓我覺得放心，覺得是放下團體帶領者，成為一個夢者的時候了。但是感覺詠真有夢，果然是，體貼的她立刻說要讓我，但我們一再強調，分享夢的原則不要被身分影響，或者為了成全他人而委屈自己，否則承讓的人最終會覺得對不起自己的夢，對不起內心深處的自己，轉而對自己與團體產生不舒服的情緒。而此刻，我的確有分享夢的準備，但也很想聽詠真的夢。已經很多年沒聽她的夢，她已是一位穩健的心理師，很好奇她的生命是怎樣轉化，怎樣蛻變。我一時陷入兩難，不想因為是指導老師的身分而無法做自己，又很希望這一天能聽到詠真的夢，最後，我們決定抽籤，讓命運選擇誰是今天的夢者。

　　結果，我抽到了當夢者的機會，由於夢很短，而且夢境前四天的日記也印下來，脈絡應該很清楚，不用花太多時間回憶，我預測這個夢應該可以兩小時內讀透，或許我還是有機會讀詠真的夢。沒想到，我的夢從早上十一點四十五分開始，到了下午四點半才結束，即使扣掉中午休息，還是

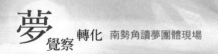

用掉三個多小時，大家很投入一起幫我讀這個夢。我會這麼清楚記得開始與結束的時間，大概還是覺得用這麼多時間讀我的夢，有些不安，這不是我預期的準備，與黛亭一樣，我也擔心佔用了團體的時間。

2 分享夢後疑團密布？

　　然而，團體結束之後，回到家將近八點，很奇怪，心情一直悶悶的，對於夢反而困惑，不如分享前的清晰，疑團深鎖。

　　隔天清早醒來，還是在疑團裡。感恩這學期週一沒排課，遠離週一症候群。自從年初夢見自己抓著大老鼠往森林放生之後至今，只要沒課的日子，清晨就往樹林走一小時，回家沖澡之後，就帶著電腦、書本、工作筆記直接到家附近的星巴克工作。回覆電郵、改學生論文、寫東寫西，一直待到眼花不能再看螢幕了、不能閱讀了、不能思考了，才回家休息。這個生活作息讓我這學期比較能平衡工作、身體、生活，維持身心兩相安，不但體力好很多，工作效率也提高，長期被事情追著跑的現象已經大幅改善，而且每天都有一些時間隨意書寫，整理自己。然而，這個週一早上來到星巴克兩個多小時了，心還是沒定下來，也沒喜悅感。收信、處理即將到來的學校評鑑工作、回覆幾封信後，仍覺得空虛飄渺，但知道這種情況回家會更糟，更無法專注提神，然後會開始慌亂，不滿意自己，情緒會慢慢擴散高漲，更不舒服。

　　決定繼續在咖啡店撐一下，瀏覽前幾天從相機複製下來的一些有感相片時，發現一張崇寬老師與阿國的合照。崇寬老師的笑容飽滿，兩個人的神情是一種活在當下以及很深的連結，覺得這張相片呼應了崇寬老師昨天的話，就想將這一刻的感覺與團體分享。簡單地寫了一兩段話，連同相片貼在讀夢團體臉書群組上之後，很神奇，我開始有了後續的想法，散亂的心漸漸集中，生鏽的身體好像重新上油，開始動了起來，就決定寫下這過程。

我在臉書上寫說：

昨天讀夢團體，我分享夢，但結束之後一直有點悶悶的，不像之前讀大家的夢時，總會有幾股電流穿入，但昨天我好像沒有被自己的夢電到，而且有點沒電狀態，失魂落魄，還搞不清楚怎麼了，但願會有時間研究一下。這或許是更瞭解自己的好機會。

但是昨天我有被崇寬老師針對上次讀夢之後的後續作用扎扎實實觸動到，尤其是同事退休會現象的反思，還有正面護衛自己喜歡做的事，不願意繼續被身邊重要他人貶抑為「虛無飄渺之事」。崇寬老師走在前方，穿透世俗價值，直指生命核心，總是提醒我，要小心謹慎，保持清明，活絡靈性，不要被教授的光鮮外衣，封閉內在生命活水。

崇寬老師說他能將阿國邀請到我們團體，這是他最得意的成就之一，我前天整理相片，剛好看見得意歡喜的哥倆，這一刻的崇寬老師絕對是百分之百活在當下，沒有社交，沒有虛假，與大家分享。

不可思議，僅是一張相片，竟然給我能量面對鬱悶的情緒與疑團。我很清楚不舒服的情緒是偵測問題的天線，但是，要真的去面對，並不容易，因為被這張相片感動牽引，我在臉書透露我的情緒狀態之後，就開始產生強烈好奇心，為何會這樣？這一問，情緒本身就漸漸成為客體，我想一探究竟，潛入暗處，找尋問題淵源，瞭解自己為何被這樣的情緒纏住。神奇的是，當我開始客觀地要去研究那當下的狀況時，身體開始湧出活力，取代鬱悶的情緒。

❸ 我的夢境

我週日早上的夢境，不但不太符合社會規範，也不符合自然法則，以下是能記得的片段：

　　我懷孕了，感覺人在豪爽奔放的高雄，是意外，小孩的父親是一位年輕的攝影師，好像在某個活動分組認識的，還沒有很深的交往，夢中只遠遠看到他背著很大（大約兩尺長，寬高各一尺）、卡其色帆布長方形專業用的攝影包包，裡面都是攝影器材。他沒有固定的工作，還在摸索。我不太介意，我有穩定工作，不擔心養小孩。

　　我在日記檔案打下這個夢之後，也接著快速打下夢裡的感覺、隱喻，以及任何可能的聯想。長期使用歐曼的方法讀夢，面對自己的夢，也習慣跟著這幾個步驟慢慢深入。

感覺：

　　一早有這個夢，覺得很神奇，因為夢中是現在的年紀，五十幾歲，清楚已經過了更年期，不可能懷孕卻懷孕了，很不可思議。我的感覺是興奮、期待與珍惜。夢裡不覺得羞愧或不道德，在夢裡也沒意識到自己是已婚婦女，只想要保護這個不可思議的新生命，將小孩養大成人。

隱喻與自由聯想：

　　「懷孕」對我而言，象徵孕育生命，身體能孕育新的生命，是一種不可思議的創造。我沒有懷孕的經驗，但是博士課程主修發展心理學，後來又在大學教了幾年人類行為與社會環境，經常與學生一起看人類生命孕育過程的影片。人的創造從精卵結合那一刻開始，細胞快速分裂發展成胚胎，然後慢慢發展成一個完整的人形，每次看這影片，都很讚嘆生命創造的過程非常了不起，佩服人體構造的複雜精巧，讓我更尊敬每個人。但看到生命這麼神奇，也會有失落感，很可惜自己這一生，因緣不足，就是沒能懷孕，創造人。沒有小孩是遺憾，然而，過去多年來經歷的深層失落悲傷，也一直讓我沒有積極想要生養小孩，或領養小孩。但覺人生很苦，長久以來，我的生活一直零零落落，很多焦慮，連自身都沒辦法照顧得很好，也就沒什麼信心能養小孩。等到真的覺得稍微身心安頓，已經過了半百，沒有生養小孩，沒有後代，已是絕對的事實，有種「逝者如斯夫，已

矣已矣」的無奈與釋然。

　　因此夢裡我懷孕，絕對不是我真的會懷孕，或預測我會懷孕，或者如佛洛伊德的理論認為夢是願望的實現。這類型的詮釋，一來我不認同，二來縱使是有其道理，那又怎樣？單純地解釋夢是願望的實現，對我的生命啟發與提升一點用處也沒有。我相信夢來自更聰明、智慧、誠實的自己，與夢溝通，就是向內在更高深的智者請益。這個智者是來自人類千年演化的修鍊，每個人的內在都有這樣的智者，夢是智者傳遞訊息的途徑，不會只是阿Q地要讓我在夢裡滿足懷孕的滋味，這一定有其他意義。

　　因此，如果懷孕可以隱喻為孕育新的生命，我能聯想到的是一個令人興奮的想法、計畫、方案、夢想等之開始，或是一種新的生活方式。我稍微回想前一天晚上或這幾天的生活脈絡，就輕易找到與這個夢相關的脈絡。前一天晚上睡前，我在臉書貼了一張我在家裡拍的相片，並寫了幾個字，相片的主角是 Bill 上週從田尾買回來的蘭花。比較特別的是這張相片的背景，一面白牆上掛了三個畫框，一個是用粗毛筆寫的「佛」，一個是 Bill 的哥倫比亞大學博士證書，另一個是我的紐約大學博士證書。我看著這張相片，百感交集，尤其是那個大大的「佛」字，因為拍照的時候，只聚焦幫短暫停留的蘭花留影，根本沒想其他，等到一段時間過後重看相片，才注意到背景。因而不自覺寫了兩段話，上網與臉書朋友分享：

Bill 又買了蘭花要供養暨大校園

單價再創新高

這株樹蘭標價 1100

今年已是他在樹上種蘭花的第五年

第一株蘭花來自我父親的告別式

從此他每天在樹林種花澆花

此刻暨大校園與台中綠 18 公園蘭花皆盛開

幾次遇到抬頭看花的人回頭跟我說

這花很漂亮，是一個外國人種的

我笑笑說，我知道

家裡牆壁上掛的佛字畫框

是二十多年前 Bill 在紐約公寓地下室的垃圾堆撿來的

當時他不認識中文，完全不知其意

但一見鍾情，驚喜如獲至寶

幾年後他來到地球另一邊的華人社會定居

種樹種花種夢

供養天地諸佛菩薩

這是巧合嗎？還是……

　　當這張相片與兩段文字從 iPad 上傳到臉書時，大約晚上十點半了，也不知為何，我當下心情很舒暢，好像為這一天畫下美好句點。我喜歡這張相片，喜歡寫出這株蘭花背後的故事，能夠將這些美好的影像和故事與人分享，我覺得很踏實，全身充滿能量，我甚至想著要認真寫 Bill 與他的蘭花故事，要開始為他種的蘭花拍照，出專輯紀念。我有了一個創作的念頭，但一切都還沒有成型，就僅有一次小小的經驗，我心想，這應該就是懷孕的隱喻。

　　年輕剛出道的攝影師，象徵我那半弔子的攝影技術。我雖然有強烈的熱情，但我對攝影認識還淺，所以呢？這個計畫有機會誕生嗎？一個新生

命如果沒有爸爸一起好好照顧，能長好嗎？這裡的爸爸象徵陽剛的攝影專業技術，象徵攝影藝術修鍊，這部分我都不足。懷孕好像很容易，浪漫激情的邂逅就可以懷孕，但是要生養小孩一點都不容易，尤其在夢裡遠距離的年輕人根本也無法承擔父親的角色。這部分的理解，來自黛亭與崇寬老師的投射，他們都是已經把小孩拉拔長大的成功父母，很知道養孩子多麼不容易，一直提醒我，不妙，不妙，與攝影師相識不久就懷孕，然後要生養這個小孩，太衝動了……

懂了！寫到這裡，突然有「啊哈」的驚喜，知道分享夢後為何悶悶不樂了！

在夢境裡原本是興奮、期待，覺得自己有創造新生命的能力，結果，到團體分享之後，當過父母的人，都為我捏把冷汗，為我的浪漫天真擔心不已。被他們這麼一說，我突然面臨一個很困難的抉擇，聽他們投射的當下，我用紅筆在筆記上圈出一句剛寫下的話：「我到底要不要生下這小孩啊？」然後，我開始被強烈的失落感襲擊，過去與藝術有關的所有失落感，讓我很悲傷，覺得我根本無法順利懷胎十月，順利產下嬰兒，當一個稱職的媽媽。

夢可以很單純地就是與那張相片有關——我又有了新的創作計畫，只是，在團體分享之後，我開始懷疑，這創作計畫的客觀條件並非很樂觀，就像過去所有的藝術學習經驗一樣，會如同泡沫消失，我永遠不可能成為一個我所渴望的藝術家，這讓我很鬱悶，也引出我更深的失落……

❹ 自卑的醜小鴨現身

電腦螢幕打出「我渴望成為一個藝術家」這幾個字時，我嚇了一跳，又悶了一天一夜。在團體分享夢時，我甚至連大聲說出這句話的勇氣都沒有，害怕被知道了之後，自卑的醜小鴨就無所遁逃。更難堪的是，醜小鴨一直夢想著成為天鵝，但一年一年過去，歲月已老，沒辦法就是沒辦法，

徒勞無功。而我更害怕的事，是當我說出我想要成為藝術家之後，這個夢想就永遠不會實現了，因為我一直很迷信地相信，心中所渴望的，要偷偷放在心中，祕密地去做，不可說，一說就會壞事。因此，若公開說出我想當藝術家，那就真的從此與藝術無緣了。不過，在團體裡，我還是露出尾巴了，這讓我焦慮，是不是表示終於已經死心了，認了，接受自己不會成為藝術家這個事實。

不入其中，不知其味，我其實不知道藝術家的真實樣貌是什麼，只是從小對於能畫畫、能彈出美妙音樂、能寫出好文章、能舞出美麗身影的人特別崇拜，而自己卻在任何技藝的表現都相當笨拙，即使是縫紉編織之家事課程，都做不出像樣的成品。害怕上美術課與作文課，焦慮時間滴答滴答過，然後就快要下課了，我仍畫不出一張畫，無法完成一篇有頭有尾的作文。我在技藝方面的無能、無感、恐懼，讓我更羨慕周圍才華洋溢的人，搞不懂，為何他們可以，我不能？

從高中開始至今，只要一有空檔，就偷偷去學「才藝」，吉他、攝影、書法、鋼琴、捏陶、舞蹈、畫畫，各種形式的藝術都嘗試過。到了前幾年，我甚至企圖要將藝術與工作結合，用一年多時間研讀藝術究竟是什麼，寫了〈藝術與社會工作實務〉論文，發表在《台大社會工作學刊》。這大概是我最貼近藝術的一次，因為那段期間，大量閱讀研究什麼是藝術，我好像比較能理解，我之所以渴望成為藝術家，是渴望藝術所呈現的美、藝術家的自信做自己，以及羨慕他們享受投入藝術創作過程、熱愛工作的愉悅。我在藝術家身上看見自信、看見優雅、看見美感，讓我相當嚮往。但，無論我怎麼開始努力，不久就會中斷，無法持續，一直不得其門而入。到現在為止，我依舊是藝術領域的中輟生，一無所成。我汗顏沒有為自己的夢想努力，我沒有勇氣像許多藝術家一樣，不怕現實生存的威脅，勇往直前，我總是以工作為重。

我一直貪心地想要兩全其美，我害怕貧窮困頓，怕看人臉色，成長的經驗，讓我害怕依賴人。我想自食其力，立志要獨力養活自己，而且要做自己喜歡的工作，要找到可以不斷成長，不會重複無聊，自主性高的工

作，不要有上司或督導之類的監控機制。這個夢想隨著我選擇有興趣的科系就讀，隨著我進入大學教書，逐步實現，尤其這學期升等教授之後，我在教學方面有更大膽的突破與堅持，隨之而來的一整年教授休假，可以更任性做想做的事，我的翅膀好像更硬了，可以飛高飛遠，這大概可以解釋在夢境裡，為何人是在豪爽奔放的高雄。但，或許就是在這樣放鬆自在的時刻，我比較能感覺到內心深處有一個角落隱隱作痛，或者套句通俗的諮商術語，我內在有一個總是沒機會長大的小孩，那個渴望藝術的我，自卑孤獨地躲在角落裡啜泣，我一而再地忽略他、背叛他，一直將他推到更深的角落……

與藝術之間的糾葛，總讓我想起一件難過的往事。小學五年級時，學校要成立國樂團，我幸運被選上，但是唯一的條件是要自備古箏練習。我興奮地回家跟媽媽說，媽媽問我一台古箏多少錢，我說 120 元，沒想到媽媽竟然不准我買，認為這是不必要的浪費，而且嚴厲警告我不准跟我父親提起這件事。當時我們全家剛從農村搬到城市一、兩年，父親那時已經是個獨立創業的小工廠黑手老闆，在小鎮上蓋了一棟讓許多人來參觀的小樓房。爸爸是一個非常慷慨、心腸很軟的人，幾乎有求必應。但是媽媽相當害怕貧窮，對錢守得很緊，她對貧窮的恐懼阻礙了她與周圍生命的流動，也阻斷了我與父親之間的連結。

我一直到取得發展心理學博士，回台灣教書之後，才提起勇氣與我媽談這件事。剛開始，她說她忘了，不記得有這件事，三兩句就把我打發了，坐在四十餘年的老搖椅上搖啊搖，就睡著了不理我。後來有一天，我又不甘心提起，她無奈地說：「我幫妳做了十件事，也才一件事沒做好，妳就對這事記牢牢。」喔！她記起來了，而且承認這件事不對，我不但滿足了，也恍然大悟，有點不好意思自己的小心眼。她真的幫我做了很多事，尤其她五個小孩裡，我體質最差，常常生病，一生病就很嚴重。她從來不會到西藥房買成藥，家裡無論誰生病，一定直接帶我們去看醫生。那是一個沒有健保的時代，醫藥費是每個家庭最大的夢魘，任醫院喊價，沒有選擇，沒有殺價的空間，要養一群小孩長大，是莫大的壓力。而我若沒

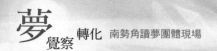

有父母的經濟資助，也不可能從高中開始就讀私立學校，一直讀到完成博士學位，成為今日的我。我很幸運，與父親母親的關係，在他們晚年病老的幾年時光，不但修復了成長過程的哀怨疏離，更發展出從未有過的親密關係，我對他們已經沒有任何怨嘆，只有深深的感恩與無盡的思念。父母皆勇敢負責地完成他們的人生任務，接下來的人生，我要完全自己負責了……

⑤ 我要讓過去的失敗經驗決定未來嗎？夢要說什麼？

寫到這裡，不知為何，「完全為自己人生負責」這句話一直在腦海停留重複播放，心又開始蠢動，那我要讓過去的失敗經驗決定我的未來嗎？我要接收黛亭與崇寬老師養育小孩的經驗投射嗎？在夢裡，我特別清楚自己現階段的經濟能力與心智都頗穩定，感覺到自己的獨立與自信，好像已經有了生養小孩的能力。既然這麼不可思議，讓已經不可能懷孕的我懷孕了，好像是來自上蒼的恩賜，我沒有任何理由不去保護這個新生命，夢境的感覺是珍惜的。我相信夢，仔細檢視夢境的感覺，此時，我的希望感又回來了，也更好奇，這將是怎樣的一個生命，會長成什麼模樣？我將孕育、教養出什麼樣的人？

仔細回想，在大學教書這十幾年來，很拚命地工作，無論教學、研究或實務工作，幾乎都全力以赴。沒有上課的時間，都與書本、電腦、學生報告、研究生論文為伍，然後每週探視老父老母，生活好像就擠不進其他的了。我也發現，日夜處在工作狀態，也不是單純地為了保有這份工作或是經濟因素，而是來自知性的挑戰，以及在意人與人之間的連結；在意能不能啟發學生心智；在意自己在台上所說，台下所寫，能不能對人、對社會有用。我會對周圍事物、我的教學、我的學生、我讀過的知識理論、我的實務工作，情不自禁地產生疑問、困惑，或者深深共鳴與感動。哦！原來除了藝術之外，我也一直被知識與學術吸引，我愛追求真相，好辯成

性，一旦覺得某些思想理論不合邏輯、不對勁，我就會起心動念，想要一探究竟，然後將自己的所見所思寫出來，這就是一般所謂的「研究」、「論述」。這樣的性情，很適合待在學術界，因此，這十多年來，很自然地一篇論文接著一篇論文寫。然而，學術界裡，多的是武林高手，因此，若要批判挑戰既有知識，提出新的見解，幾乎是要全力以赴、高度警覺，否則與眾多高手過招，一不小心，招招都會斃命！

我很僥倖，在學術界還能存活至今，但也已傷痕累累，漸漸無心無力與人爭議是與非，厭倦在講台上單向地對著學生說教說道理的「師表」角色。最近常有同事問我，今年 8 月開始的一年研究休假，將到何處進修？有沒有什麼研究計畫？這一年計畫要做些什麼？我一直搖頭，至今什麼也不想計畫，也沒什麼欲望特別想去哪裡，做什麼都好，只要不覺得勉強。我一定是累了。其實，雖然 8 月才開始休假，但這一學期已經迫不及待，盡可能做喜歡做的事，而不是該做的事。每天一早醒來問自己想做什麼，而不是早早就幫自己規劃好要做什麼，我不想繼續這樣「設計」自己、「計畫」自己。我興奮期待未來一年的休假生活，興奮可以放鬆地與自己溫柔靠近，一年的時間，足以懷孕產子，有新的創造，或許這也是這個夢的脈絡。

夢可以這麼簡單，就在充滿希望的位置打住。然而，夢也可以很複雜、很深，深不見底！因為這個夢的聯想，因為團體如此認真提問生活脈絡，專注聽我說，引領我進入更深的暗處……

6　找尋情緒黑潮漩渦的出口

那天晚上，之所以公開 Bill 蘭花相片的故事，某種程度，是被一位已碩士畢業兩、三年的學生臉書影響。她的母親罹患嚴重憂鬱症，在她高一寒假那年自殺身亡，當時她們母女兩人相依為命，她就一個人陪著母親遺體三天，才電話告知不同住的父親。做夢的前一天中午，是週六，我在臉

書發現她寫說：

> 有些時候（很稀少）
> 進入到一個空間裡
> 會覺得身上快樂、喜歡、溫暖種種正向能量都漸漸消失被抽走
> 等到發現時
> 已經被填入懷疑、憂鬱甚至憎恨這類的負面情緒
> 但這時已經來不及了
> 然後又開始會做一些明明沒有很想做
> 但就是一定要做到的事
> 比方說嘴角不由自主上揚的笑
> 吃自己平常不吃的東西
> 或是不適合所處環境裡的舉止……
> 如果硬性克制自己不去做
> 就會身體很不舒服
> 而我沒辦法自己好起來
> 一定要離開環境
> 才會「暖」回來
> 不是說這是什麼詭異的經驗
> 但確實在我有限的理性裡無法理解
> 或說……無法說服～
> 幸好～這種「時候」很稀少不常發生

讀完這段文字，心很不安，幾週前才與這位學生見面，她很愛她的工作，也很感恩自己終於經濟獨立，暫時脫離貧窮的恐懼，對工作相當投入。雖然表面上她看起來很陽光開朗，但是看到她體重失控，就覺得不妙，我陪伴這學生很多年，她在臉書描述的狀況，我都親眼看過，也陪她度過幾次半解離的狀態，擔心她又被情緒漩渦捲入，無法抽離。我立刻寫

幾個字在她臉書留言：

> 我也會有類似時刻，總發現沒睡飽；沒休息夠；氧氣不足，是罪魁禍首，就是一口氣吸不上來，大腦卻還被一堆想做與該做的事糾纏，無力之後就萬念俱灰啦！電池沒有電了，乖乖認命睡覺充電之後，醒來呼吸就順了。

這學生很有個性，很倔強，絕對不能對她說教或規勸，只能與她分享我自己的經驗，我知道我的簡單分享，對她可能起不了作用，幫不了忙，但至少可以讓她知道我在，或許她自己就會找到出口。我等待著她下一個訊息，果然到了黃昏，她回覆了我的留言：

> 我不知道⋯⋯承認自己電池用完了比較容易
> 還是把它歸類到無法解釋比較容易，前者讓我挫敗和愧疚
> 後者讓我恐懼，真希望自己有條保險絲
> 過熱就會跳電，才不會起火自燃也燒傷旁人

她的回覆讓我確定她的狀態仍在下沉，我稍微鬆一口氣，至少她仍有能量回應我，沒有不理我，只是，我還不知道下一步該怎麼做。兩週前，我的學校有研究生自殺死亡，而這學期正在大學部開設「心理衛生」課程，班上有許多同學生活遇到困境，也有人對生活茫然，感受不到活著的意義，頓時間，我覺得風雨欲來的沉悶，尚不知如何化解。

讀完學生的回覆之後，覺得很疲倦，沒什麼力氣，關掉臉書，立刻帶著小狗到國美館草悟道走了一個多小時才回來，然後切了一大盤水果，躺在沙發上，邊吃邊讀意義治療學派創始人弗蘭克的著作《活出意義來》。這幾週正在帶領修「心理衛生」課程的大學生一起讀這本書，每次心情被烏雲籠罩，只要讀幾頁作者的集中營體驗，就會不知不覺化解。我的烏雲比起他的烏雲，簡直是天壤之別，他能承受幾年集中營的苦難，活了下

173

來，活到九十二歲，而且活得很有意義，讓遠在地球另一端的我，在他去世多年後，仍可以向他學習。這是一個了不起的生命。

這天，我讀到他談「抉擇與自由」，弗蘭克在集中營觀察發現，一個俘虜之所以變成怎樣的人，實在是他內心抉擇的結果，而非純係環境因素使然。他看見即使置身於集中營，有些人仍可保有人性尊嚴，例如堅忍、尊貴與無私的特質，而不是成為禽獸或者自我了斷，結束生命。他覺得這些人承受痛苦的方式，是一項實實在在的內在成就，正是這種不可剝奪的精神自由，使得生命充滿意義且有其目的……

讀到這頁，我將書本闔上，無法繼續了，感覺有一道光射入，我抬頭找尋光的來處，我問自己，我有這樣的「精神自由」嗎？我能超越環境因素的限制嗎？或者更精確地說，我問自己，能保有多少程度的「精神自由」？人一生下來就得不斷面對創傷與失落，能活到現在，必是已歷經數不清的痛苦與挫折，我的確體驗過什麼是「精神自由」。但是這樣的精神自由，並非時時刻刻存有，稍不留意，就消失無蹤，又成為凡夫俗子，隨境流轉，捲入痛苦黑潮。我是否有堅固的內在自由，還是時不時就淪陷？

我那位學生呢？她是否也一樣？她從小多次歷經巨大痛苦，父母離異，唯一依靠的母親精神狀況不穩定，她的生活雖然一路走走停停，但她完成了高中學業，考上國立大學，又以很優異的成績完成碩士學位，找到喜歡的工作，獨立自主。她也一定懂得什麼是內在精神自由，才能存活至今，我只要輕輕地提醒她一下，她一定就會找到回家的路。而我周圍正在失去精神自由的人，包括我自己也一樣，只需被輕輕地提點，一點點溫暖碰觸，就不會繼續迷路，就會回到自己熟悉、溫暖、自在的家。讀弗蘭克的書寫，讓我的能量又慢慢回來。

 替代性創傷三番兩次來襲

隨著在團體中分享生活脈絡，我又發現，我那天晚上風雨欲來的沉悶

也不僅是學生的臉書貼文。再前一天週五，我早上與下午分別督導兩個社福機構工作團隊。他們都是一起學習好多年的社工夥伴，我很榮幸得到他們的信任。那一整天，多人敞開正在面臨的工作困頓、難處與承受的苦，但我也知道，每月或每隔兩月僅與他們團督兩三小時，好像也幫不了什麼忙。團督結束了，他們的無力與悲傷仍留在我心中。

當天晚上原本開心地與兩個姊姊以及成年的姪女聚餐，我們四個女人的關係越來越親密，無所不談，結果那天晚上姪女因為從事家暴相關工作的關係，談起她小時候有一段時期父親對她過度管教的往事。她說著說著，淚流滿面，我胃酸大量湧起，滿桌的美食都變了味，終於理解她在少女時期的叛逆與自我放棄，感恩慶幸她此刻好端端地坐在眼前。曾經被相當不平等的權力壓迫一段長時間的人，不僅自我價值感會重重受創，被激起的憤怒、敵意、無力、羞愧、厭惡、絕望感，也可能因為一點點挫折而再度被輕易挑起。心想，這要花她多少時間，才能讓傷口復原？我一方面不捨，一方面也鬆了一口氣，至少她可以說、可以哭。她讀大學時已經覺察這一切，努力自我療癒，與父母對話溝通，這些過往的痛苦，也慢慢轉化為助人的養分，成為一位有能量有自主性的社工。我們在一家很吵的日本料理店聊到店家要關門了，才不得不離開，我覺得被打斷了。這一天，我的情緒被灌爆！

情緒是會傳染的，幸好隔天週六沒課，Bill 清晨六點多就出門去台北帶夢團體，我一個人靜靜在家，但整天都覺得好累好累，沒有放假的雀躍。不僅是週五一天的情緒衝擊，再前一天，週四在學校上一天課，分別是「心理衛生」與「家庭暴力處遇倫理議題」，也正巧都在討論自殺議題，因為幾週前網路名人，一位年輕女孩自殺身亡，媒體大量報導。之後不久，我收到我們校長寄給全校老師一封沉重的信，告知學校一位研究生結束了自己生命，已被媒體公開，這相繼的年輕人自殺事件衝擊著每個人，也影響了學生情緒。

我知道我正陷入不可避免的替代性創傷裡，即使去年我寫了一篇一萬多字的替代性創傷論文，刊登在《社區發展季刊》，提醒助人工作者，要

小心注意自己的替代性創傷或二手創傷，但我自己並沒有因此而免疫。好像有人說，進了廚房工作，就別怕熱，老師這個工作也是，只是並非身體熱，是心熱，是重重的負荷。

　　週六晚上，閱讀弗蘭克的集中營經驗，瞭解有人可以做到，生命有再多的苦，也不會失去內在的自由，不會被情緒綑綁窒息。是的，內在自由是心靈的氧氣，只要心是自由的，苦難就得以承受，這是人可以決定的，可以決定終止痛苦，或讓痛苦繼續糾纏。前人的經驗告訴我們有做決定的能力，只要練習想像自己是自由的，身體就真的會放鬆，這與我在禪修時的練習方法類似。弗蘭克不厭其煩地告訴世人，每個人都具有這樣的能力，保有內在自由，有尊嚴地承受生命之苦。但是，我要如何發出訊息，要如何表達，才能喚出人的內在精神自由？我知道多數人沒有耐心去讀弗蘭克的集中營經驗，也沒有興趣一句一句去讀懂什麼是意義治療，那，我能做些什麼，將自己帶出情緒漩渦，也協助他人不要被痛苦淹沒？

　　就在這個時刻，放在音響上面，Bill 剛從田尾買回來不久的優雅樹蘭在對我招手，腦海浮現 Bill 五年來在樹林裡種蘭花的身影。Bill 這個人，很傳奇，在美國北卡羅萊納州杜克大學讀大二時就申請到研究計畫，獨自一人到中美洲的波多黎各熱帶雨林裡蒐集蘭花，研究蘭花，發現了六種沒有學名的新品種，對蘭花有很深的感情，後來順利地在紐約哥倫比亞大學取得生物學博士。他讀的都是最頂尖的大學，都是學校提供獎學金免費就讀，但是畢業後在大學教了五年書，就放棄學術生涯，放棄科學研究，去紐約西區下城藝術家集結的格林威治村當餐廳服務生，決定要成為一個作家，找尋自己。雖然掙扎奮鬥了數十年，寫了很多文章，也發表不少有關夢的論文，但至今仍未出版一本書，還是無法實現以寫作為生的夢想。不過，他卻像農夫一樣，從不間斷地每天清晨起床寫作，無論前一天發生再怎麼糟的事，隔日，太陽剛要升起，他就已經端著熱咖啡，在電腦前敲鍵盤。這個清晨寫作的習慣，幫助他能存活至今，繼續保有生命的熱情活力。

　　將近十年前，我們申請到暨大教職員宿舍之後，他開始將生長在宿舍庭園灌木叢裡，一直被人工修剪而長不大的小樹苗挖出來，移植到暨大學

人宿舍後院一大片寸草不生、不曾被開墾的荒地上。他得挖出很多岩石才能種好一棵樹，我算一算，他前後大概種了五十棵，一大半是樟樹與棕櫚樹，他總覺得這些樹就像他自己的人生一樣，生長在錯的地方，一直被不當裁剪，永遠沒有機會順著本質長成一棵大樹。他努力救樹種樹救地球，從此，我們家裡幾乎沒有垃圾，只要任何能腐化的東西，果皮菜屑、咖啡渣、茶葉、衛生紙、破掉的衣物……他全都拿去餵樹滋養土地，不要汙染地球。他每週在校園裡掃一大袋又一大袋的落葉，騎著腳踏車搬運，厚厚地鋪在樹根周圍，像曼陀羅一樣圍成一個圓，不讓垃圾暴露在外，落葉是最好的肥料又美觀保濕，他幾年來樂此不疲。那片地原是堅硬的紅土，連雜草都長不出，也沒有水源，乾旱季節，他必須從家裡提著兩桶滿滿的水，走一百公尺左右的路，再爬個坡才能將水倒入樹根，一趟又一趟提水，直到樹長到一定高度，根夠深，能獨立存活，他才停止澆水。如今樹已成林，都已經好幾層樓高，這同時，他又愛上種蘭花。

五年前的夏天，我父親走了，告別式滿滿的蘭花，我帶了一盆回台中家陪伴我過那個暑假。蘭花謝了，我信心滿滿能將蘭花照顧好，期待明年花再開，但 Bill 央求我讓他將蘭花種在暨大校園樹林裡，他保證一定能長好，而且會生生不息，我不捨，但看著幾個葉片已經黃了，就半信半疑交給他。沒想到，他從此一發不可收拾，連續幾年，每週都會去家附近的花店買十幾株花已謝的蘭花，種在暨大校園與台中住家附近公園。種蘭花過程有很多挫折，有人偷他的蘭花，也有人無知，覺得樹上種蘭花會傷害樹木，或覺得很醜，就將蘭花扯下來，丟棄地上，讓他很生氣、難過。此外，還有最大的殺手，就是台灣乾熱天氣很長，很多他辛苦固定好在樹上的蘭花都會枯死。但他還是繼續蒐購，繼續帶著梯子，將蘭花越種越高，讓人採不到，繼續每天拿著很大的噴水壺，為蘭花澆水。他因為愛蘭花而努力不懈，每天充滿活力。

今年，從春天到夏天，他各種不同品種的蘭花相繼不斷盛開著，許多蘭花已經非常強壯，各有各的獨特姿態，自由奔放。尤其蘭花的根，持續竄流盤繞樹上，充滿生命力，不像花市的蘭花，人工固定，統一呆板。幾

位熟識的同事一直對我說，今年暨大蘭花開得特別好，殊不知這是他持續努力五年的成果，因為蘭花已經扎根了，會一年比一年碩大壯觀。Bill 總是津津樂道，別人看花，但他特別喜歡看蘭花狂野的根，每次跟著他一起巡視蘭花，他總指著新長出的根與新芽要我看，歡喜這棵蘭花活下來了。我心想，Bill 種蘭花的故事，或許能鼓舞我周圍一些正陷入情緒低潮、看不見自己生存價值的人，生命很可貴，轉個彎，就能讓自己的生命很有用，這是當晚在臉書上分享這張相片的另一個背後脈絡。

從遠處看 Bill 覺得他傳奇，有生命力，很有美感，但是當塵夢問我，面對在現實生活中經常受挫的他，我的感受如何時，哇！這一問不得了，我內心長長地嘆了一口氣，不知從何說起，怎麼說都不對勁，都說不出原委。我們之間的相處問題仍是進行式，我的情緒經常沸騰不斷，簡直無解，我必須承認，從認識他到現在，十多年來，他一直讓我很焦慮，甚至多次幾乎窒息，找不到任何出口……（寫不下去了）。

⑧ 我的關係漩渦

寫到與 Bill 之間，卡住了幾週，怎麼寫都不對，就是亂糟糟，複雜糾結，多年沉積的汙垢不斷湧起，當鏡頭步步趨近，我自己也入鏡時，就不再能輕鬆自在了。Bill 忠於自己的感覺，做自己，不願委曲求全，不願妥協，努力要保有純粹的自己。但，做自己，有時會冒犯很多人，讓旁邊的人焦慮；做自己，有時也是自我中心，不管他人需求，讓旁邊的人討厭；做自己，有時也是不能感覺到他人的感受，讓旁邊的人覺得孤單不被理解；強烈堅持地要做自己，也會不知不覺當起法官來，指責或貶抑周圍無法做自己的人。也就是說，一個信仰做自己的人，也可能成為一個壓迫者，讓別人不能做自己。

他一遇到挫折會噴火，會立即反應，無法耐心觀察等待，而我怕痛，怕被燒到，雖然已經非常防衛，但防衛工夫一直也練不好，就跟著噴火。

就這樣，我們生活經常擦槍走火，兩人都被灼傷，我總覺得委屈不平，在這關係中，我是輸家，是受不了一直想離去的一方。他情緒來得快，去得快，他身體只要躺平，就能睡著，無論白天或黑夜，他能充分運用睡眠修復各種創傷挫折，而每日清晨的寫作習慣，以及發大願要成為一個作家，支撐他度過各種痛苦。比起他的夢想，與我之間的爭吵實在是芝麻小事，他總是不以為然地貶抑我小題大作，我就更火大他的麻木不仁與對關係的無知。他一直保有他的「內在自由」，讓生活不崩解，而我的情緒滯留時間長，難以散去，我沒有他的秒睡功力，也沒有他的偉大夢想。我經常為著失落的親密關係而悲傷，他可能也一樣無奈難過，但他仍有他的寫作、要照顧的五十棵樹、百千蘭花，以及他熱愛的讀夢團體，他就這樣一次一次輕功般地飄過我們之間的爭吵，而我卻任由自己在烈火中燒……

幾週來想整理與他的關係，就是理不清，越寫越悲傷不平，寫寫停停，在夢團體分享時，好像從床底下拖出一件髒衣服，但床底下其實塞滿了髒衣服，當下很有限的時間，實在無法清理那一大堆髒衣，這大概是我在團體分享夢之後，另一個讓我鬱悶的原因。我努力地循著這個鬱悶，進入生命深處，想要接近問題真相。我知道真相不一定美麗，但是我總相信，不美麗的真相一旦被發現，就不能躲在暗處控制我們的存在，才能從不美麗的真相獲得自由。

這段期間，我不時想起讀夢夥伴塵夢說的話——許多事情的發生，自己也是共犯，是自己讓事情發生的，當我循著這個思維，所有的苦與問題就沒有那麼沉重。既然我在這關係中也扮演了一個重要角色，是要負起責任的，那表示我仍有決定權，仍有力量。或許我不能改變 Bill，而且對於生命不斷蜂擁而來的各式各樣的失落，我也不能阻止它們發生，但我好像可以決定不要繼續受苦，不要讓這些苦難一直如影隨形跟著我。對於這些苦難的意義，我也擁有詮釋權，就像我擁有我自己的夢一樣。說來說去，就是無論情況再怎麼糟，我還是可以擁有自己。

在團體分享夢之後至今一個月來，我與 Bill 深入對話多次，直接地表達自己，不想再有太多顧慮，因為分享夢與後續的書寫反思，我比較能清

楚表達自己，以及更客觀地觀察他。他說他終於瞭解我在想什麼，當我覺得他好像聽懂我在說什麼，與他一起生活就沒那麼難了。然而，無奈的是，經常我以為風平浪靜了，另一個颱風又已悄悄地在形成，伺機襲擊，我只能持續對著天地萬物保持敬畏之心，戒慎恐懼，隨時準備要快速穿越下一次烈火，在下一次風雨來襲時努力挺住，持續修鍊我的內在自由。

 9 沉思是發願要過美好生活

巧合的是，這篇寫到尾聲的時候，我正好在讀歐文・亞隆新書《一日浮生》[8] 的最後一個故事，篇名就叫作〈一日浮生〉，他介紹了斯多葛學派（Stoics）的一些核心概念（p. 280）：

◆ 拿掉「我受了傷害」的抱怨，傷害也就被拿掉了。
◆ 一切都是想法的產物，而控制想法的是你自己。因此，任何時候，只要自己願意，想法都可以移除，這一來，心也就平靜下來。
◆ 身外的任何東西均不至於傷害我們，唯有自己的邪行才會傷害自己。

以前只要聽到這些勵志概念，總覺得八股不耐煩，這太小看創傷的力道了吧！怎麼可能轉個念頭就能拿掉傷害啊？那心理諮商這個專業不就可以閒置一旁了？但這學期帶領學生精讀弗蘭克的《活出意義來》時，自己開始練習他所說的「內在自由」，讓自己抽離創傷的自己，客體化觀察周圍發生的一切，這時候另外一個理性平靜的自己就慢慢出現了，非常有力

8　鄧伯宸（譯）（2015）。《一日浮生：十個探問生命意義的故事》（原作者：Irvin D. Yalom）。台北市：心靈工坊。（原著出版年：2015）

量。那受傷的自己一旦變成了客體，有了距離，就不再無限擴大，像癌細胞一樣吃掉全部身體。

只是，這一路走來，我發現所謂內在自由，似乎不是簡單就能從天上掉下來，雖然它一直與我們同在，每個人都有這樣的潛能，但是我們必須不斷地被提醒與老實練習，直到養成習慣。如同一個音樂家，要天天彈奏音樂，才能算是一個音樂家；一個作家，要一直寫才算作家；亞里斯多德說要成為一個有德之人，就必須要持續做善行。所以，內在自由也不是嘴巴說說就會有的，而是不斷行動與練習才能成為自由之人。我們隨時都有天災人禍來襲，身體也隨時有病毒細菌癌細胞侵入，心理也有各種不舒服的情緒氾濫成災，一個生命要能活出它的潛力與天命，開花結果，自然生，自然死，真的相當不容易。許多人無法自然地走到盡頭，即使幸運存活，但要好好存在，絕對是需要不斷努力的。

《一日浮生》的最後一個故事，亞隆介紹羅馬皇帝奧里略的著作《沉思錄》（ Meditations ）的創作過程，奧里略皇帝的沉思動機讓我很感動。奧里略原想做個哲學家，但身為羅馬皇帝的養子，最後繼位皇帝，無緣過著思與學的人生，大半生都為保護羅馬帝國的疆界而戰。然而，為了維持內心的平靜，奧里略把自己的哲學沉思口述給一個希臘奴隸逐日記載，僅供皇帝本人過目。亞隆想要用《沉思錄》幫助他的病人傑若看清他自己的問題，傑若很在意他者的評價，不得其所。沒想到傑若讀了之後，並沒有發現這本書與自己有任何關係，反而提出一個與自己問題無關的智識性問題。他問亞隆：「奧里略心目中有沒有讀者？據說他根本沒有要把自己的話語讓別人閱讀的意思……既然如此，他又是寫給誰呢？」亞隆不得其門而入，無法讓傑若反思自己，僅能無奈地回答說：「根據研究，奧里略把它當作一種日課，強化自己的決心，規範自己的生活。」

傑若雖然滿意亞隆的回答，但是他無法理解為何亞隆要扯上奧里略，這與他的生命有什麼關係？他的無厘頭與不以為然讓亞隆很挫敗，非常不滿意自己對傑若的治療，但後來傑若隱居一週，期間再一次閱讀《沉思錄》，事情有了轉機，他告訴亞隆他懂了，傑若說：

> 我缺乏自信，我在你的裡面尋找我自己，而我自己則是一片空
> 虛……我之所以把自己的存在寄望於你，原因在此。（p. 284）

　　亞隆驚喜，覺得不可思議，事情怎麼這樣大轉變，傑若終於願意檢視
自己的心態，於是打鐵趁熱，進一步要追問傑若的「空虛感」，更好奇想
知道《沉思錄》對他的影響。傑若是個聰明的皮膚科醫師，知道亞隆會問
他什麼，經過一番對答，傑若終於語重心長地說：

> 怎麼說呢？這樣說吧，我是受到這個人每日自省的強烈影響。他每
> 天早晨認真督促自己，而我活了一輩子，連一個早晨都沒做到……上個
> 星期我提出的問題：「他是寫給誰的？」現在，我知道了。很顯然地，
> 他的沉思是他發願要過美好生活，從他內心深處每天傳達給自己的資
> 訊。（p. 288）

　　我的重點線畫到這裡，闔上書本，深深吐氣。這段期間我讓夢帶領，
潛入生命暗處，不斷地想，不斷地寫，但終究好像無功而返，讀到傑若的
這段話時，我得到很深的安慰，因為就在思與寫的過程，我已經創造了美
好的存在，已經正在打造內在自由的空間。一旦將自身處境當作客體，用
文字鋪路緩緩前進探究，那當下，身體就起了化學變化，想要瞭解究竟的
好奇心，激起動力，讓我專注。即使這段期間，正逢五年一度的教育部系
所評鑑，全部老師必須參與冗長的會議，回覆評鑑委員的問題，而且所有
評鑑委員要到我課堂上考察我的教學，這些事情既繁瑣耗能量又令人焦
慮。但在夢團體分享夢的經驗，讓我察覺，我有更重要的存在本質問題要
面對，其他的都是小事了。這一點一點的爬梳過程，心慢慢平靜，進而頓
悟、歡喜、感恩，也因此，現實世界的壓力與紛擾，包括與 Bill 之間的關
係糾葛，甚至身體病痛，都變得比較可以承受包容。即使中途寫寫停停，
一再卡住，也曾傷心落淚，鬱悶氣憤，但那是與真實自己的邂逅，好像僵
硬的泥土被鬆開一般，我正在為自己的田地耕耘，為自己的人生負責。

我所謂無功而返，是我很清楚，未來的我，還是會有窒息、一口氣吸不上來、萬念俱灰的時刻；也還會持續地在關係裡受傷，大聲吶喊，喊冤喊痛；也必須面對身體的病老，以及各種類型的失落。就好像陽光被烏雲遮住，風雨一定會來，或是太陽一定要下山，我得學習與黑夜共處。黑夜很可怕，但讓我心安的是，因為勇於在黑暗裡保持清醒，與黑暗扎實相處面對，我看見了黑夜的風景、黑夜的美，以及黑夜的純粹力量。我很清楚，只要我閉上眼睛，放鬆進入睡夢中，那深不可測的千古智者，就會透過夢傳遞訊息給我，與我對話，幫助我過美好生活。我相信我到了老年，還是會不斷地懷孕，創造新生命，只要我發願，要過美好生活。

我深深感謝團體夥伴陪我讀這個夢，感謝大家專注地聽我說，感謝大家睿智的提問，一個如此簡短的夢，讓我不得不埋頭除草鬆土。有一天，這片土地若能長出美麗的花朵，請來欣賞；若能長出豐碩的果實，務必要來品嘗；若能長出健壯的大樹，記得來乘涼。畢竟，你們都是這片土地的耕耘者。

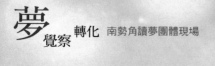

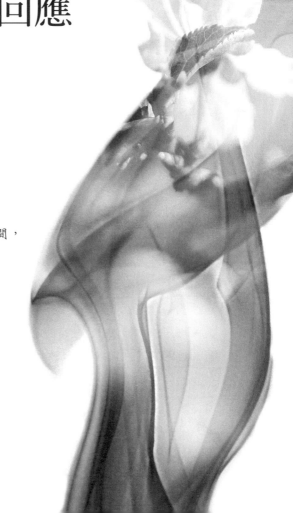

Chapter

15

文字裡的團體——
我的書寫有了回應

兩年多來，團體之間的文字往來，
使夢的語言能多停留在彼此心中一段時間，
讓夢要傳達的訊息更清晰，
也讓我們彼此之間的溝通更暢通深入，
團體凝聚力與信任感持續增強……
美麗的思想經驗一旦化成文字，
可以一遍一遍地閱讀，
成為自己永遠的提醒與精神食糧，
可以與眾人分享，代代流傳。

夢很神祕，與一群人深入探索未知，過程很複雜，許多事情的發生，有如閃電般快速不能預期，帶夢團體雖然刺激好玩，但頗耗精力。不過，我發現要回顧團體發生了什麼事，然後寫下來讓人看懂，這比帶團體所耗的體力、心力、腦力與時間更大到我無法計量。我發願要寫下帶領夢團體的經驗，但寫的速度永遠趕不上想寫的。剛開始寫的時候，很順，還可以趕上每個月團體聚會，或許剛開始僅是熱身動作，尚未正式進入夢的書寫，寫來還算輕鬆。可是，正式寫崇寬老師的夢時，覺得寸步難行，尤其讀完他的分享夢之後所寫的心得記錄，覺得更難寫，好像有銅牆鐵壁護衛著他的夢一樣，讓沒什麼內功的我，站在外頭轉啊轉，明知道裡面有好料，卻不得其門而入，那時我發信給團體說：

> 崇寬老師這場夢，我是超感動的啦！但是讀了崇寬老師這麼理性、冷靜的學術報告之後，我實在很害羞，不好意思將我的感動寫出來，或許那感覺已經藏到潛意識角落裡，叫不出來了，我等一下去附近星巴克的寫作角落試試看，或許那個 fu 會回來。

後來真的沉澱好久，前後寫了一兩個月，才能將我的感受寫出來。而且也發現，原來真正的銅牆鐵壁是我自己，崇寬老師的夢、崇寬老師這個人原本就清清楚楚，好端端地在那裡，需要花這麼多時間寫，這是我自己的侷限，是我沒有能力以文字具體化我的感受。即使努力寫出來了，我想我對他的夢、他這個人的理解也仍是皮毛表象。

也因此，有時我會自我懷疑，工作之餘我夜以繼日地寫，花了這麼長的時間寫，最後的意義是什麼？誰會有興趣讀？我寫給誰看？這樣的質疑，總是在我們團體的支持陪伴下，一次一次化解，讓我能一篇一篇繼續。我每完成一篇，就立刻寄給每個人，如果內容是某個特定的夢，我就先寄給分享夢的人，讓夢者幫我檢視內容是否恰當確實，經夢者同意才寄給大家。

① 來自夢者的回應

2013 年 11 月 24 日，我將初稿電子檔案給崇寬老師：

崇寬老師：

　　我寫了讀你夢的一些思緒，初稿暫時完成，要請你看過，看看有沒有亂寫，或扭曲事實，經你同意，我才會寄給大家讀。

　　我想用與學術論文書寫很不一樣的方式，將帶領團體的心得與大家分享，請你多指正與補充。

　　　　　　　　　　　　　　　　　　　　　　　　　　　　淑媛

　　我所謂與學術論文書寫不一樣，是我不再大量引經據典來證明我說的話是對的。我書寫夢，表達我所見所感，只能為自己代言，我不認為有所謂固定形式的研究方法去幫我看見現象。事實上，我幾乎啟動我所有能理解的相關知識與直覺，在緩慢的書寫過程中，反覆回觀團體現場與閱讀現場筆記，再一次去思索夢與夢者之關係，勾勒我看見的現象樣貌。這過程不僅是整理歸納，也是不斷地頓悟，一種無中生有的「啊哈」領會，以及深深的情感觸動。只是，寫完之後，一方面急著想要與夢者分享我的看見，一方面卻有些緊張，不知夢者讀到我的書寫時會有怎樣的反應與感受。崇寬老師讀完我寄給他的夢書寫初稿之後一兩天，電郵簡短訊息給我：

淑媛老師：

　　昨晚剛參加完工作坊，回家細讀您的文章，不覺淚流滿面，剛剛再讀一回，同樣受到極深的觸及，依然淚流滿面，謝謝您把 2006 年的夢也一併拿出來討論。楓葉的那個小女孩，現在回味起來，不知是否是內心深處剛萌生的 anima？最近夢中的女侍，我還在琢磨之中。您把我寫得

這麼好,其實會有些不好意思。文章我沒有其他意見,也謝謝您耐心體
貼的分析,如果對夥伴們有助益的話,我也很高興。

　　即奉　冬安

崇寬上

　　讀完這簡短的電郵,我熱淚盈眶,靜靜坐在電腦螢幕前沉思甚久。人
生有幸,能與一個精進敦厚的生命如此深刻交會,讓我覺得探索他的夢、
寫他的夢,所花的每一分鐘,都充滿意義,是美好的存在。我當天週五清
晨的日記寫著:

　　　　崇寬老師的夢,上週末終於寫到一段落,寄給崇寬老師先讀,讀到
　　他的回信那一刻,覺得一切都值得了,寫了一、兩個月,即使這篇文章
　　就只有他一個讀者,也夠了。我自己也是自己的讀者,寫完之後,文章
　　已經脫離我而獨立存在,文章也變成我的朋友,一次一次閱讀,總能撫
　　慰躁動不安的心,陪伴我航行生命之河。

　　前前後後,我已經讀了這篇崇寬老師的夢好幾遍,每一次都又再一次
從他的夢、他的生命歷程學習與提醒,我感謝他的夢、他的分享,慶幸那
時候能將這過程寫下來,我相信他的夢與生命光輝除了影響我之外,必將
影響更多人。

　　然而,書寫夢真的是需要體力與毅力,寫完崇寬老師的夢之後,心很
舒坦,但之後有幾個禮拜我無法繼續寫,可能下一個夢是以荷的大夢,還
不知道從何開始。那期間身體又發生了小狀況,一個人在高速公路上開
車,突然聽不清楚自己的聲音,聽不到汽車引擎聲。當時車子正以一百多
公里的時速前進,烏雲密布,天色越來越暗,感覺快要下雨,我不敢在路
邊停下來,心想,停下來又如何,一個人停在荒涼昏暗的國道三號高速公
路邊,狀況會更好嗎?車即將進入將近五公里長的八卦山隧道,身體會不
會有下一波的突擊?那天,感覺隧道好長好長,一直看不見出口的亮光。

終於回到員林媽媽家，走到二樓媽媽的起居室，時間是下午兩點多。媽媽坐在老搖椅上閉目小憩等我回來，我幾乎無法開口說話，不敢跟媽說我耳朵聽不見，只說我很累，必須先躺在沙發休息一下。躺了一會兒，聽覺好像恢復了，鬆了一大口氣，但身體已相當虛弱。帶夢團體與寫夢都讓我心靈豐滿充實，但是因為太專注投入而忽略了身體照顧，尤其學校工作繁重，只能利用課餘假日時間。身體的逐漸崩解，不能自主，是我另一波生命的艱難挑戰，警告我雖然是做喜歡做的事，也要節制均衡，就像飲食一樣，即使是愛吃的東西、有營養的東西，也不能吃過量。

2014 年 1 月中旬終於寫完〈為何夢見大師？〉與〈找回自己？〉，初稿一寫完，立刻寄給夢的主人以荷先閱讀。兩週後，我收到她的回覆，她很用心地閱讀與回應，針對不同的段落，分別補充或澄清。經過將近四個月，以荷對於很多事情也更了悟清明，處處展現她的生命智慧，以下我摘要幾段她對〈為何夢見大師？〉這篇文章的回應：

在 1999 年上過某個成長團體後，我便對任何事件「選擇」不以「被害者」的角度詮釋，而是用「負責任」的態度觀照。我不敢說自己做得多好，而是「有意識地」讓它成為檢視自己的方式，以避免自己落入某種偏執或偏離我所想走之路的航道……

我大約是在那時開始「調溫」的：十分感性，常和人談心的我，逐漸走向「繭居族」的理性距離。前者的我較無自信，喜歡當個拯救者，常在「被需要」中找成就感，自我的時間在這樣的過程中被壓縮剝奪，永遠把自己擺在最後，記得當時成長團體還將我們學員分類，我被分在「聖女貞德類」，是「不只幫別人釣魚，還會餵魚給人吃的人」。其後，我開始一點一滴收回自己的時間，減少不能彼此成長的聚餐及被依賴的扭曲關係，「為自己出征」……

想到母親我不會跳出「理性」二字，而是「宿命」二字、傳統「油麻菜籽命」、「失去自我價值」的形容，這也是我一直「抗拒」、「反其道而行」的基調，強調個人的「心靈獨立」與此有極大關聯。所以那

對我而言不是理性而是控制，因此與人總保有距離……

12 月中曾參加完形玩夢工作坊，在其中也探索到生命事件，老師發現我在敘說這些被視為生命中的不堪事件時，臉上帶著笑，她要我覺察，我說「其實我有發現，我有時不知是因為一次次回溯而療癒了，或是麻痺了」，前者是因為用心，後者是因為太痛。我想我是屬於前者的，我知道自己的狀態……

「我要找到什麼時候才覺得夠？……」

我想 Scott 的文字又映入眼簾：「只有追尋的過程是我們平安和樂的泉源，不是最後的獎盃，這就是你來的目的。」

找的過程便是一種享受，深深的與自己同在！

謝謝老師的用心及分享

針對〈找回自己？〉這篇，以荷回應寫說：

其實夢後一直在反芻著，團體後一直在發酵著，至今仍持續著……年前我便將老師寄給我的上篇寫完補充心得，下篇看完了，但一直到今天 2/7 凌晨才又提筆寫下篇心得，年前的想法與現在略有不同，是多了份確定。

2/4 做了個飛翔的夢，每次有這樣的夢都令我振奮，很短的片段：我在水中的一處平地，想離開所待的地方，我騰空而起，初始有點懷疑是否可以安然降落在對岸，畢竟水面廣大我也是旱鴨子，後就順勢飛在水面上，離水約二至三米，近岸上有一名男性看著我飛過，最後我平安降落。

以前幾次飛翔的夢有時為了飛更高或不讓自己墜落，都會擺動雙腳，每次都十分愉悅，這次沒有運用此「助力」，也就「此岸到彼岸」了，所以對未知的擔心有時是多餘的呢！……

　　以荷後續的夢讓她更相信自己，對未來也更篤定。這讓我更確信，當我們開啟了與夢對話的頻道之後，一方面我們會調整對自我以及對現實的認知，進一步調整生活內涵與方式，而夢也會繼續回應我們的處境位置，確認我們的方向是否安全。夢能引領生命方向，也能療癒過去創傷，轉化生命的樣貌。

　　寫完了以荷的夢之後，我繼續書寫宇姮的夢，當時就是單純地跟著在團體分享夢的順序寫，我充滿雄心壯志，天真地以為可以一個夢接一個夢地寫，我並沒有特別選擇要寫誰的夢，因為每一個在團體讀過的夢都很精彩，我都想寫。

　　寫宇姮的夢，寫她的生命經歷與轉化過程，很療癒，一個堅韌善良的生命本身的存在，就是一個發光體，不用特別做什麼、說什麼，就足以照亮周圍的黑暗。她很擅長記下自己的夢，也很積極地與夢對話，她讀完〈夢引領生命蛻變〉，回我一個長長的 email 寫說：

淑媛老師：

經過這些年的不斷返回觀看原生家庭，

我看見我的父母都是思想很單純、心地善良、生活卻很艱困的鄉下人，

他們成長於資源缺乏、沒能力供他們好好求學的家庭背景，

兩人婚後共組家庭，

要長年面對自己無解的情緒困擾，並扛起艱困的現實生活，其實很不容易，

我能理解他們處在精神與物質資源同時匱乏的生存環境，又必須奮力撐住一個家庭的壓力與辛苦。

這些年，

我漸漸理解他們的痛苦不是我造成的，他們的吵架也不是我的錯，

雖然他們對我的不當對待嚴重損害了我的自我形象，也影響我成人之後的人際關係。

然而我漸漸知道自己不是一個很糟糕、不值得存在的小孩，

而是一個渴望父母疼愛、卻得不到的小孩。

我看見自己幼年的渴望也看見自己幼時所受的傷，

選擇不只理解並感謝父母的辛勞與付出，

也勇敢承認傷害，承認自己真的受了傷，

而誠誠實實將受傷的自己認回來，

練習給自己所需要的疼愛，將害怕的小宇姮溫柔擁抱入懷。

就這樣日復一日，年復一年，

我感覺在愛的滋潤下，我內在的力量天天滋長，

於是終於能夠發自內心原諒我的父母，

能夠真心疼惜他們，同時也不捨自己，

不捨這麼小的一個小孩子，

竟然要承受父母龐大的情緒，

還要想辦法讓自己可以活下來，

這真的很不容易。

我不知道我是怎麼辦到的，但我知道這絕不可能是我自己一個人的力量，

但我心裡很感恩，這些年有機會接觸信仰、接觸諮商、接觸讀夢團體，

我在生命不同的轉捩點遇到了很多很重要的貴人相助，

他們給了我無數疼愛、理解與鼓勵的寶貴體驗，

也耐心陪伴著我成長，

看著我慢慢轉化生命苦難的經驗，一點一滴成為助人者的珍貴資源，

這真的是一段毛蟲破繭的緩慢過程，中間歷經好長一段生命的黑暗期，

能有力量突破一層層又黑又暗的厚繭，

我知道這絕不可能是我自己一個人的力量，

是有很多貴人的相助，陪伴著我一路走過來，

淑媛老師就是其中一位。

昨天下午收到淑媛老師來信，我一看完就哭了，

接著讀完老師寫的第十二篇〈夢引領生命蛻變〉的記錄，更是淚流不止，

是啊！過去成長的歲月再如何不堪，也都已經過去了，

如今我已過了四十歲的年紀，

以後的人生是自己的，要喜悅自己，也跟幼年的害怕好好說再見，

有一個全新的生活正等著自己，要勇敢去相信、去闖、去開創。

謝謝淑媛老師這些年來，讀著我不同階段的夢境，

以生命聆聽了我的生命，聽見我心靈深處的聲音。

　　我鼻酸眼濕，慢慢讀完宇姮的信，打從心底敬佩她這個人，四十多年的歲月，承受了這麼多苦難之後，仍然是這麼溫暖善良、清明自省的人，而且不斷努力精進，所謂真金不怕火煉，是不是就是這樣？

　　宇姮的夢完成之後，依照順序，下一個就是黛亭的夢，我已將之前黛亭在團體中讀過的夢都找出來，用一個檔案夾好好收藏，準備啟動。而且為了要寫她的夢，還特別加快速度閱讀《紅樓夢》，因為讀了她幾個夢之後，我總覺得她體內同時存有林黛玉與王熙鳳兩個人的性情。她前半生努力在平衡兩人之間的差異與糾葛，但我彷彿看見她終於要擺平兩者之間的衝突，即將整合林黛玉的感覺能力、詩人才華，以及王熙鳳的幹練犀利與對人性的穿透力，我拭目以待，也很興奮，即將要開始寫她的夢、她的生命歷程，我感覺到黛亭的夢必會帶領我更深刻體會與平衡生命的原始矛盾。當時已經是隔年的春天，讀夢團體進入第二期，我寫的速度已經遠遠落後，正努力追趕著，但沒想到因為學校工作加重以及母親驟然病逝，將我彈出寫夢的軌道整整一年多，直到黛亭的怒吼，團體好像已經著火了，才終於將我拉回，〈面對團體衝突──我與黛亭的英雄之旅〉這篇書寫，就在這不預期的團體衝突中產生。

② 團體衝突引發大量迴響

　　所有的團體工作理論教科書幾乎都會提到衝突，我頗不以為然，因為這麼多年帶團體的經驗，幾乎很少有衝突的場面。讀夢團體很尊重每個人，不要求也不誘導成員過度揭露；不批判或評斷他人的投射；不給夢者建議或諮商；不處理抗拒，這些規則都能增加團體的安全感，因此，爭議與衝突的情境並不常發生。但是，沒想到我們團體會發生強度這麼高的衝突，或許真的應驗，關係越是親密熟悉，彼此距離近，相互摩擦的機會就多了。這回衝突的問題來自分享夢機會的公平性問題，此外，我敏感度仍不足，生命素養還不夠豐厚成熟，仍會不謹慎說出讓人不舒服的言語，也會忍不住犯規，衝動激情，分析夢者內在心理動力與處境，急著給建議，告訴夢者該怎麼做，因而踩到了夢者的界線。這些突發的衝突事件提醒我，對於讀夢團體的帶領工作，我還是有很大的磨練學習空間。

　　寫了〈面對團體衝突〉一文，因為黛亭是本文主要當事人，我必須先寄給她，徵求她同意與確認我對團體現場書寫之確實性之後，才能寄給團體其他人讀。我一完稿的那天清晨，立刻寄信給黛亭，開始等待她的回覆，即使不到一天的等待時間，我已經感受到心裡有些忐忑不安，擔心我對這件事的誠實自我揭露，會不會再一次傷了她，或引發我們再一次的衝突。結果，我的憂心是多餘的，當晚她發給我一封簡短電子郵件寫說：

老師：

　　檔案已收到，因為跟讀書會在中部小旅行，又兼體力尚未恢復，只能匆匆瀏覽一下，無法細讀。

　　對於老師用這麼長的篇幅讓我知道妳的感受，我真的很感動。

　　要回應老師實在需要很長時間，而我在星期日前很難找到足夠的時間，無論如何，老師就照原意貼在 FB 上吧！

　　對於老師，我是抱歉的，對於這整件事，我是感恩的。

　　我只能在之後再給老師回覆了！

　　祈願老師一切平安。

　　即使信件很短，讀完信，我仍鬆了一大口氣。我不確定她接收到了什麼訊息，將給我什麼樣的回應，但是至少我們之間的溝通平台已經是暢通的。我可以放心地說真話，我可以坦承說出我的偏執與弱處，可以說出我的堅持與信念，更可以放心地訴說她怎樣讓我受傷，我怎樣看這事件。這樣開放的互動尺度，讓我覺得自由暢快，讓我可以伸展，繼續潛入深處，繼續精進練功，我很期待她的後續回覆。

　　收到黛亭的確認之後，我將〈面對團體衝突〉一文在下次團體聚會幾天前寄給團體每一個人，事實上，這並非僅是我與黛亭之間的事，是大家的事，也是我對團體的反思與心得，我將這過程當作課程學習的一部分。團體是屬於眾人的，兩人之間的爭議衝突，勢必影響了其他人的情緒與權益，影響大家留在這個團體的意願，是團體的危機。我當然希望衝突不要太頻繁，才能專心讀夢，只是，無論在哪個社會情境，尤其是處在一個比較民主平權的社會，人與人之間的衝突幾乎是無法避免。或許我們要更努力學習的是，萬一衝突真的發生時，該怎麼化解，怎樣轉化為真正的溝通，允許彼此說真話，並在衝突中得以深入看見自己與他人，才能使彼此之間的關係更結實鞏固。

　　若要問我，怎麼化解衝突危機，我也沒有答案，更沒有技巧可教，唯一能幫我的，就是盡力地誠實，盡力地往自己內心深處探看，敲一敲自己的心是虛或實，感受自己所說的話與行為動作是真誠還是虛假，誠實地問自己愛什麼，想過什麼樣的生活。逐步接納衝突的事實，接納自己不完美，比較可避免因為受了傷就放棄所愛，全盤皆輸，也才能減少因為過度防衛而攻擊傷人。我知道我很珍惜「南勢角讀夢團體」，這份珍惜驅動著我，努力將團體拉回讀夢的軌道，而不是顧著保護自己，我期待這篇衝突反思能引領團體一起來省思這事件。大家可能與我一樣，也有很多的感受與想法，但是很難在有限時間裡說清楚。思緒是需要反覆思索、一再感

覺，才能精確地表達，書寫本身就成為一個最好的途徑，這就是我所說的另一個團體溝通的平台，希望藉此能化解彼此的芥蒂與焦慮。

信寄出之後一兩天，我陸續收到幾位夥伴的回應與鼓勵，第一個回應我的是看見他人受傷疼痛會很焦慮的宇姮，總是給予我很大的支持。她對我的敬重與讚美，讓我覺得害羞，一直猶豫要不要公開這封信。直到最後整本書幾乎要完稿了，我再一次閱讀書信往來原始資料，才看見這封信的另一個面向。我發現這信其實就是宇姮自己的畫像，她所看見的我也是她自己，我沒有理由因為我不自在這樣被關懷支持，而隱藏這封信，她寫說：

親愛的淑媛老師：

收到妳寄給大家的信是在今天早晨七點半，現在已經快要九點半了，這將近兩個小時的時間裡，如同老師妳珍惜我的文字書寫一樣，我也什麼事都沒做，只想慢慢品讀、細細感受老師字裡行間想要表達的感受與想法。我原本希望很專注地一口氣讀完，卻是沒有辦法，因為有好幾次，我讀著讀著，滿臉的淚水就模糊了視線，使我沒辦法看清楚電腦螢幕。謝謝妳願意將內心深處說出來讓大家知道，這相當不容易，卻是好重要。

我的眼睛、我的心腸隨著老師的文字一句一句緩慢移動，彷彿又重新走了一趟那天下午情緒高張的團體歷程，不同的是，這一次行走的過程裡，我得以更清晰的看見在那些不容易的衝擊當下，老師妳是怎麼在承擔、怎麼在感受、怎麼在思想，還有最後怎麼做出決定與反應。妳用深刻的文字說明了複雜的內在歷程，並不絲毫迴避受傷的感受與強烈的衝擊。

我很感謝有機會看見一個人這麼勇敢、真真實實的呈現自己，看見這一個人生命的脆弱及勇氣交織在一起，是這麼的美麗。

大概我與崇寬老師也有相似的地方，我還是不確定我是一個勇敢的

人，我也不確定我是否真的「真真實實的呈現自己」，我努力勇敢，努力真實，但我清楚看見我經常出現的脆弱與無法克制的偽裝隱藏，因此，不好意思將宇姮的信編入這篇文章裡。我很驚訝我自己的改變，或許當我們能不卑不亢接受他人的真誠關懷讚賞時，才能看見欣賞他者之美。因此，最終決定將這封信加入，當然也徵詢了她的同意。

不久，我也收到阿國的電郵信件，他與宇姮的格調幾乎南轅北轍，感覺好像一個是熱池，另一個是冷池，還好，我喜歡冷熱交替泡湯，可以讓身心更放鬆，讓大腦安靜下來。阿國信裡提醒我，他認為讀夢團體就是一個禪修團體，他引述《喚醒沉睡的佛》一書，提醒我不要落入世間八風，以免在苦海中越陷越深，八風包括得、失、利、衰、稱、譏、譽、毀，例如當別人讚美我們時感到快樂；當別人侮辱或責備我們時感到難過；聽到不喜歡的話，便感到沮喪等等，阿國寫說：

> 我常常用此八風來看我自己，是不是（心念）又被搞了，而讓自己陷入難過及沮喪，而侵蝕我的菩提心，在夢團體中，從羅曼、到黛亭姊的經歷，我真的覺得，這只是一點點衝擊，夢團體如果繼續往核心走，或許就會開始變得不一樣，大家將會不同。
>
> 我覺得在八風中最難越過的是「譽」（自尊、名譽），老師您若覺得受到了衝擊，而久久不能復元，那您那堅定的菩提心，將如何鍊成金剛心？
>
> 所以～～這點點小事～～請您別受傷而想退了！

阿國給我的印象是個大將軍，一個極力想卸下盔甲，離開沙場，努力修行求道的戰士，但他卻又驍勇善戰，一再被重用，無法退役。在團體中，多數時間他毫無將領派頭，靜默坐在角落傾聽，總是最早來，幫忙安排場地，然後最後走，清理垃圾，讓屋主的客廳還原。有時候他會帶著長鏡頭相機，偷偷幫大家拍照，像是藏身幕後的工作人員，很低調。但只要他發言，將軍的天威氣勢自然現前，大家都很專注聽他要說什麼。他的信

總是精簡，充滿禪意，記得兩年前團體剛開始時，他參加了兩次團體之後，寫了一封信給大家，我覺得很有啟發，便好好收藏著：

> 淑媛老師晚安
>
> 以前我問師父，究竟誰才是我的師父
>
> 師父告訴我（師父從沒說我是他的弟子）
>
> 師父的師父就是師父，你問的是哪一個師父
>
> 師父說三百年前，師渡徒
>
> 三百年後，徒渡師
>
> 假若我不是第一次來到地球
>
> 那肯定
>
> 淑媛老師、教授及各位學長同學，定在過去世，曾不厭其煩的引領過我
>
> 讓我這回還有如此因緣，在讀夢的團體中～再次的成長！
>
> 六祖也說過，重要的不是這朵花，而是能一花開五葉，結果自然成
>
> 我在公司裡，最大的喜悅不是比誰賺得多，而是在開疆闢土過程中，為
>
> 公司創造的成就
>
> 我也相信
>
> 成為老師最大的喜悅～是教出能對人間大作為的學生，而榮耀其師
>
> 所以～我真的很榮幸能接受淑媛老師及教授對我的引領

　　我們的團體不需等三百年，每個人都同時為師為徒，師徒角色隨時在置換交錯。兩年後，阿國在我陷入團體衝突糾葛的時刻，與我分享佛法和自身修行經驗，強而有力訓示我：「老師您若覺得受到了衝擊，而久久不能復元，那您那堅定的菩提心，將如何鍊成金剛心？」他這番話，讓原本想都沒想過要練就金剛心的我，激發更大的願力，開始想要摸索前進，去認識何謂金剛心，又將如何修鍊。我回信給阿國，修行之路對我而言相當不易，總是迷了又悟，悟了又迷，來回穿梭，世間八法，每一關都很難修鍊，只能不斷反思提醒。

在這同時，我也收到團體另一位幾十年來都在當志工助人的大菩薩釋美來信：

Dear 淑媛老師

讀著反思文章，猶如看著妳打了一回精彩絕倫的默照禪啊

生命是艱難的，隨時會有波瀾。生命是甜美的，處處都見禪機

驚嘆妳的明覺能力，隨喜妳的勇敢誠實

能這般深刻的自我爬梳與細膩的剖析他人

而且，又能經由文字去精準、清楚的表達

我想，除了是妳的專業素養之外，更是妳具足慧心

是啊，誠如妳所說，帶讀夢團體正是妳精進修行的道場

阿羅漢聖者都還有習性，何況我們這群尚在凡夫地的俗子

看著妳在團體中不斷經歷挑戰與檢驗，情緒雖有起落，

生命卻也日益醇厚與圓熟

親愛的老師啊，透過帶領讀夢，妳正走在成人成己的大道上，

這可是一大因緣哪

花開花落有其時節，待哪日緣滅，自然歡喜離散

而此刻，花朵才要綻放，正有勞巧手園丁照拂，妳是斷斷不可擅離職守

喲……

往後到台北辦事或上課如需打尖處，就住我家吧

妳來，可以啥話都不說，只是洗澡、睡覺，單純的、安靜的休息就是

第二天如果起早，不妨到新店溪畔沿著岸走，那是我每天的定課

走到中正橋，橋下流水無聲，橋上車馬隆隆，自然和人為交疊倒也相諧

──此心若無礙，六時恆自在。

想感受「當下無事」的境界嗎？歡迎妳來咩

釋美對我的讚美與期待也讓我有些羞愧，承擔不起，但又享受被她緊緊的擁抱、支持與同理。我也喜歡她將書寫過程譬喻默照禪，喜歡她對生

命的淡然、修持與洞識。我相當驚豔地發現，釋美的文筆非常好，文字深邃優雅，情感豐沛，很動感鮮活。然而，將近兩年，她沒在團體中分享過夢，總是一身寬衣、素顏、短髮，笑容滿面，低調專注傾聽他人的夢，沒有人知道她內在玄機。我們團體特別之處是大家謹守規範，如果沒有主動揭露，盡量不探問個人隱私，包括從事的工作與各種身分角色，甚至真實姓名，都不需要在團體中透露。兩個月之後，我第一次有機會讀她的夢，果然證實我的直覺，她真的是專業的文字編輯與寫手，曾在一個著名的宗教慈善機構雜誌工作多年，這樣深藏不露的內斂工夫，讓我折服。

不過，寫團體衝突這一篇的過程，我完全沒想過是在打默照禪，比較像話頭禪，因為內在問題一堆，一直問一直問，問到最後，石破天開，豁然開朗。但經釋美一提醒，好像也是，只是進入靜默的過程，相當相當緩慢。兩年多前的春天，在南勢角讀夢團體開始之前，我到金山法鼓山打十天默照禪，默照禪法簡單地說，就是讓心念安靜下來，在絕對的靜默中，在身心放鬆的狀態下，就能照見光明，就能明心見性。但是要達到絕對的靜默對我而言，相當不容易。即使在禪堂是禁語、禁止與人互動或眼神交會，但這不代表自己就不會跟自己說話；不代表大腦就不會浮起過去往事，或幻想未來；不代表心就不會煩躁、沮喪、焦慮不安或欣喜雀躍。但只要練習一些時間，打坐是能讓身心快速放鬆的好方法。打坐原本就以放下為修行要領，無論天崩地裂，就是要如如不動。但研究不一樣，乃以解惑為本，而以書寫的方式，在一團疑惑中找尋答案，讓疑惑止息，或者藉著書寫讓情緒平靜。這其實有點像徒手划獨木舟，用盡身體每一個細胞的力量，但前進卻相當緩慢，這過程會氣喘流汗，上氣不接下氣。每一次的開始，都不能確定是否能到達彼岸，但無論如何，都能長一些肌肉，讓五官感覺別繼續鈍化。書寫雖然辛苦，但除了自身練功之外，那歷程與結果都可與他人分享，也與未來的自己分享。因為文字的分享，才讓我有機會看見阿國與釋美他們多年豐厚的修行智慧，他們對我的提醒讓我更感受到團體的珍貴，能有這樣一群人一起讀夢，是相當難得的因緣，不要輕易退轉初心。

　　然而，與黛亭的衝突化解之後的下一次團體聚會，又有另一次激烈的團體衝突。那天，有人緩頰建議團體繼續讀夢吧，將衝突暫時擱置，讓時間療癒一切，但當下我尚無法平靜，直接斷然說出：「我不想帶了」，我已被不舒服的情緒灌滿，已經沒有足夠的空間關照整個團體。這回我沒有那麼理性地拾起「專業」角色，我寧願放棄專業聲譽，讓人批評我是不適任的帶領者或老師，也不要委屈自己做不想做的事[9]。不過，那當下我也沒有要離開團體，一走了之，我只是不想當帶領者，也不想當指導老師了。精彩的是，就在這時候，大家都挺身出來，用他們自己獨特的性情與專長，將團體拉回，塵夢甚至自願承擔，當救火隊先鋒，接下帶領者工作，繼續維護這個讀夢的所在；而崇寬老師在那一刻，仍對團體絕對信任，爭取要當夢者，請大家讀他的夢。團體的張力與衝突，因為當下大家勇敢成熟面對，因為後續的書寫反思，讓我們彼此更坦然自在，更能相互信任。

　　幾天後，黛亭開始實踐她的承諾，電郵大家一篇很優美的書寫「回淑媛老師信之一」，她憑著詩人的銳眼與敏感度，以及文學能力，對事件本身以及對團體都有很深的洞識：

　　　經過上星期的團體（4/26），內心震盪不已，我看到這個團體的成
　　員居然都是多情種子，只是這些多情種子沒去寫《紅樓夢》沒去撲蝶葬
　　花，卻個個都在煉石補天──補自己的，或補有緣之人心口那深不可測
　　騷動不安疼痛難當的破洞。

　　　在那樣互相激盪互相支撐的氛圍中，我好像忽然看見淑媛老師一手
　　捧著傷口，一手卻趕緊安撫學生；我看見羅曼的淚眼彷彿在說：我平常
　　愛跟你們開玩笑，可是當我捧著我的夢，我其實是捧著我赤裸裸的心，
　　這時請你們一定一定要溫柔慎重的對待我啊！

9　這次衝突在本書完稿之前已化解，寫下與否，靜待未來因緣。

　　我也在崇寬老師的夢中讀到如李白一般的浪漫奔放，自然率真，卻也有他卓爾不群，獨自低迴的悵惘！

　　而這個溫暖又使人透澈明見的氛圍——若不是淑媛老師對夢的力量堅定的信心，願意走下權威座椅的嘗試，以及大家愛的接力，使得上課現場真實如同一場夢境的展開——怎麼可能輕易得到呢？

　　跟著大家走過星期天的風雨如晦，千山萬水，卻又被愛滿盈，在這樣的心情下，沿著淑媛老師回憶的路線，再一次反思到底發生了什麼？

　　必須要說，剛讀信的時候，真為老師的書寫驚嘆，真好的記性啊！（我因為兒時從櫃子上跌落，撞擊腦部以至於昏迷，從此記性一直不太好，從不能完整背完一首長詩。）老師每每精準回應我們夢的細節，我們自己都忘記說過的某一句話，都是源自這樣好的記性吧！

　　此時我看著淑媛老師筆下的黛亭，彷彿是一個在現實中就做著夢的女子，那難掩的情緒，那強烈的想要逆轉的渴望——我究竟想要逆轉什麼呢？下一個就要輪到我讀夢的期待忽然落空，這個落空使我如此不能忍受——好像排了許久的隊終於要到手的雞腿，忽然被宣告遊戲規則改變，重新洗牌（雖然事實上我很清楚第二輪的讀夢的確開放給任何此時想加入的人），要與我競爭雞腿的人是老師這件事更令我無法忍受——那種「怎麼又是我」的悲憤感，使我在午餐的時刻食不知味，後來發生的事情大家都目睹了（我當時也感到自己的任性，也似乎隱隱然覺得老師會像母親一樣對我的任性無可奈何——這樣的戲碼從青春期開始上演，我平時是母后的順民，日漸蓄積的不平能量，久久會爆發一次，最後一次我哭著對母親說：妳為什麼這樣對我？母親總是無法回應我——奇怪的是她也不曾為此責備我，這樣的女兒顯然很讓母親頭疼）。

　　我想我的命運改變了，這次我非常幸運，老師不但把雞腿讓給我，還接了我的招（我要老師幫我解夢，其實是新的嘗試，向女性權威說出我想要什麼，其實並沒有那麼容易），那時的我完全陷在自己的狀況裡，根本沒有考慮到老師的身心狀態。

　　然讀到老師「準備好了要與某一部分的生命糾葛做個了斷」，我才

看見「他者」——怎麼會這樣？剛好那天我安頓了自己，卻阻礙了另一個生命面對自己的機會，也延後了我們經由讀夢與老師更深的相遇。

然而，這樣的看見，在整個事件中具有重大意義。

黛亭這一封回信，好像是特效創傷藥膏一樣，快速療癒許多大傷小傷。黛亭的第一封信不但在幫我敷藥，也在撫平其他人的傷，在那天團體衝突高張的現場裡，我已看見她對人的深度同理，但她的表達卻又充滿感性與詩意，不著痕跡地安住眾人之心，協助化解衝突，她真的與自己的核心相連了。她並沒有阻礙我面對自己，相反地，她強力督促我面對自己，也幫我與許多「生命糾葛」做了斷。

我回信給來信的夥伴，我看見與黛亭之間的交會是正向滋養的，她因此更透徹了悟與靠近自己，我也經歷了狂風暴雨的考驗，生命的腳步更踏實沉穩。我們都願意放下一切，專注探究夢在說些什麼。讀夢之後，她的心安靜下來了，回到自性，進入生命核心，而我完成了當下的任務，我的傷就已經療癒大半。也因此，她對團體眾人「煉石補天」的比喻，緊緊抓住我的目光。我意會到每一次的讀夢，每一次的深度內在探索，就是在煉石鍊金，很不容易，很辛苦，有可能灼傷燙傷眼盲，但當看見金石從烈火中浮出原型，那一刻是很興奮的。只是……只是……補天是多麼不容易的工程！要補幾生幾世才能圓滿？

黛亭的信好像還沒寫完，我很期待下文，她文字濃郁入味又有穿透力，讀來過癮，我靜靜等待，不敢吵她，生怕她感覺沒了，就率性不寫了。等了一兩週，「回淑媛老師信之二」出現在大夥的電子信箱裡：

「當黛亭抗議我的公平性時，我還能理性反思與傾聽，然而，當她憤怒地指著我說：『……妳那個什麼老鼠的夢……』」

——（原來是這個部分讓老師傷心難過！而且幾度想回到咖啡店再寫都沒有辦法。）

在這個場景中的我，似乎是一個冷血無情的人，一點也不在意老師

的死活，對於老師幾乎要面臨癌病的疑慮，及劫後餘生的感覺毫無同理心。我仔細想想，那個早上聽了老師老鼠的夢之後，是怎樣的心情？有三個主要的感覺：一是還好最後老師沒事了！二是我很佩服老師在夢中為了救老鼠一命，克服害怕噁心，抓著牠往森林跑（換作是我，無論如何也沒有勇氣抓老鼠），三是老師對於「**夢真的很有智慧，能療癒身心，指引我們生命的出路**」具有如此堅定的信心，我希望自己也能再堅定跟夢的關係（就更想讀我的夢了——其實一早並沒有那麼強烈想讀，所以沒打字，這會兒渴望增強了）。

而當我說出「妳那個什麼老鼠的夢」，一方面真的是記性不好，「那個什麼」就成為我努力回憶時慣用的連接詞。另一方面這時老師生病的事的確完全沒有在我的顧慮之內，我也有可能為了抗議而故意使壞，把「那個什麼老鼠」用比較輕蔑的口吻說出，因此直接造成老師的受傷（唉！回顧自己的殘忍，真的也滿殘忍的——我害怕受傷，卻也在許多未曾察覺的時刻深深傷了別人）。老師，請再次接受我的道歉吧！但願這件事能提醒我時時記得看管自己傷人的刀劍。

讀到：「**我拾起老師的角色，先將自己的感覺擱置一邊，以面對當下問題為前提**」，這的確是當時我所感受到的老師的專業，也是我那時很慶幸後來卻很擔心的一點，我的心情被照顧到了，那老師誰來照顧呢？老師能夠藉由書寫一點一點療癒自己，反觀我呢？是那種要不到的痛螫得我胡鬧，頭破血流還是要，到最後絕望了認分了，可是難保幾時又無明起來，潑辣耍賴的要。我祈求上帝的慈悲，當溫暖的愛照耀無明，這戲碼也該到謝幕的時候了。

對於老師說到「**一覺得自己被信任，好像就回神了**」，真的很佩服，老師回神的能力真的很強，整個讀夢的過程，我的確感覺到老師對夢的好奇與尊重（即使面對壞學生依然如此）。前幾天跟一位心理諮商師朋友聊天談到此事，她說我這是非常挑釁的動作，要求老師帶著傷還要照顧我，而且其他成員不會憤怒我佔用團體這麼多時間嗎？我這朋友情緒激動，彷彿她自己正經歷同樣的挑戰。當時我便十分慶幸自己是在這樣

充滿著支持的團體，我並沒有承受到老師或同學任何負面的對待或指控，反而同學們都是接納的態度（除了阿國之外——我有記得哦），讓我在這次的事件中得到很大的滋養及成長。

經過這次事件使我感覺跟老師跟團體比較接近了！不然其實之前我也跟老師那個學生有類似的感受：老師，妳在上讀夢團體課程的時候很溫柔……平時一身黑衣，一下課就快速閃人……不容易親近。

老師說不打不相識，經由這樣一場衝突來現身是我的需要嗎？現身之後，大家都看見了我的渴望與衝動，我再也躲不回去了！就像我對那位諮商師朋友所說的：在這樣的事件裡我特別感覺自己不折不扣的活著！

讀完黛亭的第二封信，有點驚訝，我自認為在團體中已經夠開放與自我揭露了，沒想到在黛亭的眼裡，我還是一個穿很多、緊緊將自己包住的人。或許真的是角色使然，在講台上的我很難讓自己無力、挫折、悲傷、自卑、生氣、焦慮……這樣怎能為人師表？然而，在讀夢這門課，我們要鍛鍊的不就是要察覺、接納與統整自我的各個不同面向，慢慢邁向內外一致，如其我是的存在嗎？我們要成為一個人，而不是一個或數個僵化不合理的角色，或許當我們終於無法躲回原本既定的角色時，我們才能如黛亭所感受到的，不折不扣地活著！

黛亭的自省，也讓我更理解生命的本質，看見自己的模樣。當我們在受傷、生氣、覺得不平自憐、甚至脆弱疲憊的時刻，注意力都僅能在自己身上，實在很難感受到他者的存在，更別提會有愛的能力了。而且，在這時刻，內在的嗔恨如尖刀利劍將隨之一起湧出，但我們卻看不見已經亮出的刀劍，一不小心就傷己傷人。原以為自己是受害者，所以當要出手防衛自己或攻擊對方時，就會用蠻力，如困獸之鬥，成為很危險的攻擊者。黛亭的自我看見，像我眼前的一面鏡子，也幫助我更清楚看見自己。當我受傷的時候，總覺得自己是被壓迫的一方、受害的一方，卻看不見自己的刀刃也已盡出，正胡亂砍殺一番。這讓我更認同歐文・亞隆的老師羅洛・梅

之論述,他看見暴力的起源來自無力感、無助感,以及無知。

團體裡處於衝突狀態時,事實上就是大家以更原始的自我相見,是一種深度的自我揭露,不再有太多妥協與隱藏,某種程度也是象徵團體的開放與自由。但也因為原始自我是獨一無二的,彼此之間的差異就更大,也因此,不一致、爭議、甚至衝突的頻率也更高。做自己的過程,必定不斷地與既有的環境氛圍衝撞、談判、協調。我覺得很慶幸,這個團體已經蓄藏足夠的能量,讓我們練習做真實的自己,也讓我們學習衝突是怎麼一回事。

有關團體的衝突心得,在現場極力協助化解的詠真,她隔日在部落格的 PO 文最傳神,她寫說:

真的,這鐵定是終生都很難忘的一次團體經驗。
因為即便我有機會參加很多團體,
但能到這個階段的團體實不容易,或者能過這關的更是困難。
因為那些識相的社會化,或者很會保護自己的不受傷,
會自動化的帶我們閃過、躲過、跳過、打岔呼嚨過,
不敢直視彼此雙眼。
但上天或許覺得,我們差不多準備好可以一起攜手來學習這個功課了,
這是第一次親身經歷那團體動力書上,
描寫團體到了某個更信任、靠近的階段後,也同時會出現的驚濤駭浪、
驚心動魄的衝突。
我們都在最近,一次次領受了團體有它自己的生命力。
因為一個也不能少,因為對團體的珍惜,讓我們更願意勇敢的面對內在的真實,
一起攜手走過團體的關,把危機化為轉機。
謝謝夥伴們的牽手不放(真是有力量啊),
我們才有機會經歷團體過程中那有時看不見、聽不到的千言萬語,
每一顆往裡吞往外流的眼淚,都在訴說滿滿的渴望——

想被懂、被理解、想被接納、被在乎、想被珍惜、被尊重。

我想，往後朝內心走去的這條夢之路，我們更要鼓起勇氣風雨與共了。

我們是約好一起來練習勇敢以及做更真實的自己的嗎？

如果是（是），那真是個很美的回答。

　　當天，詠真與槿風在衝突的當下，兩人商議決定勇敢站出來引領大家面對衝突。詠真以溫柔理性的語音，深度同理眾人受了委屈的心，當受傷的心能被看見，生氣憤怒與對彼此的指控就會慢慢消融，她們能勇敢挺身化解衝突，因為她們很珍惜這個團體，也因為她們所具有的專業智慧。這個團體就在大家以不同方式集體救援之下，繼續活下來了，而且彼此的凝聚力更深，大家在這團體裡更開放自在。也因此，就在下一次的聚會，我已經可以放鬆地分享夢，復元的速度比我想像中快。團體之後的文字往來，也讓我對這個團體的信任更深、承諾更強。

③ 不預期地寫下自己的夢

　　因為分享自己的夢之後而寫下了〈我的夢──我懷孕了〉這篇文章，更是個意外，我完全沒有預期會寫自己在團體分享夢的經驗，尤其寫出自己在藝術方面的眷戀、自卑與失落，這讓我很驚訝，也終於卸下了心頭一塊重石。事實上，這每一篇文，都不是預期計畫的，是沒有計畫書的書寫，我只是跟著團體寫，遺憾的是，我無法緊緊跟上，有很多遺珠之憾。雖然我寫自己的夢，但寫自己的過程，總是會寫到他人，這一篇因為有引用我學生的臉書貼文，也寫了一點我學生的故事，因此，在還沒寄給團體之前，我先寄給學生讀，獲得她的確認與同意之後，才公開給團體。隔天學生回了我一封長長的信，寫說：

Dear 淑媛老師：

不知道妳有沒有印象，我吃飯一向很快，

讀到好文時，我也總是恨不得一目十行一口氣衝到最後，

但讀到最後幾頁時又會捨不得，速度緩了下來，

難過，下次再遇到好文要等多久～

但這次閱讀卻緩不下來，一直看到最後一個字，

MM...I am done. 飽足了這樣！所以～～～感謝您的餵食！！

Eveything you wrote about me is true and can go public.

透過文章，看到已往斷斷續續的臉書訊息被串成一個故事，

熟悉又陌生，

連自己的也被放進去後，卻又是那麼鮮活不可逆，

我確實感受到老師透過臉書關心我，

還提供我支援、精神同在的力量！

我也一直很珍惜和感謝，

這樣被提醒、被呵護的機會！

陰暗自毀的部分一直都在，

在遇到老師以前、在完成論文以前，

我都覺得它是怪獸，是必須除之而後快的存在，

但現在我漸漸可以接受那也是我，

只是總要迂迂迴迴撞牆一陣子才又醒來～～～

啊～原來是這樣的

懷疑、憂鬱甚至憎恨這類的負面情緒

這些都很真實的在生活起落中出現，

只是很難在環境中去向自己承認「我有」！

不自覺地想隱藏、想轉頭不看，

但累極了，就會被迫面對～

如同您在臉書上傳給我的訊息：

「所以依照妳自己的分析，這沒電的感覺與壓力有關？怕事情沒做好，

開始自我批判，不滿意自己？但又已經很盡力了，沒電了卻仍擔心做不
好，就全盤放棄算了？是這樣嗎？妳是專家，我在等妳寫文章發表
呢！」

而我回應您：「喔喔！這真是一種不斷重複的模式對吧！」

工作後總也會遇到不順心或是覺得能力不足以應付的時候，

但我總會想想過去的成功經驗，

好比是「論文都寫得完了，寫個計畫書、成果報告算什麼」之類的～
（笑）

又或者是拋出訊息（如臉書 PO 文），

讓其他人知道我不好，然後給我支持鼓勵，

這些都像漩渦裡的一塊又一塊浮板，

我可以慢慢踩著它們回到岸邊，

爬上來！只要爬上來的次數比陷進去的次數多一次，

我就無所懼～

而我感謝這些讓我可以「多一次」的力量（不管是來自我自己的或他人
的）……

隨信附上了一些附註，有錯別字的部分，還有關於我母親過世的時間的
調整，詳如附檔。

讀完學生的來信，眼淚直流，擔心了一陣子，直到這封信到來，心才
覺得比較踏實，知道她又渡過一個難關，往前跨了一大步，而且我們之間
的連結也更強壯結實。雖然我在她臉書寫的訊息簡短冷靜，但內在情緒是
翻攪不安的，面對她，我知道我不能急躁，只要一急就會忍不住要責備她
不珍惜自己，只會讓她覺得更糟。用對自己反思的書寫方式分享我的感受
比較安全，不會帶刀帶槍。而且我寫的速度相當慢，可以一再重複閱讀，
一次又一次磨掉一點我直接銳利的脾氣。學生讀這篇文章時，她已經有能
量幫我改錯別字，修正錯誤訊息，我以為她母親是高一暑假辭世，但正確
時間是高一寒假。難為她了，因為我，她又再一次回到那傷心的記憶。

跟著學生給我的註解，我逐一修改之後，將〈我的夢〉這篇文章在下一次團體聚會之前，寄給大家。我知道我讀完夢之後鬱悶的感覺，也會讓團體跟著鬱悶，情緒是會相互傳染的。在團體分享夢之後，有時很舒暢，但有時會覺得悶，我並非特例。當我們去碰觸潛意識世界時，總有一些令人沮喪的真實自我現身，如何與這個真實自我共處共存，彼此接納適應，相互尊重，這要花一些時間。我很慶幸，這次有時間有力氣寫下整個過程，幫助我消化統整不同面向的我。這些都是真實的自己，之前他們各自為政，多衝突，少合作，難共處，經過細細爬梳，彼此之間照會了，能互相溝通，是很大的解放。不久，我收到黛亭「回淑媛老師的信之三」，回應我的夢：

隨著團體的前進，我跟淑媛老師的「英雄之旅」似乎早就寫下某個階段的句點。然而有趣的是，它卻開啟了另一段淑媛老師自己的，同時也是跟我們這個團體的，探索之旅。

由於我非常喜歡淑媛老師既坦誠又專業的文字，展讀老師的書寫，每每令我既驚訝又深深被吸引，且非常感動於一位獲得肯定與成功的教授，願意向我們揭開內在自卑的醜小鴨的面貌（咦！不是只有我小時候是醜小鴨哦？原來淑媛老師內在也有一隻醜小鴨？很佩服淑媛老師運用在讀書與教學方面的聰明才能，讓自己變成眾所仰慕的天鵝，那現在這隻天鵝教授，會如何面對內在被揭開面目的醜小鴨呢？）。

醜小鴨想要成為藝術家的渴望令人動容，尤其看過老師的攝影作品，特別是人像攝影，常能在瞬間捕捉我們平常不曾留意到的動人特質，我想，在這方面，老師的確慧心獨到。然而，捕捉天地剎那間的美，過著有藝術感的生活固然令人嚮往，但想要成為藝術「家」，則需要面對的，是極大的挑戰與壓力，就兢業業自我要求的程度，恐怕不遜於學術界的激烈廝殺！

「我一直貪心地想要兩全其美，我害怕貧窮困頓，怕看人臉色」，這個害怕我完全可以體會，我也有相同的恐懼，可是後來的立志與發展卻截

然不同，「……，**讓我害怕依賴人。我想自食其力，立志要獨力養活自己，而且要做自己喜歡的工作，要找到可以不斷成長，不會重複無聊，自主性高的工作**」，老師立了志且努力達成目標，黛亭版的卻是不知道自己要什麼，完全接受母親的價值觀的全面植入，嫁了一個條件好的老公，不斷在關係裡懵懂掙扎歷練。

因此而對老師要「**完全為自己人生負責**」充滿了好奇與探索之心。

老師說：「**日夜處在工作狀態，也不是單純地為了保有這份工作或是經濟因素，而是來自知性的挑戰，以及在意人與人之間的連結；在意能不能啟發學生的心智……**」，這樣美好的心意與理想，卻需一再面對學術界的武林高手，一再過招之下，勝利與傷痕成了生命中孿生的烙印。

看到老師極度疲累，而對休假一年，可以隨心所欲，顯得如此興奮期待。一年的時間正足以懷孕生子，老師說這或許是夢的脈絡。

展讀到此，懷孕的這個夢似乎有了一個充滿希望的完美詮釋（這也是我在讀夢之後曾經有過的疑問，夢，真的具有如此正向的力量嗎？為什麼大家在讀夢的時候，多給予夢者正向的鼓勵，還是說，夢即使指向不堪，而對這不堪的照見也正是走向意義、走向完整的起步？）

然而老師卻說：夢可以很簡單，但，也可以深不見底。

我想到懷孕的過程，雖然帶給母親美麗的憧憬，可卻也是一個女人最不安的時刻，孕程的每個階段都有它的危機，雖然現在醫學發達，在懷孕生產的過程中死亡的機率減少，但並不表示危險就不存在。

老師的懷孕之夢，帶給老師多麼深不見底的騷動？我忽然覺得孕婦是需要被小心照顧的。

黛亭的深度理解與提醒很觸動我。夢誠實客觀地反映我們所有，不像意識，經常偏執地只看見自己想看的，防衛性地過濾資訊，選擇自己想知道的。十多年來從自己的夢境裡以及帶領夢團體的過程，讓我明白，能成為大學教授僅是某個面向的成功，我仍不斷地發現自己的不安與焦躁。要讓生命踏實美好，自在輕安，依賴外在的成就是不夠的，我必須回頭照顧

我那一群自卑的醜小鴨。他們或許沒機會變成天鵝，但至少能夠成為快樂的醜小鴨。〈我的夢〉這篇書寫，某種程度讓醜小鴨不再繼續被我貼上「醜」的標籤，小鴨就是小鴨，要尊重小鴨不是天鵝的本質以及他們的成長速度。

④ 來自黛亭的挑戰：「老師有尊重、疼愛自己嗎？」

黛亭最後提醒，懷孕雖然是美麗的憧憬，卻也是最不安的時刻。我經常聽到當媽媽的人說，懷孕不難，難的是安全地生下來，更難的是，把孩子養大的過程。我沒生養小孩的經驗，但寫一篇論文，教一門課，帶領研究生寫畢業論文，帶領讀夢團體，維繫一個婚姻，連結一個家族……這些都是有機體，每一個開始都是新的生命，那過程的確興奮又不安定，很耗能量，當真得小心調養。我一進入中年就開始大病小病，對於自我調養照顧已經沒有什麼信心了，因此，當讀到黛亭的最後一篇回應，我就有點招架不住了……

回覆淑媛老師信之完結篇：

　　讀淑媛老師〈我的夢——我懷孕了（下）〉，光是略讀就要花掉一小時，這女子究竟花了多少時間坐在電腦前，只為了把自己梳理清朗？

　　老師在一連串他人的悲傷故事中，進廚房就不能怕熱的進入替代性創傷，我並無法真的體會常常需要與沉重生命故事工作的感覺，但此刻「被遺棄的女性」忽然躍入腦海，討論夢的時候我似乎沒想到這個意象，老師的夢中也沒有被遺棄或漠視之感，但讀夢之後卻進入一陣黑潮漩渦，漩渦中有著之前提到的那幾位被神遺棄的學生。

　　很感謝老師提到的：弗蘭克不厭其煩地告訴世人，每個人都具有這樣的能力，保有內在自由，有尊嚴的承受生命之苦。

老師心心念念，不只將自己帶出情緒漩渦，也協助他人不被痛苦淹沒，社會工作者，真像地藏王菩薩。

老師所寫的 Bill，遠看是傳奇，近看則讓身旁的人焦慮討厭孤單受壓迫。這兩者之間的落差，成為老師失落的親密關係。讓我非常不能接受這則傳奇對身邊的女性不夠尊重，也不疼愛，老師持續守著這個婚姻，一定是對這則傳奇的欣賞，超過了所感受到的苦；要不然，就是這個婚姻關係，透露了老師內在成長的重大主題，對了，老師有尊重、疼愛自己嗎？

當老師用烈火及颱風來形容兩人之間不可測的情緒風暴，我感覺到這中間的辛苦以及某種的失衡，真的覺得老師要好好照顧自己，練功的人太過精進反而內傷，練琴的人太過用功反斷了琴弦（但這也許是必要的過程吧）。

傑若所說的：「很顯然地，他的沉思是他發願要過美好生活，從他內心深處每天傳達給自己的資訊」，這實在是太美的一段話了！接著老師也帶來一段很美的話：「**就在思與寫的過程，我已經創造了美好的存在，已經正在打造內在自由的空間……但那是與真實自己的邂逅，好像僵硬的泥土被鬆開一般，我正在為自己的田地耕耘，為自己的人生負責。**」

真是一位不屈不撓又浪漫的耕者啊！汗水與創傷彷彿都化成對被耕耘之地的祝福了！

老師為自己的人生，以及為夢所做的，對我非常具有啟發性，我有時想著：老師是讀夢的藝術家，再沒看過這麼美的讀夢工作了！

祝福老師，以及這個美好的團體！

黛亭的信安撫我當不成藝術家的缺憾，而且一篇書寫能被這樣細細地讀，能這樣被看見，這是與另一個人的心交會交流，我覺得莫大殊榮與親密，心中充滿感恩。只是讀到她質問說：「對了，老師有尊重、疼愛自己嗎？」空氣突然靜止，內心支支吾吾，無法回答「有」還是「沒有」，一時之間無法搞清楚，我到底是怎麼對待我自己的，為何我能在這樣痛苦的

婚姻裡這麼多年？為何我魂魄如此不安？為何身體才到中年就開始崩解？這些問題的答案是什麼？我覺得渺茫無解。而黛亭的語氣好像在面質我，因為不捨我在關係中這樣受苦，她質疑我不尊重自己、不愛自己，某種程度，我感覺到她想喚醒我，希望我能過著更好的生活。

「面質」在心理諮商是重要的技巧，協助案主卸下防衛，看見真相，找出問題的核心，別繼續自欺欺人，但在歐曼的讀夢團體裡，是不允許團體以這樣的方式質問夢者的。因為夢者不是任何人的案主，夢者沒有授權或邀請團體任何人（包括帶領者）幫他心理分析與諮商。夢者是否尊重或疼愛自己，這是夢者的個人隱私，團體不能這樣直接問夢者。這樣的問題，也很自然會讓夢者掉入二元論，也就是「有」還是「沒有」。可是這兩個答案或許都不是真相，就好像我們常被問：「你愛你的工作嗎？」「你愛你的先生嗎？」真實狀況可能是與不是兩者都有，要夢者去選擇給一個答案，這很為難，會讓夢者陷入混亂狀態。另一個因素是，萬一夢者真的不愛自己的先生，這樣的感受是很私密的，一旦公開就很沒有安全感，會引來更多的評價與建議。在團體當下，沒時間思索，一被問就自然地說出來，但之後，就會覺得自己的隱私在沒準備好的情況下曝光，開始對這個團體沒有安全感，影響夢者繼續讀夢的意願。

不過，俗話說，有關係就沒關係，當團體的親密度與信任感足夠，而且夢者本身已經有一定的開放度，有時候一點點犯規，不但夢者不覺得被冒犯或不舒服，而且會有意想不到的收穫。人是活的，當情感的流動相當豐滿時，有時候我們就是無法克制自己死守規矩，此時，帶領者還是要委婉技巧地提醒犯規的問題，讓夢者有機會拒絕回答，但夢者也有權利選擇回應，或許會有新的發現，才能不斷地在安全與深入探索之間維持平衡。

我與這團體以及與黛亭之間的親密度夠，也很想多認識自己，更感受到黛亭的關心，我不覺得被冒犯，只是有點招架不住，因為說有尊重自己，不太真實，說沒有，又覺得悲傷自憐，也沒面子。我主修發展心理學，又在大學教授心理衛生課程，一天到晚對著學生說要照顧自己，自己又沒做到，有點心虛。還好，這不是在團體現場問的，而是在電子郵件建

構的團體中發生，我可以慢慢想，慢慢寫，不急著立刻回答。

　　基本上我應該是想要扮演好各種不同的角色，為人子女、為人師長、為人妻、為人友，我的確尊重了我的角色，但我尊重我自己了嗎？我有疼愛我自己嗎？一時之間，我真的不知道，回顧滄桑過往，我看見許多的勉強，看見疲累、病痛，看見無止境的擔心焦慮，看見自責、自律、自我要求，看見羞愧，看見莫名而起的自我評價，看見自己在痛苦的關係裡翻攪數十年……沒有，老實說，我沒有很尊重自己，也沒有很疼愛自己。這一想就有點自憐，覺得自己很對不起自己，也生氣這樣無能的自己，這一頭鑽入，失落悲傷湧起。

　　但若往另一方向想，經歷了一波又一波不能自主的人生困境，我終究存活至今，此刻可以這樣暢快地寫，經常與一大群有趣的人一起讀夢，享受生命的光熱與美好，喜歡工作，安住於簡單的生活，我應該算是夠尊重與愛自己了，才能走到今日這個田地。尤其，我清楚看見與自己的關係一年比一年親近，感恩與自在的時光也逐漸增加，這給我很大的希望感，因為發現這是可以靠自己努力得來的，只要我願意。尤其，我找到一些方法，例如讀夢與書寫對我都很受用，當我寫完〈我的夢〉之後，醜小鴨好像就比較不自卑了，不需花力氣掩藏或防衛，身體自然就放鬆柔軟，心門又打開了一扇。

　　黛亭的質問，讓我看見悲，再一次哀悼過去的傷痛，也同時再一次說再見，逝者如斯，就別繼續糾纏；我也看見喜，生命已經如此豐沛，生機盎然，更知足感恩。這讓我想起塵夢曾形容黛亭的提問像一把切生魚片的刀，刀利細薄，即使都已經切到底，還不覺得痛，真是很貼切的比喻，切生魚片就是要優雅、乾淨俐落！

⑤ 阿國的夢：地獄中的熾火

　　就在我覺得已經寫完這篇文章之後，按照出場順序，一個一個寄給所有被我收錄信函的團體夥伴們，徵詢他們是否同意公開他們私下寫給我的文字，在等待期間，我整理電子信箱時，忽然看見阿國的另一封信，標題是「地獄中的熾火」，是在我與團體分享〈我的夢〉這篇文章之後。我重讀一遍，覺得很有感覺，尤其他與我分享的夢，有點不解當時我竟然沒有將這封信好好收藏起來，幾乎忘記阿國與我分享了這麼特別的夢。以下是阿國信件全文：

　　淑媛老師晚安

　　我很確幸，您也是我在這人生道途路上，極重要的因緣推手，如崇寬教授般，這些年，讓我有了什麼的啟發（悟境的因緣），都是因為也有妳，也在這個團體中所促成的。所以這個「作用」是有的，對一個想要覺醒的靈魂，妳已有妳的作用。

　　我的外星人師父，曾在我人生感情低潮時，對我說「師父一輩子從沒做過讓自己不安的事」，所以自然沒有「心不安」。

　　我覺得，老師您只是一個「小小」的能量，還沒有走到對的位置，當這氣（能量）歸得其所後，接下來應該……就沒什麼事。

　　總之看了老師的文章，翻出以前做的一個夢，當時我為自己下的註解，這個自我的對話，在我以後，屢屢面對失敗及心境上的困頓時，就會又有新能量般，鼓勵自己，讓自己又有力量再去戰鬥著。

　　阿國的夢境：

　　熾火地獄是一片昏朦朦夾帶熾熱火光的獄所，不知哪竄出的火焰，在各處不斷竄出燃燒著。吵鬧、悲號、呻吟咒罵及不安躁動的人肉海，

擠爆在這熾火地獄中。夢中的我竟覺得好熱,在夢裡,心情也跟著煩躁不安起來。

就在悶熱、心無定處的時候,耳旁有一個聲音跟我說著:「如果,你的心是這麼煩躁,怎麼能知道要救誰呢?」

這腳下,的確是無數的人們,全都一個模樣,伸著手、哭叫吶喊著。我聽到他這麼說後,心裡似乎知道得漸漸平靜下來,慢慢的,已聽不到那漫天悲喊的聲音。

這時,耳邊聲音又起:「眾生如此多,你知道應該救誰嗎?當你能真正看到,誰因悔悟而生起的那光時,才有可能被救離出拔此獄。耳根及眼根在此際無法讓你作用辨別,就必須用你的心,才能去感觸無邊眾生的心念。」

這個夢與信的訊息,寓意甚深,好像苦口婆心要喚醒我,我得來回看幾回,才能略懂一二。收到他信,日期是 6 月 22 日,我翻了一下行事曆,看見自己 6、7 月滿出來的行程,嚇了一大跳,當時的我,紅塵滾滾,與阿國的外星人師父修行境界有天壤之別。雖然我一輩子並不太記得有做過什麼大罪大惡之事,但真實生活中的我,一天到晚都在面對兩難抉擇處境,為了忠於自己、活出自己,也曾讓很多人失望受傷,心常常不安或不捨。因此,仔細審視自己的心,我絕對無法篤定地說自己一輩子從沒做過讓自己不安的事。

此外,對我而言,心不安的具體樣貌,並非僅是罪惡感,也包括操心、憂心、恐懼心、傷心、破碎心、噁心、厭惡心、憎恨心、憤怒心、驕傲心……我在二十九歲時,第一次打禪七,七天時間,多數時間都是坐立難安,但到了第五天,終於有那麼一炷香裡的幾分鐘時間,大腦沒什麼雜念,身體放鬆輕盈,肩膀與雙腿的疼痛不見了。那一刻,才知道自己有這麼多不安心,一直重重地背在身上。放下很不容易,因為大部分時間,即使自己已經被各種心緊緊抓住了,卻沒有什麼自覺,所謂神鬼附身,是否就在隱喻這種狀態。覺醒不易,必須要有相對放鬆的體驗,才能感受到什

麼是沉重，也才能慢慢放下這些心。行到中年，身體逐漸敗壞，已經無法繼續承載這些心的重量，被逼到絕路，才有意識地努力練習放下。只是速度很慢，我學夢、我書寫、我沉思冥想，心總有放下的時刻，但不久又會升起。

阿國的師父從沒做過讓自己不安的事，這境界我遙不可及，根本是跟不上，潛意識裡就自然忽略了這封信。但這回重讀阿國的夢，為何特別有感？我想了許久，或許正在享受一年研究休假中的我，有比較多的時間書寫、運動、慢活，心比較安定一些，才有能力看見阿國的勇氣與悲心，對他這個夢特別有感。阿國在夢裡走入「熾火地獄」去救人這一幕，事實上已經發生在真實生活中，他有好多年時光，用寶貴的週末時間，在安寧病房當志工，陪伴身體正面臨極大痛苦、生命已到了盡頭的人。之前，他的信或許讓我覺得慚愧，讓我覺得我的問題實在是很小很小，不需要寫個千言萬語，花了一兩個月時間去整理，是我小心小眼小耳朵，想太多，但實在是「沒什麼事」。心要不能煩躁，才能知道救誰，而我的心就是經常煩躁，要常花時間花心力安頓，在阿國這種能快刀斬亂麻的大將軍面前，我不知能說什麼，能做什麼，就只能鴕鳥地將這「熾火地獄」夢擱置一旁了。

另一個讓我有感的是夢裡出現的聲音說，「眾生如此多，你知道應該救誰嗎？……誰因悔悟而生起的那光時，才有可能被救離出拔此獄。」這段話對我有醍醐灌頂的作用。我數十年來的人生，三不五時就會被絕望、無力感、厭惡、憤怒、羞愧、害怕、恐懼、焦慮等各種不舒服的心侵入，這與處在煉獄中無異。悔悟能讓生命發光，這不就像羅馬皇帝奧里略，他每日清晨的沉思，就是要過美好生活的道理相通？中國字很有趣，悔字是「每」與「心」兩字組成的，明白指出，每日觀察心，或是反思每一個心，這就能通往「悟」。而悟這個字是「吾」、「心」兩字組合，吾心是「我的心」，影射所謂「悟」的人，就是找到自己心的人，這樣的人才能真正離開熾火地獄，也才能救人離獄。阿國的夢很深喲！

6 忘了向觀世音菩薩頂禮

　　阿國的夢也讓我想起另一位夥伴愛雅的夢，那是 2014 年底最後一個夢，讀完她的夢後有股後作用力，隔天週一清晨醒來，我腦海裡仍在想著這個夢，當天早上在臉書貼了一篇文章：

　　昨日台北夢團體的夢影像飄入腦海，

　　「忘了向觀世音菩薩頂禮」，這是我給這一天夢取的名字。

　　然後一直想著為何我們會向菩薩頂禮？

　　我無法替別人代言，只能回想自己的經驗。

　　我想著自己向諸佛菩薩頂禮時，是否有所求？有所懼？想求菩薩護佑？

　　是的，我曾努力求菩薩護祐我所愛，別讓他們離開我。

　　每一次有所求時，總是雙手合掌，眼神殷殷向上企盼，嘴裡喃喃，對著菩薩訴說，無助地求救，感覺那時的我並沒有五體投地頂禮。

　　心中裝滿恐懼，裝滿想要保有什麼的我，其實沒有真正俯身低頭，我在求佛保我所有，不是學佛。

　　打坐的時候，我會先向蒲團頂禮，向這個小小方塊致意致敬，求自己能安住安定在這方塊上，這好像也是一種求，但這不是求擁有，是求能放下。

　　放下什麼呢？放下欲求，放下掛念，放下悲傷，放下忿怒不平，放下恐懼，讓生命不要有那麼多罣礙，讓胸口不要有那麼多阻塞，好好順暢呼吸吐氣。

　　好好呼吸之後呢？我會看見什麼，發現什麼？我理解認識的觀世音菩薩是自在無礙又能慈悲度人，為何他能做到？而我，老是一再淪陷，在七情六欲、起心動念循環中受苦受罪？我被什麼給遮掩了？

　　謝謝昨天的夢團體，提醒我在紅塵俗世滾動的同時，別忘了向佛頂

禮，這是隱喻。佛，道出世間無常，若能學佛所說，無所住但能生其心，徹底明白我們不能一直擁有什麼、執著什麼，但還是有享受當下的能力與權利，勇敢地去愛生命、愛生活，只是別忘了向佛頂禮，向人生之道頂禮，不執著擁有，不恐懼失去，愛才能像不沾塵的鑽石，發光動人。

對我而言，佛隱喻人生至高的道理，學佛即學道，學解脫自在，學智慧慈悲。讀了這麼多夢之後，我常覺得是我們將內在渴望投射給神佛，他們是我們夢想的雕塑。令我驚豔的是，愛雅分享完這個夢之後，卻有更深的領悟，她看見忘了跟佛頂禮，其實是忘了跟她自己內在頂禮。後來她接受正以南勢角讀夢團體為論文研究主題的碩士生宇姮訪談時，她說：

「忘了跟佛頂禮」的部分是我回家休息之後再沉澱，體會到「忘了頂禮」其實是忘了跟我內在的佛頂禮，我離開自己的內在很遠，整個生命過程中，每當我跟人互動、過於在乎別人眼光的時候，我就離自己遙遠，我沒有真正跟自己在一起，我覺得我需要信任自己，並學習與自己在一起，但是我一回到忙碌的紅塵俗世，就容易又跟自己的距離變得遙遠，讀了這個夢，幫助我看見我需要更多跟自己的內在連結、靠近自己。

我從小就是一個乖孩子，一直習慣服從，只要沒做到或是做得不夠好，我覺得自己就會被處罰。我以前認為佛教就是戒律，而戒律讓我害怕，無論什麼佛的生日，我覺得我只要不禮佛、不念經，我就會被罰。團體過後，我誠實地問了自己念佛的動機，難道只是為了戒律或只是怕受罰？我發現我真的是怕，從小就怕，如果不聽話或做錯事就會被處罰，我用「條件交換」的思考來看待佛教，認為要乖乖禮佛、乖乖誦經，不然就會被處罰，佛教不會這樣，其實是我自己把生命的習慣跟恐懼套了進來。

　　我很佩服愛雅對於巨大宗教權威有這麼深刻的領悟，因為對自己的瞭解洞察，而突破自己原來對宗教的想像投射，對神佛的恐懼，讓自己靈性之路更上一層樓。忘了與自己連結，就是與佛失去了連結，努力向自己內在深處探尋，就是在禮敬佛，她的夢清楚明白地說明「佛住在每個人心中」這個千古道理。而這個佛也是一樣，透過夢來對我們說法，如同西方諺語，夢是上帝捎來的一封信，別置之不理。

　　我們團體每個人都很獨特，智慧與人生修持自然彰顯於夢境中、於文字裡。兩年多來，團體之間的文字往來，使夢的語言能多停留在彼此心中一段時間，讓夢要傳達的訊息更清晰，也讓我們彼此之間的溝通更暢通深入，團體凝聚力與信任感持續增強。雖然這花了大量的時間，但很值得，這個過程不但讓我有機會深入理解夢，也讓我能不斷地反思自己、察覺自己、調整自己，持續鍛鍊讀夢的能力與敏感度。美麗的思想經驗一旦化成文字，可以一遍一遍地閱讀，成為自己永遠的提醒與精神食糧，可以與眾人分享，代代流傳。

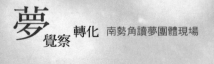

夢覺察 轉化 南勢角讀夢團體現場

Chapter

16

結語——
打造一支鑽石唱針，
播放好聽的人生之歌

南勢角讀夢團體現場書寫暫時要在此畫一個休止符。在美國快要完成博士論文的時候，指導教授請我在系上研討會公開發表，現場教授們問我：「So? What's your conclusion? Can you use one or two sentences to summarize your study?」言下之意是說：「妳研究了這麼久，這麼多的資料，妳最後的結論是什麼？能不能簡單地用一兩句話告訴我們？」當時，被這樣要求，很抗拒，很悶，大概就是找不到這樣的一、兩句話。我博士論文的主題是比較美國與台灣父母的教養價值，訪問了將近一百位媽媽，實在無法用一句話來總結我究竟發現了些什麼，我還沒準備好要比較誰優誰劣，沒有要證明誰是誰非，只想去理解父母教養的普遍性價值與文化差異，教授的要求讓我很為難。此刻想來，那時的野心實在太大，決定好論文方向，找到指導教授時，我尚未滿三十歲，以為我一定會為人母，與大多數人一樣，會生養後代，研究這個主題某種程度也是在為自己當媽媽的角色做準備，想知道別人怎樣教養小孩。沒想到，人生巨變，我無可奈何地被甩出大多數人行走的軌道，沒機會為人母，卻一步一步走入少有人跡的夢世界，一個心靈的原始叢林。我沒自己的小孩可以連結，但因為讀夢團體，我與許多人的內在小孩有了很深的連結，也與自己被忽略擱置的內在小孩連結。

只是不知為何，書寫團體將要告一段落時，我腦海裡竟然浮現當年教授們問我的問題，所以呢？有沒有簡單的結論可以總結？我發現了什麼？真是諷刺，一邊抗拒教授們的質問，一邊又不知不覺內化了他們的想法。我想了一週，不知怎麼寫第一句，終於等到有一整天完整的時間，專心到習慣的咖啡店角落寫了一小段，但隔天又花了幾小時，刪了半段，再隔天又花了幾小時刪了剩餘的半段。我不知我在幹嘛，又累又悶，想要下個結論，或寫個結語，像之前寫研究論文的習慣，最後總要摘要做結論，但試了好幾天，怎樣都寫不出來，那語調，怎麼寫都覺得很疏離，都不能真實公平地回應這本書在寫些什麼。我無法將之前書寫化約為幾個重點或幾個概念，這樣的企圖讓我覺得心虛無力。

沒辦法繼續，就開始回想開始寫的初衷，從第一篇開始讀起，當時的

想法很簡單，我發現夢的理論知識已經有了很多文獻，但是夢如何被理解，一個層次一個層次展開它隱藏意義的過程，這方面的書籍有限。十幾年來的實務體驗，我非常讚嘆歐曼的小團體讀夢工作方法，我不但以夢為師，也以讀夢團體工作為師。夢與團體兩個元素合而為一，教我為人處事的分際，讓我有機會看見個體的力量，協助人移除心理障礙，療癒創傷，釋放生命潛藏的才能。一次又一次地讀夢體驗，教育我尊重他人、欣賞人，教我如何教學做研究，擴展生命視野與深度。我逐漸產生使命感，覺得應該將這麼好的學夢方法、這麼好的教育方式讓更多人有機會接觸。歐曼本人已經寫了一本書，詳細介紹這個團體的原理與運作技巧，但若沒有體驗過讀夢團體的人，要理解並不容易。因此，我心想，若將自己帶夢團體的過程、反思與感觸寫下來，有真實的夢與夢者，有真實的場景，對想認識夢與團體運作的人會比較容易理解。

　　簡單地說，我想讓更多人知道，夢是每個人很珍貴的資產，如同鑽石一樣寶貴，得好好珍惜，也想告訴世人，已經有了具體的方法，可雕琢打造這顆鑽石，讓它閃閃發光。但從一開始到現在，我都還不是很清楚該怎麼寫，才能如實地呈現這些觸動，才能讓沒機會參與這團體的人理解夢的價值、學習如何與自己的夢溝通，以及如何帶領讀夢團體。怎樣說怎樣寫，才不會讓自己像是一個給人壓力的推銷員，或是激進的傳道者，或是講台上一直講一直講，讓人無聊的權威老師，只是急切想填鴨聽者的大腦，教人無法消化，產生抗拒？我從來就不是一個文青或寫手，沒有所謂的寫作技巧，只能笨拙地將所見所感直白地寫下來，然後不斷地回頭讀我所寫，一遍又一遍。只要會讓我覺得無聊、重複、混亂，或言過其實的說詞，我就刪除重寫。我很清楚看見，原來自己落入僵化、無聊、得意、矯情、自憐、防衛、焦慮……等等狀況的速度是這麼快，只要一段時間不寫不讀，像蜜蜂一樣東奔西飛，一直忙一直忙，寫出來的文字就沒有感覺。維持誠實不浮誇更是不容易，隨時遇到不友善的環境，就容易引發防衛，虛張聲勢；身心虛弱對自己沒什麼信心的時候，也很難逃脫「言過其實」的偽裝，這些都會顯露於文字裡。

　　將帶領團體的經驗感觸寫下來，同時注入於團體互動裡，是個全新的嘗試。我一邊寫，團體一邊同時進行，團體能維持多久，能不能接納我寫的內容，願不願意讓我寫，能有什麼作用，有什麼功能，我完全無法預期。無論是書寫或實際帶領團體，都是不確定，這幾乎就是一個名副其實的行動研究，邊做、邊想、邊寫、邊解決問題。這團體是否會如我期待，越來越結實強壯，像是個魔術盒，能幫助我們移除擋在眼前的巨石，能溫熱僵化冰冷的心靈，進一步開展彼此的生命格局？沒有人知道答案。長期性地承諾一個團體對我而言是新的經驗，如我曾在前言中提到的，許多年前在紐約曾組一個華語團體，每週聚會一次，但僅維持半年便結束，那是以留學生為主的團體，隨著課業告一段落，各奔東西。回台之後在基金會或社福機構的讀夢團體都是短期的工作坊形式，即使是學校的課程，也是以一學期為期限，超過半年以上的讀夢團體，這是第一次體驗。我很珍惜，起了念頭要記錄這過程。時間飛快，此刻，團體已經邁入第三年，某種程度，我覺得我們是做到了，而且這是個有吸引力、讓人期待的團體，大家都注入心力經營，每一期的承諾是五個月共五天的聚會，至今僅有三位成員退出，陸續又加入四位新夥伴，我們名額上限包括我僅十二位，還有人候補等著進入。

① 每一次讀夢都是獨特的創作

　　兩年多來，我隨著團體的脈動寫著寫著，我的書寫內容其實已經超越了原來的初衷。原本是為了與他人分享讀夢團體，如同有好東西要與人分享一樣，但因為團體是持續進行，是動態的，不是短期便結束，這團體有它自己的生命，是活的，我無法預測這個我所謂的「好東西」持續了一段期間之後，是不是還是好東西。因為這已經不是「東西」了，團體已經是個有機體，我一邊耕耘，一邊觀察著它的成長與變化，看見每個人都為這團體注入不同的養分，也可能有不一樣的收穫。就我而言，與這團體的互

動以及我書寫團體的過程，激發出相當強的能量，深深地轉化了我自己，讓我非常驚喜。寫的本身已經是目的，我想寫，我需要寫，想沉澱團體過後的滿潮思緒，想用文字留下美好、留下這過程的波濤洶湧；而我也想表達我自己，讓一起讀夢的夥伴們瞭解我、懂我。這些驅力，讓我活得更富生機，因為能在一群人面前開放、親密交流人生重要事，之後，發覺要與其他人分享以及實踐自己就更容易了。

　　另一方面，寫的動力越來越強，就更享受獨處，每天固定有一些時間寫與思，日子就覺得很踏實、很享受。我因而也得以發現更多面向的自己，這些曾被藏匿或忽略的自己，在一個安全的團體裡公開露面之後，才開始有初步的自由與力量現身於世。當內在的分歧力量一旦開始整合，一切都將不同，我感受到自己與周圍的關係起了變化，當我內在穩定有力的時候，周圍人、事、物就都跟著安定，包括多年以來讓我最頭痛無力的親密關係也有了新的轉機，我長期追求的自在無礙生活，似乎又挺進了幾分。更可貴的是，因為這團體的平權尊重特性，也讓我得以跳脫僵化的師生角色，結交了一群朋友。他們的人生歷程、性情與待人處事態度都影響了我，我的生活因為這個親密的團體而更豐富、更有安全感。坦白說，離開學生身分步入社會之後，要能交到可以談心、談生命意義價值、攸關生死大事的好朋友，已經少之又少，長期的讀夢團體，讓這不可能的夢想成了可能。

　　因此，當我企圖要依著學術研究書寫習慣，總結本書的重點時，便已經開始鑽入死胡同，再怎麼用力也不得其所。因為這不是傳統假設檢驗的實證研究，而是一個相互主體的創造過程，團體是從無到有的創造，既然是一個無中生有的創造，就不能事先被規劃，有標準操作流程。如果根據SOP 就能產生，那叫作「製造生產」，而非「創作」。夢團體無法被製造生產，每一次讀夢都是獨特的創作，每一次的團體動力也是全新的創造，因為創造過程無法複製，我自己因而也一再被夢、夢者與整個團體重新創造，一次又一次自我統整。寫他人的過程，我自己也被寫，也就是，在寫夢、寫夢者、寫團體的過程，如果我沒有同等地回頭省視我自己，問自己

為何這樣讀夢、讀人、讀團體，問自己這些念頭感覺從何而來，我就覺得不踏實、不公平。每當我們在讀夢團體表達自己對夢境的感覺隱喻時，我們會表明這是來自個人的投射，讓夢者保有最終詮釋夢的權力。這時，我們就會回頭問自己，為何有這樣的投射，為何他人對相同的場景與我的詮釋這麼不同，我們就因此而從他人的夢更瞭解自己。寫到這裡，我忽然看見我在寫這團體的過程，也一直保留這樣的態度，這一切都是我的投射，這些文字的出現，彷彿像夢一樣，某種程度也來自潛意識、來自未知，而且是很多人的夢，很多人的共同創作，不是我一個人的。

2 夢是作為品德的途徑

　　2015 年暑假在紐約讀完一本偶然發現的書，書名是《品德深度心理學》，作者為約翰‧畢比。這本書的主題「品德」英文字是「integrity」字面意思是指未被碰觸、完整的狀態，作者追溯拉丁文的字根 integer 乃形容正直品格，意指無缺、整體、完成、完美和誠實（p. 27），因此 integrity 也意涵個人的深度整合、誠實、內外一致。我在大學教授社會工作倫理十餘年，integrity 一直是社會工作所強調的基本核心價值之一，普遍中譯為「正直」。我覺得這個翻譯也很好，我自己詮釋「正」是做對的事，而「直」則是內外一致，但之前我沒發現文獻有針對「正直」做出更深入的釋義，因此讀到有學者以一本書的厚度，深入研究 integrity 的意義以及與人生的關係，讓我眼睛一亮。尤其作者指出「夢是作為品德的途徑」（p. 51），也就是正視我們的夢，能修鍊人的品德，能讓人誠實正直，這部分引起我很大的共鳴。

　　夢有這樣的功能，我一點也不覺得意外。多年的夢工作實務經驗，我看見夢能偵察扭曲的意識與情緒，而且過去也有許多文獻舉證夢的誠實本質，夢反映我們真實與隱藏的自我，讓我們無法繼續自我欺瞞與壓抑，夢能面質我們認知的偏執。歐曼看見夢來自生命深處不會腐敗的核心

（incorruptible core of being），我認為這個核心很類似我們耳熟能詳的「良知」或「佛心」，這是夢的源頭，因此夢當然會批判我們不道德的行為。也因此，夢被尊為生命最寶貴的評論者與引路人。但是，儘管夢的本質已經被學術界與臨床工作者研究許久，這麼斷然簡要指出夢是通往品德的途徑，我卻是第一次讀到，很新鮮，覺得很有力量，就像佛洛伊德的名言「夢是通往潛意識的皇家大道」一樣地響亮，令人印象深刻。也再一次舉證，夢來自完整、未被碰觸的自我，讓扭曲的自我有機會回到這個核心。約翰‧畢比研究大量文獻以及本身的臨床經驗證明，品德是美好人生的基石，他譬喻說：

> 把完整的生活想像為一張長期播放的唱片，品德就像在唱片上旋轉的鑽石唱針，放出音樂的鑽石唱針並非是一個簡單的成就，它是透過對碳原子的高壓、人工的切割、成形而造就出來的，然而正是鑽石本身，它能包容全部又保持各部分原音的靈敏能力提供了對音樂的娛樂享受。（p. 175）

　　這個簡短的譬喻是作者的結論，我發現與前文提到的斯多葛學派的一個核心概念相當一致，這個學派認為：「身外的任何東西均不至於傷害我們，唯有自己的邪行才會傷害自己」，這對我很有說服力，尤其是年紀越大，體會越深。我心想，如果這個唱針品質不佳，那播出來的聲音就會很難聽，甚至會不斷跳針，發出刺耳的聲音，一直重複。回顧過往，或許多數人都有類似經驗，生命某一段期間彷彿卡住了，不斷地重複著刺耳的聲音。助人工作者最終的目標就是希望人能好好地存在（well-being），然而這在人類社會裡，竟然是這麼困難，其中一個關鍵因素就是品德的失落。一旦失去了品德，就會心虛，就無法安心踏實地好好存在。

　　作者說，要打造出一支高品質的鑽石唱針很不容易，碳原子的高壓、人工的切割，是必經之路，這是否意味著品德的修鍊也是如此不容易？一個人得經過多少磨練與考驗，才能成就品德？我甚至覺得人要能自我統

整、誠實一致、如其我是，要達到這樣的境界遠比打造鑽石唱針還難，因為我們似乎都還得經過一段還原的歷程。我們為了要適應周圍環境而不知不覺隱藏或扭曲真實的自己，甚至妥協出賣了自己。我們不得不依賴他人很長的一段時間，才能獨立自主，特別是早期依賴的對象，沒有選擇的機會，必然會發展各種適合生存的保護色或面具。時間久了，面具會與皮膚緊緊黏在一起，要辨別真假已不易。我知道要邁向真實、內外一致、如其我是的存在，有無數的方法，我只是因緣際會發現與夢對話、與幾個人一起用歐曼的方法讀夢，是其中一條很有效安全的途徑，但很可惜，知道的人太少了。

此刻，我不禁反問自己，投入夢工作這麼多年，有意識地注意自己的夢，也經常讀他人的夢，但我能做到幾分內外一致？我還有多少保護色與面具還沒察覺？它們不是真實的我，而我卻以為是？為何我沒有勇氣像約翰·畢比一樣，大聲地說出夢是通往品德的途徑？

我只能這樣說，我在書寫、讀夢、閱讀、走路、靜坐、游泳等放鬆與安靜的時刻，總是會看見自己生活中的妥協、遮掩與不一致；看見自己與人互動過程的過度用力與不自在。每當我覺得要很費力地活著，就知道我已經不處於如其我是的狀態。我對自己的內外一致的維持還沒有十足信心，距離一個高品德的人仍然遙遠。我很擔心，當我站在講台談 integrity 的剎那，我的 integrity 就消失了；我很擔心我在倡導呼籲夢的重要性時，被這強烈的使命感緊緊抓住時，我反而沒時間讀自己的夢，離自己更遠了。佛曰：「不可說，不可說，一說就壞」，老子也說：「道可道，非常道」，能夠說出來的道，就已經不是真正的道了。我發現「說」與「實踐」之間存在某種程度的弔詭性或張力，說多可能就會做少，特別是說道理、說理論，危險更高。在忍不住想說的時候，我發現說故事、說歷程比較安心自在，這就成為這本書的基調。

在這本書裡，我揭露了許多帶領團體背後的心境起伏，我想表達的是，雖然我有發展心理學博士與大學教授頭銜，雖然我翻譯了歐曼的書，雖然我已經持續帶領夢團體十多年，但這些都不能保證我能帶好團體，或

保證我能讀懂一個夢。每一次的夢團體都是從零開始，好像登一座新的山一樣，體力與裝備都要充分準備，要專注當下每一腳步，要看清楚山勢與氣候變化，要尊重與敬仰神祕不可測的山。一旦傲慢或不經心，隨時都可能失足摔倒。讀夢團體雖然有具體的運作過程架構，但熟悉這個進行流程是不夠的，聽的能力、同理能力、對他人的接納、對夢的好奇心、對生命發展的興趣與深度、對團體動力的感知、對自我的參透力、對夢隱喻象徵的掌握等等，都是創造夢團體的重要元素。這些能力也都不光是讀完歐曼的書、參加幾次工作坊、任何文憑或證照就能養成的。它們是需要日積月累的生命淬鍊、精進學習、持續性的自我反思與練習實踐而來的。由於每個人天生的性情與人生歷練差異甚大，即使都遵循歐曼的方法，所帶領出來的團體氛圍也會有所不同，我們可以相互觀摩影響彼此，但很難複製彼此。

　　每個人似乎都有不同的特色，好比有些餐廳擅長主食，有些餐廳擅長甜點、空間舒適或服務佳，無論特色如何，只要衛生營養，能引發食欲、吸引人來的餐廳就是好餐廳。有主廚的特色，或許比標準化餐廳更吸引人，讀夢團體也是一樣，讀夢過程只要安全又能滋養每個人，團體產生一股吸引力讓人想來，自願地來，帶領者能引出每個人最好的部分與大家分享，就是成功的團體。而能創造這樣團體的人，自己本身必能不斷地被團體創造。歐曼在專書裡很清楚的指出，夢團體工作能力不能以專業證照、心理衛生領域訓練的年數，或是任何其他容易辨認的指標來評斷，它需要的是很多無形的人格特質，包括敏感度、同理的能力、對隱喻的感受，以及對人尊重與關懷的人文能力[10]。

　　對我而言，這些人文的能力都是動態的，稍縱即逝，要時時觀照反思，以及經常地實踐，才能點滴累積。年歲越大，越能看見自己的脆弱，無論是身體、心理或靈性都很脆弱，天堂地獄之間的隔牆其實是很薄弱。

---

10 參見汪淑媛（譯）（2007）。《讀夢團體原理與實務技巧》（原作者：M. Ullman），頁
　　278。台北市：心理。（原著出版年：1996）

到目前為止，我仍無法持續地處在統整不分裂、善良敦厚、內外一致的狀態，但我很肯定的是，這些都是可以學習的，可以慢慢鍛鍊，是一生的功課，沒有人能完全準備好。可喜的是，讀夢團體工作需要具備這些能力，但讀夢團體本身卻也是培養這些人文能力的場域，互為因果。這些人文能力事實上也影響生活的每一個面向，包括工作、人際關係、親密關係、生涯發展等，與我們每一天的存在品質息息相關，如同約翰‧畢比論述，品德就是美好人生的基石。可惜的是，他雖然提出夢是作為品德的途徑，但如何實踐這個理念、如何向夢學習，他著墨不多，要從他的著作中學習認識夢的語言其實很有限。以體驗的方法，快速有效率的讀夢，我認為歐曼讀夢團體是相當有力的回應。歡迎大家一起來讀夢，一起相互協助打造心靈鑽石唱針，播出好聽的人生之歌。

附·錄·*1*

夢的賞讀團體之個人隱私與保密[*]

引言

　　在助人工作場域，大家都很關注探討成長團體的安全性問題，多數人對分享深、親密度較高的團體總是期待又害怕，這是很普遍的現象，如同我們嚮往親密關係，但同時又害怕被傷害。事實上只要與人互動，無論是兩人親密關係、家庭、社會團體、工作場域、學校等任何社會，都可能有壓迫、控制、剝削、批判、指責、利用、背叛、扭曲、欺騙、嘲弄、貶抑等不同型式的暴力。相對於他人的暴力，我們也很容易成為自己的暴力源，我們壓迫自己卻無法察覺，夢會適時與我們面質，協助我們阻擋他者與自身暴力。

　　歐曼對於暴力相當敏感，他很篤定地宣稱，如果能遵循他所設計的規則，他的讀夢團體是個非常安全、沒有暴力的環境。為顧及大家對安全性的關切，我剛回台灣開始帶領讀夢團體不久，即針對團體的保密隱私問題做了一點研究，並針對讀夢團體的安全性問題寫了一篇論文發表在《中華團體心理治療學刊》，讓對這團體有興趣的朋友參考，盼望大家能更安心在團體中讀夢。

---

* 本文原刊載於 2004 年出版的《中華團體心理治療學刊》，第 10 卷第 1 期，頁 1-13。

　　此篇論文出版至今已十二年，當時我譯為「夢的賞讀團體」，之後才修改為「讀夢團體」，分享夢的人原稱之「給夢者」，如今簡化為「夢者」。在第二次校閱本書時，發現此篇論文的書寫語調與此書不太協調，比較嚴肅、生硬、急躁、說教，可能是學術期刊原本的宿命，也可能當時我才剛踏入大學教書不久，生活戰戰兢兢，有著草木皆兵的不安。因此，當我校稿全書十六章之後，緊接著閱讀附錄這篇論文時，有種突然被拉回到過去的不適應。我猶豫了幾天，考慮是否要移除，最後還是保留了，覺得這篇文章論述傳遞了一些重要訊息，對小團體工作也有參考價值，但是一般大眾不熟悉如何搜尋學術期刊論文，也沒有方便的管道可取得原文，就隨著此書的出版與讀者分享。

中文摘要

　　本文討論保密在小團體運作中的侷限性與困難度。為了減低個人隱私在團體外洩漏的潛在傷害，作者建議夢的賞讀團體帶領者除了告知團體成員保密的規範之外，應與成員討論團體保密的困難性，以及請成員自己決定他們在團體中的開放程度。此外，作者指出夢的賞讀團體進行的某些規則對個人隱私的尊重與保護特別有貢獻。這些規則包括：(1) 所有成員的發言都是自願，不強求或暗示成員發言；(2) 分享夢的人完全出於個人意願，不建議或暗示他人分享夢；(3) 一旦有人決定分享夢，這位給夢者即掌控團體的進行，給夢者只需分享他覺得自在分享的部分，當他覺得團體超越個人私密界線，他可隨時中斷團體賞讀他的夢，或對任何他認為是隱私的問題保持沉默；(4) 團體成員與帶領者不應提問誘導性以及要求提供答案的問題。誘導性問題暗藏成員的預設，而要求資訊問題則強求給夢者提供問題答案。換句話說，所有的提問應是試探性地邀請給夢者分享他所願意分享的資訊，而不是要求給夢者提供成員想知道的訊息。由於這些防衛措施，即使有成員不慎地違反保密的承諾，給夢者的隱私仍然被強有力地保護著。

　　關鍵詞：夢、團體、隱私、保密、夢的賞讀團體

Abstract

This essay addresses the difficulties and limitations of confidentiality in group work. To minimize the potential harm of private material being divulged outside the experiential dream group, the leader should inform group members that (1) everything shared in the group is confidential, (2) there are limitations to what you can expect from group members in this regard, and (3) each group member should decide on their own how open they are willing to be. Furthermore, the author points out that several rules operative in experiential dream group contribute to the protection of personal privacy. These are: (1) Participation is purely voluntary. No one can prod any member to speak. (2) Sharing a dream is voluntary. No one can suggest that a certain person share a dream. (3) Once someone does share a dream, that person, and not the group leader, is in control of the process and can stop the process at any stage should she/he feel that it has gone too far or gotten into an area that is too confidential or private. Furthermore, the dreamer only shares what she/he feels comfortable sharing and can keep silent about anything deemed too private. (4) Neither the leader nor the group members can ask the dreamer questions that are information-demanding or "leading." A leading question is a hypothesis camouflaged as a question. An information-demanding question is one that demands an answer from the dreamer. All questions must be information-eliciting, in other words they can only invite the dreamer to share whatever the dreamer wishes. Because of these additional safeguards, even if a group member should inadvertently violate the confidentiality pledge, the privacy of the dreamer, and of other members of the group, is still strongly protected.

Key words: Dream, group, privacy, confidentiality, experiential dream group

前言

2001 年，我在紐約首度採用蒙地・歐曼（Montague Ullman, MD）的方法，組中文夢的賞讀團體[1]。剛開始邀請一些友人參加，但最後只有約半數受邀的人願意嘗試。朋友婉拒的理由，除了生活忙碌，沒多餘的時間外，有另一個更普遍的共同原因，他們[2]認為夢是非常私密性的，在小團體裡分享自己的夢，可能會透露自己不願為人知的隱私，包括複雜的人際關係，個人的思想、癖好或嫌惡，或者是一些對人對事的見解、態度、感覺以及個人核心價值。總之，他們害怕在不熟悉的團體中不經意地過度揭露自己。這樣的顧慮是不難理解的，大多數人過去的生命經驗累積，或多或少總有一些不想、不便與人透露之生活經驗、事件、情緒、思想等。每個人不想讓人知道的領域，如感情、工作、健康、人際面向等，不一定是相同的，或者可以對周圍哪些人透露，哪些人不可告知，也有很大的差異。

然而，Derlega 和 Janda（1986/1994，林彥妤、郭利百加譯 [1]）指出，自我揭露是人際關係指標。不能坦承內心思想與感覺者，終將與人疏離。人與人之間能自在地交談互動，分享個人生活經驗、感覺、情緒，以及對人對事的態度與價值觀等，不戴著任何虛假面具，或者花費力氣猜測對方的想法與態度，則彼此關係的品質較佳。我們的確需要親密、可信任的人際關係，心中有困惑、痛苦、矛盾、焦慮或沮喪時，我們希望有人能傾聽同理，放鬆緊繃的情緒。但為什麼很多人會害怕揭露自己呢？夢的賞

1　紐約夢賞讀團體是開放式的團體，共進行六個月，每週固定聚會一次，時間約為三小時。前三週成員五位，之後陸續有人加入，人數最多時有十二位。男女性別比例約 1：4；年齡主要分布在 28 歲至 40 歲之間，唯有一位 55 歲；約半數成員是研究生，已就業者大都從事電腦相關工作，一位在旅行社工作，一位專事寫作；大部分成員具碩士以上學歷，一位學士；族群方面，全部是華裔，多數來自台灣，三名來自大陸。

2　本文第三人稱，除非已明顯確認的性別，為了匿名與書寫方便，無論性別，皆以「他」指稱。

讀帶領者又該如何處理團體成員在隱私與保密方面的顧慮呢？本文將依次討論自我揭露本身的兩難，引述學者實證研究與紐約賞夢團體經驗，討論保密規範執行爭議的侷限性與困難度，進而表述賞夢團體帶領者對個人隱私保密應具備的態度，最後則整理四項與隱私保密議題相關的賞夢團體進行規則，供帶領者參考。

壹、自我揭露的兩難

 自我揭露與壓抑的相對危險性

我在寫博士論文期間，曾訪問美國與台灣共 108 名至少育有一名三至四歲小孩子的媽媽。根據她們給我的訊息，三歲小孩已經會掩飾某些不想讓媽媽知道的行為，也有說謊的能力。他們已能察言觀色，知道媽媽對他們某些行為的反應或喜好。小孩們喜歡大人的讚許、疼愛，不希望被責罵、處罰。常常為了避免大人生氣或懲罰，不自覺地掩飾大人不喜歡的行為。就這樣，從小到大，我們累積了大大小小不想講的事，不願向他人表達的想法、態度及價值觀，因為怕被嘲笑、被傷害、被竊取盜用、被拿來當作攻擊的理由，怕被審判論斷，怕破壞人際關係，怕危及就業、升遷等基本生存問題。譬如考場失意不能講，怕人家說我們笨、能力差；金榜提名也少宣揚，人家會說你驕傲、有什麼了不起；銀行有存款不能講，怕被搶、偷、借或被嫉妒；自己的政治立場不敢說，怕同事老闆因立場不同惹來清算鬥爭之禍；上司的霸道與欺凌不能講，怕傳到當事人耳朵因而惹來更大的反彈甚至失去工作；喜歡同性不能講，怕被標籤成性變態、性倒錯，不但未來就業生涯窄化，甚至傷害無辜的父母與家人；先生外遇有苦也不敢說，怕自己被嘲笑是糟糠之妻或深宮怨婦；自己是第三者那更是不能講，會落入破壞他人婚姻惡名，在社會上從此難以翻身；小時候被性虐待不能說，可能會二度傷害⋯⋯

　　我們社會存在太多不同形式的暴力，例如語言暴力、態度暴力、肢體暴力、社會隔離、就業機會剝奪等等。這些暴力的根源常常只因為彼此價值觀、想法、態度、生活習慣或生命經驗不同而無法相容；或是個人欲求尚未滿足，因為生活挫折而對無辜的他人產生嫉妒敵意；又或者只是我們的無知，不能同理他人情境，以「為他人好」為理由，用強權或暴力想改變他人的行為或想法，這種現象特別容易發生在為人父母、為人師表，或社會改革者的身上。無端的暴力隨意狂飆，在家庭裡、在親密關係中、在社區、在學校、在職場中，讓多數無權無勢的人噤若寒蟬，保持沉默。而許多德高望重的人，也因不想惹來無端社會攻擊，盡量封口不多言。

　　這樣的社會，處處充滿情緒壓抑，我們真實的想法、感覺不能自在表達，若沒有適當的紓解管道，因壓抑而產出的情緒能量達到一定極限，將以各種不同的迂迴形式呈現。精神分析理論強調「壓抑」是各種精神疾病的重要根源，因為被壓抑的欲望或感覺一旦從意識中引退，在潛意識轉化為驅力或衝動的發展會比在意識中受到較少的干擾。佛洛伊德對驅力在潛意識的發展，提出他的擔憂，他說：「*它在黑暗中持續的增殖擴散，並且以非常極端的形式表達……*」（汪淑媛譯，2002：93 [2]）佛洛伊德發現，內在的心理衝突或情緒之間的敵對，可能導致精神官能症或歇斯底里症。

　　其實內在衝動以「非常極端的形式表達」，影響的範圍不僅是個人的精神疾病，更危險的是傷害身旁的人，甚至整個社會經常付出慘痛的代價。過去歷史清楚揭示，人類因彼此間的暴力與戰爭傷亡的人數遠勝過因天災而傷亡的人數，簡言之，人禍比天災更可怕、更危險。就人類生存的本質而言，我們寧可不要有敵人，選擇與他人和平共處，生活在友善的環境中，甚至獲得他人的讚許，爭取更寬廣的存在空間。但是，在我們成長的過程中，很少人沒有經歷過他人的敵意與對立。我們都曾惹父母生氣，與我們劍弩相對，對我們說出傷心痛絕的話；我們都曾與兄弟姊妹爭吵，大打出手或冷戰多時；多年的學校生活，我們挨過不少老師的痛罵、羞辱與處罰；我們曾在班上不明不白就被其他同學隔離或歧視；在工作場域

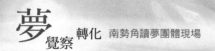

裡,被同事排擠算計或被上司虐待。很多時候我們都還來不及弄清狀況,就已經處在充滿敵意的環境裡。相對地,我們也很難否認,自己過去傷害不少人,不論有心或無意,我們也經常是他人的施暴者。

為什麼人類社會有這麼多的人為傷害?從古至今,各種不同領域的學者、社會菁英、宗教家都在努力找尋原因,所得的結論錯綜複雜,難以簡單的化約或歸因任何單一因素,企圖以科學式地條列原因,可能只會離真相越來越遠。因此我也不以為精神分析的壓抑理論可以解釋所有的人為悲劇。只是希望提醒讀者,人類因壓抑而轉化的潛在無名驅力或衝動所具有的威力與極端性,當然它有可能以「昇華」的方式造就人類文明,例如文學、藝術、音樂、器具發明等,但同時這股無名的衝動也可能是人類痛苦的淵藪與生存的威脅。

 二 遊移在自我發現(Discovery)與安全顧慮(Safety)之間

壓抑雖然痛苦,不健康,但我們卻更擔心自己真實的情緒、想法、感覺、價值態度被拒絕、嘲弄、甚至攻擊而無容身之處。與他人分享自己的心情很矛盾,既興奮又危險,特別是分享自己的夢。夢就像誠實的小孩指出國王沒穿新衣一樣,它真實地反應我們底層的感覺、情緒。有些夢令我們尷尬困窘,連自己都沒勇氣面對,只想盡快忘記,與自己劃清界限,怎麼可能讓它在眾人面前曝光?因此當我邀請友人參與夢的賞讀團體時,他們的顧慮與猶豫是可以理解的。

不過紐約這個自由開放的城市,吸引許多追求自由、勇敢活出自我的人。不久,我仍然找到幾位對夢深度好奇的人一起賞讀,我們當時簡稱夢工坊。他們這些人熱中真實,勇於發現自己未察覺的偽裝,對探尋真實自我面目的熱情遠勝過對隱私的顧慮。就他們而言,無知或誤認自己的思想感覺才是真正的危險。他們對夢充滿好奇,因為早已對自己充滿好奇,事

實上，他們一直透過不同的方式在錘鍊真實的自我，譬如寫作、追求知
識、冥想、禪修、瑜伽、練武術等。參加夢工坊，解讀自己的夢或賞讀他
人的夢只是另一個追求真相的通道，另一個探索自我的道場，所不同的
是，這回是一群人相互合作幫忙，而非獨自奮鬥。例如成員之一小三（紐
約市立大學社會學博士）寫說：

> 第一次去夢工坊，我就分享我的夢，因為我實在很想知道為什麼在
> 過去七八年間，老是夢見一個早就不聯絡的老情人，都快被這些夢煩死
> 了。每次一醒來知道夢見這個人，就覺得很挫折。透過夢工坊瞭解這其
> 實是內心不同力量在交戰的過程，這些不同的力量並不是本質的存在，
> 而是因為生活中的互動所建造出來的。夢的意識和清醒的意識是相互參
> 照的。這些夢的原理，夢工坊的創辦人 Montague Ullman 有許多精采的
> 研究和見解，解除了我許多刻板印象，並從中得利許多。我還分享了其
> 他的夢，反正我有一種暴露狂心態，總希望自己暴露在太陽下，將身上
> 的細菌殺死，心也就更自由了。所以我很愛搶當給夢者，當然我也喜歡
> 聽別人的夢，因為這是一個很好的機會去看見心的差異可以有多大，也
> 就是說世界可以有多少不同的可能存在，學著不會這麼自我中心，心也
> 同時更自由了。

　　在第四個月的某次團體聚會，有一位至紐約停留幾週的友人參加我們
的團體並分享他的夢，當時的團體是開放式，每週聚會一次，成員可以中
途加入。朋友分享了他的夢之後隔日寫了 email 給我，他表示他很驚異大
部分的團體成員過去完全不認識他，卻能瞭解他那麼深。讓一群不熟悉的
人以歐曼團體讀夢方法賞讀他的夢是個不可思議的經驗，他非常感謝每個
人的認真投入，解開他的疑惑。同時這個經驗激起他內在深層的感覺，讓
他有著強烈的寫作欲望，他必須將這些感覺寫下來。以前他一直認為自己
尚未達到獨立創作的程度，只是翻譯他人的作品，現在他卻有一股衝動要
寫自己的東西。在夢工坊分享夢的經驗，讓他充滿驚訝欣喜，也因釐清困

惑而如釋重負。不過他最後要我幫他再一次提醒其他成員，請他們不要外露他在夢工坊分享的內容，因為他不希望他對某些人的評價與感覺傳到當事人的耳朵。讀了 email 之後，我的心情有些沉重，因為身為團體帶領者，即使早已告知成員守密的規範，我也無從掌握每位成員在團體外的行為。

貳、保密規範的執行爭議

由於之前聽到許多友人對隱私的顧慮，這回又有成員要求不要外露他在團體中的談話內容，因此我很慎重地在下次夢工坊聚會裡，提出有關個人隱私及保密問題，也就是我們在夢工坊分享的個人生活經驗、事件、價值、信念是否能保證不會在團體之外傳開？我邀請所有成員一起討論保密的議題。

出乎我意料之外，我們的討論非常熱烈。一開始，有成員嚴肅激動地說，團體內的所有一切對話，以及個人分享的內容，包括夢的內容，成員所投射的感覺、觀念、看法，以及每個人分享的生活經驗，本來就是屬於團體的事，不應該對團體外的人提起，這是基本道德倫理問題，在團體成立之前，就應該成為團體共識與契約，應取得每一個人的同意，並且切實遵守，如果有人破壞保密原則，應受到譴責，沒什麼可討論的。然而，另有其他成員持著不同的意見，他們強調團體內發生的事要完全限制不在團體外討論，這是不可能做到的。根據他們過去參加小團體的經驗，帶領團體的諮商人員一再強調與要求所有成員，在團體內所討論的事以及所有分享的內容都是機密，不可以對外洩漏，如此團體成員才能彼此信任，在安全溫暖的氣氛下暢所欲言、自我揭露、說出真心話。團體成員也都一致同意，甚至簽下團體契約，相信自己與其他成員確實能做到彼此保密。然而結果並不如預期，有時是團體進行期間，有時是團體結束後，也許是幾個月或幾年後，所謂團體內的機密，仍然被團體外的人知道了，而且誰也不知道是誰透露的。

　　我進一步提問，既然保密是共識，團體成員通常也很有誠意與善意同意遵守，彼此才能建立信任關係，那為什麼團體內發生的事仍會外露？我關心這議題許久，期待夢工坊成員能展開更深入的思考與對話，而不是對與錯、是與非的兩極論戰。經過一陣討論，我們認為，在團體中發生的事，有時對個人思想、人生觀有很大的衝擊，甚至對人對事的態度產生相當程度的轉變，團體經驗已成為他重要的生活元素，當他與人對話、書寫著作時，自然會想起他思想轉變的緣起。也就是說，當有意義的議題在團體中發生或被創造，想繼續延伸探究，甚至與人討論，是很自然的現象，也是一種需要。如果一味要求保密，閉口不談團體內發生的事，對大多數成員而言是非常大的壓抑，幾乎是不可能做到。

　　事實上很多過去發生的例子也證明，用道德倫理、甚至簽同意書來約束成員保密，仍是不能保證團體內的對話不會外漏。Roback、Ochoa、Bloch 和 Purdon（1992 [3]）以美國團體心理治療協會（AGPA）會員為母群，隨機抽樣 300 名會員進行問卷調查，問卷中有一題問：「在心理治療團體中違反保密發生的頻率有多少？是誰違反的？」（p. 86）。Roback 等針對前 100 名寄回的問卷分析後發現，半數（54%）以上臨床工作者指出，在他們執業期間至少發生過一次團體成員違反保密原則，而最常發生的情形是團體成員未經當事者的允許即對團體外的人透露。

　　然而，Roback 等人（1992 [3]）進一步發現，只有 32%的臨床工作者會清楚地向成員陳述保密的侷限性，多數團體治療師不會將保密的侷限與困難性告知團體成員，儘管成員違反保密的原則相當普遍，Roback 等認為團體治療師不願將保密的侷限性警告成員，是擔心成員打消治療的意願以及唯恐在治療過程中橫生枝節。在另一針對保密侷限對治療過程的影響研究，Roback 和 Shelton（1995 [4]）指出，治療師面臨了矛盾衝突，如果告訴病人保密的困難性，可能減低病人尋求協助的意願與危及成功的治療，但若避而不談，也是違反專業倫理。

參、提醒保密的困難性

小團體的保密問題的確難以用道德倫理來約束,也就是說,團體帶領者無法向成員保證,假設每個人都有完美高超的保密道德意識與執行能力,不會洩漏任何團體內的討論。團體工作者的確有責任要求成員堅守保密原則,但我認為團體工作者更要提醒所有成員保密的困難性,說明這並不是單純道德倫理的問題,某些人類心智活動的運作現象應請成員列入考量,例如保密隱私的範圍人人不同,而且思想與情感在團體中一旦被觸動,就很難緊緊關閉。

 一　隱私界線個別差異大

每個人對隱私的界線或開放的尺度可能不一樣,某個人認為可以公開談論的議題,另一個人可能視為禁忌。當成員在團體外與他人互動時,會不自覺以自己個人的隱私標準過濾,提起他認為不是祕密的事。例如有人對於自己的年齡相當開放,但有人卻非常忌諱被人知道;有人很樂意公開自己的生日,讓大家一起來慶祝,卻也有人將生日視為最高機密,相當害怕被公開。許多人並無惡意要揭露他人隱私,只是敏感度不夠,根據自己的標準判斷隱私的範圍,卻不知道已經踩到他人界線。

 二　被觸動的思想與情感很難封閉

我們的思想、價值觀在與人互動的過程中,不斷的解構與再建構,當我們在表達自己想法時,常會提到過去的互動脈絡,交代思想緣起,我之所以成為今日的我,是建基在過去的生活經驗與接觸過的他人。因此過去曾影響我們的人在日後的談話或書寫過程有時會不經意被提起。飲水自然

思源，我們會銘記啟發我們思想的重要他人、重要事件。所有故事都有起頭，思想也會有激發的來源，談論他人的故事、他人說過的話，或他人的態度與行為，並不表示我們不道德，無專業倫理，或者只是八卦式的嘲弄，有時我們的出發點只是想把思想始末說個清楚，或有時則只是感謝他人的影響或啟發而提起。有團體經驗的人應知道，團體常創造出有意義的談話與辯論，也常激起成員的內在感覺情緒。當一個人思想感情被團體深深觸動之後，要將這些經驗完全封閉不再提起，這是很大的束縛，如同之前成員所討論的，這是很大的壓抑，保密對所有成員已是一大挑戰。

肆、夢的賞讀團體隱私保密規範的執行

一　提醒團體保密的困難性

　　成功的小團體對個人智識上的啟發及情緒的體驗非常深刻，當深層的感覺被撥起，要收藏起來將是加倍困難，日後被談論的可能性更大。因此，如果帶領者一再強調保密的必然性，刻意塑造一個溫暖、信任、支持以及安全的氣氛，鼓勵與引導每個人自我揭露平時不敢或不願意說的隱私隱痛，甚至藉著團體動力，迫使每個人交心，將自我坦露轉嫁成團體成員應盡的義務，迫使某些成員，因礙於團體壓力，不自覺分享自己的私密，即使當時心理尚未有充分準備。在這種情況下，萬一祕密仍然外露，對成員的傷害反而更大。因此，針對隱私與保密問題，夢的賞讀團體帶領者除了應先告訴成員不在團體外談論個別成員隱私之外，帶領者更應提醒成員保密的困難性，因為沒有人能保證團體內發生的事以及對話內容不會外傳，如果尚未準備對外公開的私事或對人對事的看法，請成員盡可能不要在團體中分享，以免心理不安或因此被傷害，同時也會造成團體的負擔。

二 讀夢團體是學夢的教育性團體

　　然而，有人可能會質疑，如果將保密的困難公開與成員討論，是否影響團體的信任與夢的賞讀過程或打消成員參加的意願，如 Roback 等人（1992 [3]）對美國團體治療師所研究的結果？在 Roback 等人（1992 [3]）的研究，有兩項信念導致團體治療師不願清楚警告成員保密侷限：一是擔心影響成員的治療效果，二是擔心成員打消治療意願。第一點有關治療的顧慮與夢的賞讀帶領者沒有直接相關性，因為夢的賞讀團體不是心理治療團體（Ullman, 1990 [5]）。雖然在一個團體裡賞讀自己或他人的夢的過程本身已具有高度心理療癒效用，但是 Ullman 明白指出，在夢的賞讀團體裡，沒有任何人扮演心理治療的角色（Ullman, 1996: 233[6]），也沒有人是所謂的「個案」或「病人」角色。分享夢的人絕對不是所謂的「案主」，團體帶領者與成員的地位是平等的，這是大家一起學夢的教育性團體，當團體成員皆已熟悉運作過程，帶領者也可自願分享他自己的夢。夢的賞讀團體帶領者與成員並沒有治療或諮商關係，如果成員因被告知保密本身的侷限性，擔心自己的隱私被公開的後果而保留談話內容，這樣的考量應該被尊重。在夢的賞讀團體，一般而言，給夢者越是被充分尊重，賞夢過程通常會更順利開放。至於成員是否會因為被告知保密的侷限性而減低參加夢團體的意願，目前尚無相關實證研究證明，但即使是有影響，成員應仍被告知。

三 夢的賞讀團體規則對個人隱私之保護

　　事實上，歐曼設計的賞夢團體進行方法本身，已能顯著地降低成員對隱私被揭發的顧慮，因為這套運作規則是歐曼到瑞典講學時，為了教導精神科醫師與心理分析師如何運用病人的夢幫助進行心理治療而設計的

（Ullman & Zimmeramn, 1979 [7]）。歐曼想透過實際經驗的方式從事夢的教學，但是這牽涉到一個激進的轉變，原本心理分析師是在解析病人的夢，歐曼則是要他們來解讀自己的夢，且在團體課程中進行，實際感受解讀夢的過程所產生的能量，這對當時的心理師而言是個很大的轉變與震撼，他們害怕在同僚面前分析自己的夢。為了化解瑞典學生的防衛與抗拒，歐曼的團體讀夢過程充滿自由、民主與尊重，且團體帶領者將團體進行的主導權交給揭露最深的給夢者，不誘導或強求給夢者分享任何私人資訊。這樣的團體氣氛，吸引了一位讀哲學的朋友 YY（紐約市立大學哲學系博士班），他寫說：

　　我不知道有多少人像我一樣，對於心理諮商或是心理分析之類的玩意兒，總是抱著敬而遠之的態度；我說的是敬而遠之，而非不屑，我相信某些人可以藉由這套機制得到幫助，但我也明白，它並不適合我。我相信，如果需要任何建議，我可以從一個心理學專家那兒獲得的，並不會比一個知心、投契的朋友那兒得到的更多。

　　像我這樣的人，又如何會對蒙地・歐曼精神醫師所設計的這一套讀夢方式感到興趣呢？也許有人會感到好奇。坦白說，對於這個問題，我只能承認，因為它實在太好玩了。

　　在夢工坊中，所有參與者的任務就是讀夢，裡頭最大的就是當回的做夢者。遊戲規則很簡單，唯一要求的就是對於誘導性提問的避免，一方面保持讀夢的空間，一方面又能保護做夢者的隱私，夢工坊帶領者扮演的角色就是確保這條遊戲規則被遵守，只有在這條件下，讀夢的工作才能繼續進行。在實際參與幾回夢工坊後，我發現這條看似簡單的規則有著不可忽視的力量。只有在做夢者擁有全然的尊重與安全感時，夢境才可能越接近透明地呈現，因為其他參與者對於夢的資訊，都得由做夢者來提供；而對於夢的相關資訊，我們知道得越多，我們的賞讀就會進行得越順利……

　　在接觸歐曼的夢工坊之前，我從來不知道，我們的夢，竟可以蘊涵

這樣強大的能量，當然我更不知道，要釋放出這樣的能量原來並不困難。

如同 YY 所言，只有在做夢者擁有全然的尊重與安全感時，夢境才可能越接近透明地呈現。因為充分被尊重，給夢者才能整體性地打開與夢相關的資訊，如果帶領者或成員對夢有許多的先前預設或理論，堅持追隨自己的假設而誘導夢的方向，那麼夢反而可能因被扭曲而引起給夢者的防衛或抗拒，最後導致夢自然關閉，甚至傷害給夢者，這與團體的功能背道而馳。

夢的賞讀團體進行的某些規則對個人隱私的尊重與保護特別有貢獻，詳盡的夢賞讀團體帶領方法，歐曼有專書介紹（Ullman, 1996[6]），以下我整理幾項具保護個人隱私功能的讀夢團體進行原則供帶領者參考：

1. 所有成員的發言都是自願的

在讀夢團體裡，所有成員的發言，包括提供夢的人，都是自願的，不指名或以輪流的方式，甚至運用團體壓力要求成員發言，自我揭露或向團體交心不是成員應盡的義務，成員可保持沉默。我本人共參與歐曼帶領的領導者訓練四期，每期三整天，除了一開始簡短自我介紹之外，從未見過歐曼要求任何人發言，團體氣氛讓人安心自在。

2. 夢的分享必須完全出於自願

在團體中分享夢的人要有強烈分享動機，主動邀請團體協助自己瞭解夢的意涵，帶領者或成員不可強迫或運用團體動力暗示成員分享夢，例如在一開始徵求給夢者階段，有成員會說：「某某某，你剛剛不是告訴我你昨天有一個夢？」或者：「你到現在都還沒分享你的夢，該輪到你了吧？」這樣的暗示或要求都需要被禁止。給夢者只有在完全自願之下分享，團體才有力量進行夢的賞讀。

3. 分享夢的人擁有最高的權力

一旦有人決定分享夢，這位給夢者即掌控團體的進行。分享夢的人可能是團體中自我揭露最深的人，但是給夢者只需分享他覺得自在分享的部分，當他覺得團體的提問超越個人私密界線，他可隨時中斷團體賞讀他的夢，或對任何他認為是隱私的問題保持沉默。例如團體在尋找夢的脈絡階段，給夢者提到夢的前一天，他因為面試一份工作心情很沮喪，帶領者循著脈絡問他：「願不願意多談一點面試時發生的事？」如果給夢者回答：「我現在暫時不想談」，帶領者此時就不應繼續探問。

4. 團體成員與帶領者不提問誘導性以及有具體答案的問題

誘導性問題暗藏成員的預設，例如：「你覺得夢境裡的白狗是否代表你的女朋友？」這樣的問題，不但可能誤導給夢者的思維，在是與不是的答案中選擇，也是間接要求給夢者描述他的女友是怎樣的一個人。如果給夢者尚未準備好透露感情這領域，又不知如何閃避這問題，將讓給夢者失去安全感。而要求資訊問題則強求給夢者提供問題答案，例如：「你有親密關係嗎？」「你與你的母親關係好不好？」或「你曾換過幾個工作？」這類的問題，迫使分享夢的人必須給一個具體的答案，有時給夢者不思索直覺地回答，但話一說出口，心裡就開始不安。換句話說，所有的提問應是試探性地邀請給夢者分享他所願意分享的資訊，而不是要求給夢者提供成員想知道的訊息。

伍、結論

在一個陌生的團體裡，每一小步的自我揭露都需要很大的勇氣。然而團體動力有時讓人難以拒絕回答問題，帶領者的責任是制止成員提出任何可能侵犯成員隱私的問題。所有成員，包括帶領者，在賞讀夢的過程中，對給夢者所提出的問題應都是開放式，讓分享夢的人自由回應或者有空間選擇不回答。且提問的問題最好是給夢者自發談到的議題，帶領者才循著

脈絡繼續探詢，例如：「你剛剛提過擔心母親的健康，你是否願意再多談一點你與母親的關係？」也就是，針對給夢者已觸及的範圍，循著給夢者的情緒思想脈絡進一步提問，不但較不會冒犯隱私，更會幫助給夢者逐步蒐尋實際生活資料，打開夢與生活實境之間的連結，發現夢的意涵。當然，給夢者越是開放坦誠，對夢的發現也越深，但是探索的深度與顧慮隱私安全之間的考量應讓給夢者自己決定，帶領者與團體成員都不應誘導或施加壓力，致使給夢者非自願地跨出他的安全界線。

總之，夢的賞讀團體進行規則一直強調以保護個人隱私為前提，在給夢者所願意提供的資訊下，一起發現夢的意義。我們在夢裡比在真實情境裡誠實，夢的賞讀的確可以增進自我瞭解，解決問題能力，讓心靈更健康有活力。尤其在團體中讀夢，我們常發現別人與我們一樣有類似的恐懼、創傷或焦慮，當心中許多祕密不再是祕密時，緊閉的心靈會得到很大的解放，同時被抑制的能量也因此得以釋出。但為了讓夢更透明的呈現，為了安全的考量，在團體進行中，沒有任何人有權利挖掘個人隱私，帶領者更不應誤導成員或給夢者以為分享個人隱私或過去生活的痛處是義務。保密是道德問題，帶領者並無法約束成員在團體外的行為。因此，針對夢的賞讀團體保密與保護隱私問題，帶領者除了該提醒成員保密的侷限性與困難度外，在團體運作過程中應遵守進行原則，當成員與給夢者充分被尊重，保密的顧慮與潛在危險性將相對降低。

參考文獻

1. Derlega, V. J. & Janda, L. H.: *Personal Adjustment* [心理衛生]。林彥妤、郭利百加（譯）。台北市：桂冠。1986/1994：160-167。

2. Mollon, P.: *Freud and False Memory Syndrome* [佛洛伊德與偽記憶症候群]。汪淑媛（譯）。台北市：貓頭鷹。2000/2002：92-93。

3. Roback, H. B., Ochoa, E., Bloch, F., & Purdon, S.: Guarding confidentiality in clinical groups: The therapist's dilemma. *International Journal of Group Psychotherapy.* 1992: 42(1), 81-103.

4. Roback, H. B. & Shelton, M.: Effects of confidentiality limitations on the psychotherapeutic process. *Journal of Psychotherapy Practice and Research.* 1995: 4, 3, 185-193.

5. Ullman, M.: Basic dream work—An objective comparison of dream groups & therapy. *Dream Network Journal of the Exploration of Dreams.* 1990: Volume 9, Number1. Retrieved February 15, 2004, from http://siivola.org/monte.

6. Ullman, M.: *Appreciating Dreams—A Group Approach.* 1996: SAGE Publications. New Delhi.

7. Ullman, M. & Zimmeramn, N.: *Working with Dream—Self-Understanding, Problem-Solving and Enriched Creativity through Dream Appreciation.* 1979: Dell Publishing. New York.

致謝

　　本文作者要特別感謝在紐約參與中文夢的賞讀團體的所有成員，謝謝他們一起探索夢的智慧，分享夢的心情。同時也感謝中華民國教育部訓委會從 2003 至 2004 連續兩年期間贊助朝陽科技大學社會工作系舉辦「夢的賞讀工作坊」，讓許多居住在台灣的人有機會學習與體驗夢所蘊含的豐富訊息與能量。

Appendix 2

附·錄·2

歐曼讀夢團體進行流程

　　讀夢團體的進行過程有一定的結構與順序，Dr. Stimson 依據歐曼的著作《讀夢團體原理與實務技巧》繪製成簡單的流程圖，以兩小時讀一個夢為基準，大致分配每個階段的時間，讓剛成立的團體可參照流程進行讀夢。

　　由於每個團體有其差異，每一個夢與分享夢的人也必有其獨特性，不一定要完全依照所標示的時間進行，但歐曼講求讀夢的效率與團體動力，團體時間寶貴有限，還是要注意時間的分配比例。他建議不要花太多時間在前面兩個階段，花多一點時間在階段Ⅲ，會更能深入理解夢境與現實生活之間的連結。我自己本身十多年的帶領經驗，也認同歐曼的觀點，不需花太多時間在階段Ⅰ澄清夢境細節，而階段Ⅱ團體投射感覺與隱喻，帶領者只要發現投射內容已經在重複了，就可以慢慢結束，邀請夢者回應，以免擠壓下一個階段的時間。時間的掌握需要長時間的練習。

　　此外，每個階段的進行順序不建議置換，就好像蓋房子要先打地基，逐步搭起架構，慢慢堆疊。瞭解一個夢的過程也是如此，每一個階段都是下一個階段的基礎，不能躁進，也不要前後調換，這個結構流程的發展演變已經有五十年的實務基礎。然而，有時團體已經進行到階段Ⅲ，少數的夢者會邀請團體再一次針對某個場景投射，希望團體在這方面多提供一些協助。由於夢者對團體的進行有主導權，這時團體可以暫時又回到階段Ⅱ，但也僅是針對夢者所要求的部分影像，而不是整個夢境重新開始，之後還是回到流程的順序繼續進行。

歐曼讀夢團體進行流程圖

3-5 分鐘　10-15 分鐘　15-20 分鐘　1.5 時

團體

前夢者　夢者

邀請上次聚會的夢者分享任何新的領悟或任何想對團體說的話

本週的夢

階段 I A：徵求夢與敘述夢
階段 I B：澄清夢
階段 II A：成員投射感覺
階段 II B：成員投射夢與影像之隱喻
階段 III A：夢者回應團體
階段 III B：對話
1. 探尋脈絡
2. 播放夢（夢者聽夢）
3. 夢的交響樂章（團體成員投射夢與夢生活的連結）
夢者最後回應

階段 I　階段 II　階段 III　階段 IV

註：Dr. William R. Stimson 製圖，汪淑媛譯（2016.2.4）。

國家圖書館出版品預行編目（CIP）資料

夢、覺察、轉化：南勢角讀夢團體現場／汪淑媛著. －初版. －
新北市：心理, 2016.08
面；　公分. －（心理治療系列；22156）

ISBN 978-986-191-148-9（平裝）

1. 解夢　2. 心理治療團體

175.1 105013820

心理治療系列 22156

夢、覺察、轉化：南勢角讀夢團體現場

作　　者：汪淑媛

執行編輯：陳文玲

總 編 輯：林敬堯

發 行 人：洪有義

出 版 者：心理出版社股份有限公司

地　　址：231 新北市新店區光明街 288 號 7 樓

電　　話：(02) 29150566

傳　　真：(02) 29152928

郵撥帳號：19293172 心理出版社股份有限公司

網　　址：http://www.psy.com.tw

電子信箱：psychoco@ms15.hinet.net

駐美代表：Lisa Wu（lisawu99@optonline.net）

排 版 者：菩薩蠻數位文化有限公司

印 刷 者：正恒實業有限公司

初版一刷：2016 年 8 月

初版二刷：2018 年 2 月

I S B N：978-986-191-148-9

定　　價：新台幣 300 元